云南农业文化遗产
保护利用研究

徐向峰　叶玉钢　卢碧蓉　岳丽霞　著

北京航空航天大学出版社

内 容 简 介

本书由四川大学国际关系学院徐向峰、叶玉钢、卢碧蓉、岳丽霞四位博士研究生合著完成，从农业文化遗产研究现状出发，围绕基本概念的理论展开分析，对云南省重要农业文化遗产的历史渊源与分布情况进行了较为全面的介绍，从理论和实践层面详细阐述了兴边富民战略与农业文化遗产保护利用的内在逻辑关系。书中对云南农业文化遗产保护利用的现状与问题进行了深入的调查与分析，并从理念、制度、机制、技术等方面对有效推进云南农业文化遗产保护利用工作提出了相应的政策建议与措施，对加强边疆治理、加快边疆地区高质量发展、实现边疆人民对美好生活的向往具有一定的理论与实践意义。

图书在版编目(CIP)数据

云南农业文化遗产保护利用研究 / 徐向峰等著.
北京 ：北京航空航天大学出版社，2025. 1. -- ISBN
978 - 7 - 5124 - 4621 - 2

Ⅰ. S

中国国家版本馆 CIP 数据核字第 2025J5Q391 号

云南农业文化遗产保护利用研究

徐向峰　叶玉钢　卢碧蓉　岳丽霞　著
策划编辑　陈守平　　责任编辑　刘　骁　杜友茹　雷　妍

北京航空航天大学出版社出版发行

北京市海淀区学院路 37 号(邮编 100191)　http://www.buaapress.com.cn
发行部电话:(010)82317024　　　　　传真:(010)82328026
读者信箱：bhrhfs@126.com　　　　　邮购电话:(010)82316936
北京建宏印刷有限公司印装　各地书店经销

开本:710×1 000　1/16　印张:11.25　字数:221 千字
2025 年 1 月第 1 版　　2025 年 1 月第 1 次印刷
ISBN 978 - 7 - 5124 - 4621 - 2　　　定价:68.00 元

前　言

　　山峦重叠、江河奔泻之间，蜿蜒的茶马古道，日久岁深，浪漫神秘，古道的一头连着茶园，一头牵着马帮，见证了古代云南茶叶贸易的繁荣和马帮的辉煌。晨光驱散薄雾，梯田染上金光，如诗如画、如梦如幻的层次和美妙曲线，仿佛调色盘又出了新片，美如画的云南哈尼万亩梯田，彰显着我国农耕文化"家底"的魅力；云端之上，云雾之上，云海之上，一处诗意盎然的村庄，古树干伸向天空，承载着历史的沧桑，这是世界"核"心、中国"桃"源，大理漾濞核桃之乡。还有广南八宝稻作生态系统、剑川稻麦复种系统等，都是一幅幅美丽的画卷，处处焕发出勃勃生机。

　　我国拥有上万年的农业文明发展史，其中蕴含着丰富的创造力。我国先民最早种植水稻、大豆等农作物，驯化了猪、牛等畜禽，还创造了诸如梯田、圩田等多样化的土地利用方式，以及稻田养鱼、桑基鱼塘等生态农业模式，并创作了四季生产调等民间文学。丰富的物种资源、先进的农业技术、多彩的民俗文化、追求和谐的生态理念以及独特的土地景观，都是农业文化遗产的重要组成部分，具有极为珍贵的多元价值。这使得历史文化遗产保护逐渐成为国际社会的共识与关注的焦点。

　　在信息化、智能化、数字化时代，实现兴边富民的努力要与对农业文化遗产的保护利用交织在一起，而云南省作为我国重要的边疆多民族区域和农业文化遗产富集地，成为这一交织叠加关系中更加引人关注的焦点。本书紧随学术研究的前沿，尝试为历史文化遗产保护领域的实践提供新的思考。

　　兴边富民的背景凸显了农业文化遗产保护利用的重要性。本书通过比较分析云南农业文化遗产的独特性，展现云南在全球、全国范围内的地位与价值。结合兴边富民理念与农业文化遗产保护之间的内在关联，深入挖掘农业文化遗产在实现"兴边富民"目标中的战略作用。最后，本书从国际视野、国家战略角度审视云南的实际问题，将云南在农业文化遗产保护利用方面面临的挑战与发展情境相联系，尝试为云南农业文化遗产保护利用提供可行的战略路径。

云南农业历史文化遗产是一份丰富而深厚的历史馈赠，是先民智慧的结晶，是我们应当倍加珍惜和传承的宝藏。在未来的探索中，我们需以更具创新性和可持续性的方式，继续推动农业文化遗产的保护与利用；利用"数智化"的技术手段，将传统农耕文化与现代科技有机结合，使之更好地与当今社会相适应。我们也都有责任传承这份宝藏，让它在时光的长河中持续发光发热，并通过不懈努力，确保这片土地上的烟火气世代流传。相信在兴边富民的背景下，云南独特的农业文化遗产将为人类的可持续发展贡献更多的中国智慧与中国方案。

著　者

于四川大学望江校区工学馆

2024 年 2 月 4 日

目　　录

第 **1** 章　绪　论 ………………………………………………………… 1

1.1　研究背景 …………………………………………………………… 2

1.2　研究现状 …………………………………………………………… 6

　　1.2.1　农业文化遗产的概念、特征与类型研究 …………………… 6

　　1.2.2　农业文化遗产的多元价值与发展研究 ……………………… 8

　　1.2.3　云南农业文化遗产与兴边富民研究 ………………………… 9

　　1.2.4　云南农业文化遗产保护利用困境研究 …………………… 10

　　1.2.5　农业文化遗产保护利用对策研究 ………………………… 12

1.3　基本概念 ………………………………………………………… 13

　　1.3.1　文化遗产 ………………………………………………… 13

　　1.3.2　农业文化遗产 …………………………………………… 14

　　1.3.3　兴边富民与农业文化遗产保护利用 …………………… 16

1.4　研究框架 ………………………………………………………… 17

　　1.4.1　研究的问题 ……………………………………………… 17

　　1.4.2　研究的内容 ……………………………………………… 17

　　1.4.3　研究思路 ………………………………………………… 18

　　1.4.4　研究方法 ………………………………………………… 18

　　1.4.5　本研究的基本框架 ……………………………………… 19

第 **2** 章　云南农业文化遗产的历史渊源与主要分布 ……………… 21

2.1　云南农业文化遗产形成的自然环境与社会背景 …………… 22

　　　2.1.1　云南红河哈尼稻作梯田系统 ·················· 22
　　　2.1.2　云南普洱古茶园与茶文化系统 ·················· 25
　　　2.1.3　云南漾濞核桃-作物复合系统 ·················· 26
　　　2.1.4　云南广南八宝稻作生态系统 ·················· 28
　　　2.1.5　云南剑川稻麦复种系统 ·················· 29
　　　2.1.6　云南双江勐库古茶园与茶文化系统 ·················· 30
　　　2.1.7　云南腾冲槟榔江水牛养殖系统 ·················· 31
　　　2.1.8　云南文山三七种植系统 ·················· 32
　　2.2　云南农业文化遗产的构成 ·················· 33
　　　2.2.1　云南红河哈尼稻作梯田系统 ·················· 33
　　　2.2.2　云南普洱古茶园与茶文化系统 ·················· 35
　　　2.2.3　云南漾濞核桃-作物复合系统 ·················· 37
　　　2.2.4　云南广南八宝稻作生态系统 ·················· 38
　　　2.2.5　云南剑川稻麦复种系统 ·················· 39
　　　2.2.6　云南双江勐库古茶园与茶文化系统 ·················· 40
　　　2.2.7　云南腾冲槟榔江水牛养殖系统 ·················· 42
　　　2.2.8　云南文山三七种植系统 ·················· 43
　　2.3　云南农业文化遗产的起源及历史演变 ·················· 45
　　　2.3.1　云南红河哈尼稻作梯田系统 ·················· 45
　　　2.3.2　云南普洱古茶园与茶文化系统 ·················· 46
　　　2.3.3　云南漾濞核桃-作物复合系统 ·················· 47
　　　2.3.4　云南广南八宝稻作生态系统 ·················· 48
　　　2.3.5　云南剑川稻麦复种系统 ·················· 49
　　　2.3.6　云南双江勐库古茶园与茶文化系统 ·················· 49
　　　2.3.7　云南腾冲槟榔江水牛养殖系统 ·················· 50
　　　2.3.8　云南文山三七种植系统 ·················· 51

第 3 章　兴边富民与农业文化遗产保护利用的内在逻辑关系 ·················· 53

　3.1　云南农业文化遗产保护利用是实现兴边富民的重要条件 ·················· 54
　　3.1.1　农业文化遗产保护利用是实现兴边富民的生产要素保障 ····· 54
　　3.1.2　农业文化遗产保护利用可满足兴边富民的生产力要求 ······ 60
　　3.1.3　农业文化遗产保护利用可满足兴边富民的生产关系要求 ····· 63
　3.2　兴边富民是农业文化遗产保护利用的终极目标之一 ·················· 68

3.2.1 建设富庶的云南农村是实现兴边富民的根本性目标 ………… 68

3.2.2 农业文化遗产保护利用是实现兴边富民的阶段性目标 ……… 72

3.2.3 打造优越的生态环境是实现兴边富民的长期性目标 ………… 75

3.3 农业文化遗产保护利用与实现兴边富民相互促进 ……………… 79

3.3.1 农业文化遗产保护利用与兴边富民统一于我国的根本奋斗目标

……………………………………………………………… 79

3.3.2 农业文化遗产保护利用与实现兴边富民统一于我国的根本立场

……………………………………………………………… 84

3.3.3 农业文化遗产保护利用与实现兴边富民统一于我国的根本任务

……………………………………………………………… 88

第 **4** 章 云南农业文化遗产保护利用的现状及存在的问题 ………… 97

4.1 云南农业文化遗产保护利用的现状和进展 ……………………… 98

4.1.1 农业文化遗产调查发掘工作全面展开 ………………………… 98

4.1.2 农业文化遗产保护名录体系不断健全 ………………………… 98

4.1.3 农业文化遗产保护法规制度逐渐完善 ………………………… 99

4.1.4 农业文化遗产保护科学研究持续深化 ……………………… 100

4.1.5 农业文化遗产保护利用手段不断更新 ……………………… 101

4.1.6 农业文化遗产的多功能价值开始显现 ……………………… 102

4.2 云南农业文化遗产保护利用存在的问题 ……………………… 103

4.2.1 对保护利用内涵的理解和工作理念存在偏差 ……………… 103

4.2.2 遗产地自然经济条件对保护利用的限制 …………………… 110

4.2.3 现代化转型对保护利用产生强烈冲击 ……………………… 112

4.2.4 农业文化遗产保护利用方面的法律法规和体制机制不健全

……………………………………………………………… 114

4.2.5 保护利用的技术嵌入性和创新性不足 ……………………… 123

4.2.6 产业发展落后制约遗产的有效保护与利用 ………………… 125

4.2.7 保护利用的保障性措施不到位 ……………………………… 134

第 **5** 章 兴边富民视域下云南农业文化遗产保护利用的路径机制 ………… 139

5.1 云南农业文化遗产保护利用的理念升级 ……………………… 140

5.1.1 充分认识农业文化遗产的多元价值 ………………………… 141

　　5.1.2　树立保护与利用相结合的工作理念 ……………………… 143

　　5.1.3　加强农业文化遗产的宣传教育 …………………………… 146

5.2　云南农业文化遗产保护利用的制度完善 ……………………… 149

　　5.2.1　完善农业文化遗产保护利用的法律法规 ………………… 150

　　5.2.2　制定针对性的政策措施 …………………………………… 153

5.3　云南农业文化遗产保护利用机制的健全 ……………………… 157

　　5.3.1　建立多方协同的组织体系 ………………………………… 157

　　5.3.2　建立有效保障的运行机制 ………………………………… 160

　　5.3.3　采取综合多样的实施工具 ………………………………… 162

5.4　云南农业文化遗产保护利用的技术创新 ……………………… 165

　　5.4.1　采用多种技术手段,提升保护水平 ……………………… 165

　　5.4.2　加大科技投入,提升农业价值 …………………………… 168

　　5.4.3　树立品牌意识,加强市场推广 …………………………… 169

第 **1** 章

绪 论

1.1　研究背景

几千年来,一代又一代的农民、牧民、林民、渔民通过驯化动植物和改造恶劣的环境来维持生存,他们开发出复杂多样、因地制宜的农业生态系统[①]。这些建立在当地动态知识和实践经验基础上的农业系统反映了人类与自然环境的协调发展。随着"遗产"概念的发展,文化遗产"从历史和艺术意义上的文化遗产,扩展到非艺术创造遗产;从仅仅存在物理联系的文化遗产,扩展到与大自然之间紧密联系的文化遗产;从普通环境下的文化遗产,扩展到特定环境下的文化遗产;从有形的文化遗产,扩展到无形的文化遗产……在深度上,总的趋势是对文化遗产价值体系的认识更加全面和深化,对文化遗产的价值取向更加神圣……对文化遗产的理解增加了更多人性的内容,是人类对自身认识的一步步加深和对前辈创造力的愈加敬重"[②]。人们认为,可以将这样的农业生态系统称为农业文化遗产,这种观点逐步得到了国际社会的认同。

随着技术、文化和经济的快速发展,人们高度关注农业的生产能力、专业化水平和全球市场,而忽视了相关的外部性与适应性管理策略,进而忽视了对多种多样、独具特色的农业生产系统的研究和发展的支持。生存的压力抑制了农民的创造力,迫使他们采用不可持续的生产方式,如过度开发自然资源、实施农业专业化生产、引进外来物种等,由此导致严重的基因污染、相关知识体系和传统文化的丧失、重要的全球性遗产传承断裂的风险,以及可能使社区陷入贫穷和经济动荡的恶性循环。近年来,经济的可持续发展和生态农业问题得到了前所未有的重视,从实现可持续发展和提倡生态农业的角度出发,大多数国家将保护农业多样性提上了议事日程。

出于世界各国保护农业文化遗产越来越迫切的需求,国际组织展开了行动。2002 年 8 月,联合国粮食及农业组织(FAO,以下简称"联合国粮农组织")在全球环境基金(GEF)的支持下,联合国际组织和一些国家发起了全球重要农业文化遗产(GIAHS)保护试点项目,旨在建立全球重要农业文化遗产及与其有关的景观、生物多样性、知识和文化的保护体系,并使其在世界范围内得到认可与保护,从而形成可持续管理的基础。2006 年 10 月 24—26 日,联合国粮农组织"全球重要农业

---

① KOOHAFKAN PARVIZ. 全球重要农业文化遗产的保护与可持续管理[M]//闵庆文. 农业文化遗产及其动态保护探索. 北京:中国环境科学出版社,2008.

② 朱诚如. 文化遗产概念的进化与博物馆的变革——兼谈无形文化遗产对当代博物馆的影响[J]. 中国博物馆,2002(4):9-13.

文化遗产保护论坛"在意大利罗马举办。该论坛由全球重要农业文化遗产项目的协调单位——联合国粮农组织可持续发展部农村发展司主办,主题为"一项关乎未来的遗产:传统农业文化遗产动态保护的经验"。2011 年 6 月 9—12 日,"全球重要农业文化遗产国际论坛"在北京举行,与会各方就加强全球重要农业文化遗产动态保护达成共识,并于 6 月 14 日在北京发布了《农业文化遗产宪章》。在"全球重要农业文化遗产国际论坛"上,全球重要农业文化遗产项目指导委员会起草并通过了《全球重要农业文化遗产北京宣言》,呼吁各试点国代表应当帮助国家实现国际承诺,各国政府应与国际机构合作,在机构间建立伙伴关系,支持倡议的实施。2017 年 2 月,联合国粮农组织、全球重要农业文化遗产科学咨询小组会议在意大利罗马召开。2022 年 10 月 27—28 日,全球重要农业文化遗产 20 周年纪念活动在罗马举行。

　　中国是一个农业大国,农耕历史悠久,多样的地形地貌孕育了多样的生产生活方式。长江流域的稻作文化、黄河流域的粟作文化、北方游牧地区的游牧文化、南方滨海地区的渔猎文化等,共同构成了中国农业文化的有机整体。与一般自然或文化遗产不同的是,中国的农业文化遗产非常系统、完整,且还在不断发展着,最重要的是,它在指导生产方面体现出了厚重的哲学思想①。我国古代的"天人合一"、阴阳五行、五行相生相克等哲学思想在农业实践中有着深刻的体现,人们创造出了不同农作物之间的混交轮作,桑基鱼塘、稻田养鱼等形形色色的复合经营模式,以及都江堰、坎儿井等农业灌溉工程。全球重要农业文化遗产专家委员会委员、中国科学院院士李文华表示:"我们很高兴看到,联合国粮农组织最近在全世界范围内发起了建立农业文化遗产网络的计划。中国的农业遗产是一个尚未被充分挖掘的宝库,保护我国的农业遗产并为世界作出贡献是我们义不容辞的责任。"习近平总书记曾指出:农耕文化是我国农业的宝贵财富,是中华文化的重要组成部分,不仅不能丢,而且要不断发扬光大。

　　中国是最早积极响应并支持全球重要农业文化遗产工作的国家之一。2004 年8 月,一项由农业部、文化部支持的贵州农业文化遗产保护项目,在黔东南苗族侗族自治州从江县、毕节市威宁彝族回族苗族自治县等地启动。该项目是文化部确定的第二批 29 个民族民间文化保护试点项目之一,由农业部中国农业博物馆联合贵州省博物馆、贵州省民族研究所等机构组织实施。该项目计划通过两年的实地调查,全面了解贵州民间农业传统文化遗产状况,积累民族传统文化保护经验,探索民族传统文化保护模式,为全面系统地启动中国农业文化遗产保护工程做好试点工

---

①　王卉.华夏农业文化遗产是世界瑰宝[M]//闵庆文.农业文化遗产及其动态保护探索.北京:中国环境科学出版社,2008:367-369.

作。2005 年 6 月 9 日,由联合国粮农组织、联合国大学,以及我国农业部、中国科学院、浙江省农业厅、青田县人民政府等联合举办的全球重要农业文化遗产保护项目——"青田稻鱼共生系统项目"启动研讨会在杭州召开,标志着中国首批全球重要农业文化遗产保护项目正式启动。2006 年 6 月 10 日,为推动农业文化遗产的保护及研究,中国科学院地理科学与资源研究所成立了自然与文化遗产研究中心。2010 年 10 月 23—24 日,首届"中国农业文化遗产保护论坛"在南京农业大学举办,旨在促进社会各界更多地关注中国农业文化遗产的保护和科学利用,初步搭建一个当代农业文化遗产理论建设和实践发展的交流平台。2012 年 3 月 13 日,农业部发布通知,决定开展中国重要农业文化遗产发掘工作,从 2012 年起,每两年发掘和认定一批中国重要农业文化遗产。2012 年 9 月 5 日,由农业部国际合作司、中国科学院地理科学与资源研究所联合主办的"全球重要农业文化遗产"保护试点授牌仪式在人民大会堂举行。2012 年 11 月 7 日公布的《中国世界文化遗产预备名单》中,首次出现了农业遗产类型。2013 年 5 月 21 日,农业部公布了第一批中国重要农业文化遗产名单,中国成为世界上第一个开展国家级农业文化遗产评选与保护的国家。2014 年 1 月 16 日,农业部在北京成立了"全球重要农业文化遗产专家委员会"。2014 年 5 月全国政协报送的《关于切实保护和利用好中国农业文化遗产的建议》调研报告,以及 12 月由专家委员会完成的《关于加强中国农业文化遗产研究与保护工作的建议》,均得到了时任副总理刘延东的批示。2015 年,农业部发布了《重要农业文化遗产管理办法(征求意见稿)》。2016 年,中央一号文件提出"开展农业文化遗产普查与保护"。截至目前,我国全球重要农业文化遗产共有 22 项,数量居世界首位。随着我国农业文化遗产保护工作的推进,我国在全球重要农业文化遗产的申报与保护、中国重要农业文化遗产的发掘与保护、重要农业文化遗产领域国际合作的推进、促进遗产地居民和全社会农业文化遗产保护意识的提高、促进遗产地经济社会的可持续发展和传统文化传承、人才培养与能力建设、农业文化遗产价值的评估和动态保护机制与途径的探索等方面取得了令人瞩目的成就,成为全球农业文化遗产保护的榜样[①]。

　　农业文化遗产的形成是人类与环境长期协调发展并进行创造的过程,是人类在适应独特自然地理、地域环境后进行系统生产活动的过程,是农业生产与气候彼此制约、彼此适应的过程[②]。云南具有悠久的历史文化,是农业文化遗产的重要发源地之一。云南的地形地貌独特,具有高原、盆地、山地、河谷、丘陵等地形地貌,类型多样且复杂,这为形成农业文化遗产提供了重要条件。云南属于典型的低纬度

① 袁正,闵庆文. 云南普洱古茶园与茶文化系统[M]. 北京:中国农业出版社,2015.
② 曲凯音. 以活态传承提升云南农业文化遗产价值[N]. 云南日报,2022-11-12(7).

高海拔立体气候,低纬度让云南四季温和、年温差较小,而高海拔让云南的气候在垂直方向上变化较大,形成"一山分四季,十里不同天"的特征,而且气温日变化较大,这种"夏无酷暑,冬无严寒,四季温和,一雨成冬"的气候有助于农业文化遗产的形成。农业文化遗产大多与传统村落相依相存,在住建部公布的五批共 8 155 个中国传统村落中,云南省拥有 708 个,位列全国第二。云南悠久的农耕历史、复杂多样的地形地貌、低纬度高海拔的独特气候,以及数量众多的传统村落,为农业文化遗产的孕育提供了绝佳的条件。

随着国际组织以及中国政府对于重要农业文化遗产保护工作的推进,云南的农业文化遗产也得到了一定程度的挖掘。2009 年 12 月 1—2 日,哈尼梯田农业文化遗产保护与发展论坛在云南省蒙自市举办。2010 年 5 月 26 日,红河哈尼稻作梯田系统被正式列入全球重要农业文化遗产保护试点。同年 6 月 14 日,红河哈尼稻作梯田系统被授牌为联合国粮农组织全球重要农业文化遗产保护试点。2012 年 9 月 5 日,全球重要农业文化遗产保护试点授牌仪式在北京人民大会堂举行,联合国粮农组织助理总干事穆勒和全球重要农业文化遗产项目指导委员会主席、中国科学院李文华院士为云南普洱古茶园与茶文化系统授牌。2013 年 5 月 9 日,农业部公布了第一批中国重要农业文化遗产,云南红河哈尼稻作梯田系统、云南普洱古茶园与茶文化系统、云南漾濞核桃-作物复合系统入选。2014 年 5 月 29 日,农业部公布了第二批中国重要农业文化遗产,云南广南八宝稻作生态系统、云南剑川稻麦复种系统入选。2015 年 10 月 10 日,农业部公布了第三批中国重要农业文化遗产名单,云南双江勐库古茶园与茶文化系统入选。2017 年 6 月 28 日,农业部公布了第四批中国重要农业文化遗产名单,云南腾冲槟榔江水牛养殖系统入选。2021 年 11 月 21 日,农业农村部公布了第六批中国重要农业文化遗产名单,云南文山三七种植系统入选。云南仍有诸多文化遗产处在"深闺人未知"的状态,需要进一步挖掘和盘活。

我国陆地与 14 个国家接壤,陆地边界总长度约 2.2 万公里,边境地区国土面积 197 万平方公里,约占我国陆地总面积的 20%,且边境地区是我国对外开放的前沿,是确保国土安全和生态安全的重要屏障,在全国改革发展稳定大局中具有重要的战略地位。但由于特殊的历史、自然、地理和周边复杂的环境等多种因素的影响,相较于我国其他地区,边境地区的经济社会发展相对滞后。2017 年 5 月 28 日,国务院印发了《兴边富民行动"十三五"规划》,实施范围包括云南、西藏等 9 个省区的 140 个陆地边境县(市、区、旗)和新疆生产建设兵团的 58 个边境团场。规划要求实现生态良好和绿色发展;立足边境地区绿色农业、特色农业发展基础,打造沿边生态高效安全农业经济带;构建生态廊道和生物多样性保护网络,实施生物多样性保护行动计划,加大生物多样性保护和自然保护区建设力度①。

我国的农业发展经历了三个阶段:传统农业、现代农业和高效生态农业。传统农业发展中蕴含"天人合一""因地制宜"等可持续发展的思想,有效保护了生物的多样性,但由于生产力低下,难以适应人民生活水平提高和国家建设发展的需要,被建立在西方工业化基础上、采用大规模现代化生产技术和生产模式、使用化肥和农药的现代农业取代②。但现代农业在大规模提高粮食产量的同时,也产生了食品安全、土壤污染、生物入侵等问题。那么,应如何既保护生物的多样性,又保障农村生产力的发展?在此问题上,全球重要农业文化遗产项目能够发挥积极作用,它强调对传统农业以及与其相关的生物和文化多样性的保护,促进对全球重要农业文化遗产的认识和了解,同时通过创建和推广品牌、开发特定产品的机会市场、开发农业文化遗产的旅游价值等多种方式,开发农业遗产的经济活力,并通过一些政策支持保障这些农业文化遗产的生计维持,以及社会经济可持续和自力更生③。由此可见,推进农业文化遗产的保护工作有助于促进农村经济发展,并保护生物多样性。云南地处边境,拥有众多传统村落,推进农业文化遗产相关工作有助于促进这些村落的经济发展。且云南民族众多,大多数传统村落有少数民族聚居,推进农业文化遗产相关工作也有助于促进民族团结。可以说,推进云南农业文化遗产工作,符合"兴边富民"的政策要求,有助于促进云南的经济社会发展、民族团结,并巩固西南边防。

1.2　研究现状

20世纪初,我国学者就开始对农史古籍进行整理,这标志着我国农业文化遗产研究的初步开展。进入21世纪后,随着国际上对农业文化遗产保护的逐步重视,再加上全球重要农业文化遗产项目的启动,国内学术界在农业文化遗产的基本概念、价值功能、保护利用等方面进行了探索。

1.2.1　农业文化遗产的概念、特征与类型研究

农业文化遗产主要从系统性、生物多样性、传承性等层面来定义。吴灿、王梦

---

① 国务院办公厅关于印发兴边富民行动"十三五"规划的通知[J].中华人民共和国国务院公报,2017(17):34-50.

② 闵庆文,孙业红.农业文化遗产保护:解决农村环境问题的新机遇[J].世界环境,2008(1):62-64.

③ KOOHAFKAN PARVIZ.全球重要农业文化遗产的保护与可持续管理[M]//闵庆文.农业文化遗产及其动态保护探索.北京:中国环境科学出版社,2008:101.

琪在《中国农业文化遗产研究的回顾与展望》一文中①提到了联合国粮农组织启动的 Globally Important Agricultural Heritage Systems(GIAHS,译为"全球重要农业文化遗产")。我国政府发布的文件与学界的研究成果,均以"全球重要农业文化遗产"来对应"GIAHS",重点强调了"系统"。2012 年发布的《农业部关于开展中国重要农业文化遗产发掘工作的通知》中,对中国重要农业文化遗产进行了界定:"指人类与其所处环境长期协同发展中,创造并传承至今的独特的农业生产系统,这些系统具有丰富的农业生物多样性、传统知识与技术体系和独特的生态与文化景观等,对我国农业文化传承、农业可持续发展和农业功能拓展具有重要的科学价值和实践意义。"②文件既强调了系统性,也揭示了传承性。同时,还对活态性、适应性、复合性、战略性、多功能性和濒危性等特点进行了阐释。闵庆文等认为农业文化遗产有广义和狭义之分,"广义的农业文化遗产(一般的农业遗产)包括遗址类、工程类、景观类、文献类、技术类、物种类、民俗类、工具类、品牌类,而狭义的农业文化遗产更强调农业的系统性,可以包括水土保持系统、农田水利系统、特定农业物种等"。③ 张灿强、吴良在《中国重要农业文化遗产:内涵再识、保护进展与难点突破》一文中,通过从世界范围内的遗产体系和农业遗产体系两个维度进行阐释,认为农业文化遗产"是产生于历史时期并延续至今仍然发挥重要作用的农业生产系统,农业景观、知识与技术、生物多样性、农耕文化以及遗产地居民构成了完整的农业文化遗产系统"④。王思明在《农业文化遗产概念的演变及其学科体系的构建》一文中提到:"农业文化遗产是人类文化遗产的重要组成部分,是历史时期人类农事活动发明创造、积累传承的,具有历史、科学和人文价值的物质与非物质文化的综合体系。"⑤联合国粮农组织对全球重要农业文化遗产(GIAHS)的定义是"农村与其所处环境长期协同进化和动态适应下所形成的独特的土地利用系统和农业景观,这种系统与景观具有丰富的生物多样性,而且可以满足当地社会经济与文化发展的需要,有利于促进区域可持续发展",强调的是历史上创造的、延续至今的、活态传承的农业生产系统。

有学者就农业文化遗产的特征与类型进行分析。刘进等在《我国重要农业文

① 吴灿,王梦琪.中国农业文化遗产研究的回顾与展望[J].社会科学家,2020(12):147-151.

② 中华人民共和国农业部.农业部关于开展中国重要农业文化遗产发掘工作的通知[EB/OL].(2012-04-20)[2023-10-24].http://www.moa.gov.cn/nybgb/2012/dsiq/201805/t20180514_6141988.htm.

③ 闵庆文,孙业红.农业文化遗产的概念、特点与保护要求[J].资源科学,2009,31(6):914-918.

④ 张灿强,吴良.中国重要农业文化遗产:内涵再识、保护进展与难点突破[J].华中农业大学学报(社会科学版),2021(1):148-155+181.

⑤ 王思明.农业文化遗产概念的演变及其学科体系的构建[J].中国农史,2019,38(6):113-121.

化遗产分布特征及旅游响应》①一文中,分析了云南省的2个全球重要农业文化遗产(GIAHS)项目,指出中国重要农业文化遗产多在云南高原山地形成了密集区。根据《云南日报》刊发的《洱海流域农耕文化遗产与绿色农业发展》,洱海流域的农耕文化源远流长,分布着大量的物质与非物质农耕文化遗产,主要包括"农耕遗址、传统农耕栽培技术、农耕产品技艺、民族农耕习俗、生态观念、农业景观、传统村落等"②。闵庆文等著述的《澜沧江流域农业文化遗产考察报告》,将农业文化遗产按照要素分为农业遗址、农业景观、农业聚落、农业技术、农业工具、农业物种、农业特产、农业民俗等,并认为澜沧江中下游地区是世界上野生茶树群落和古茶园保存面积最大、古茶树和野生茶树保存数量最多的地区。

1.2.2　农业文化遗产的多元价值与发展研究

闵庆文在《农业文化遗产的五大核心价值》一文中指出,农业文化遗产具有"生态与环境价值、经济与生计价值、社会与文化价值、科研与教育价值、示范与推广价值"③。后又通过《农业文化遗产的珍贵价值》一文指出,"每一个农业文化遗产地,都是一座生物、文化和技术基因库"④,充分阐释了我国农业文化遗产对于保障粮食安全的基础性、战略性意义。曹茂在《农业文化遗产传承在云南绿色农业发展中的生态价值》一文中提到,农业文化遗产传承与云南绿色农业发展的生态环境价值目标、生态经济价值目标具有一致性。张永勋等合作的《红河哈尼稻作梯田旅游资源价值空间差异评价》⑤认为,哈尼稻作梯田系统的人文景观价值高于自然景观价值,因为自然景观资源尚未得到开发,旅游发展水平差异巨大。新华社《农耕文化之光闪耀青山绿水间——记我国加强全球重要农业文化遗产保护传承发展》的报道指出⑥,云南省普洱市澜沧县的景迈山古茶园作为一座人工栽培型大叶种茶园,有利于建立人与自然的和谐关系,促进农业绿色发展,这些古老的智慧正产生着重要的经济、生态、文化价值。我国农业农村部官网的文章指出,自3 000多年前的石器时代晚期开始,剑川稻麦复种、水旱轮作的耕作方式是农业文化、生物多样性、

① 刘进,冷志明,刘建平,等.我国重要农业文化遗产分布特征及旅游响应[J].经济地理.2021,41(12):205-212.

② 曹茂,高跃婷.洱海流域农耕文化遗产与绿色农业发展[N].云南日报,2022-08-22(7).

③ 闵庆文.农业文化遗产的五大核心价值[N].农民日报,2014-01-17(4).

④ 闵庆文.农业文化遗产的珍贵价值[N].人民日报,2022-07-09(7).

⑤ 张永勋,闵庆文,李先德.红河哈尼稻作梯田旅游资源价值空间差异评价[J].中国生态农业学报,2018,26(7):971-979.

⑥ 于文静,许舜达,杨静.农耕文化之光闪耀青山绿水间——记我国加强全球重要农业文化遗产保护传承发展[EB/OL].(2022-07-23)[2023-10-24].https://www.gov.cn/xinwen/2022-07/23/content_5702573.htm.

人与自然和谐发展的典型代表,具有文化、生态、经济等多重价值。① 王金梅等的《论槟榔江水牛养殖系统的现代价值》②一文指出,槟榔江水牛养殖系统主要有:①生产价值。役用之外,还具有乳用功能。②生态价值。牛与牧场之间能够形成良好的生态系统。③科学价值。能为未来畜牧业的发展提供丰富的基因资源,避免生物单一性。④文化价值。主要指农耕文化与民俗文化。

1.2.3　云南农业文化遗产与兴边富民研究

拓展兴边富民行动的广度和深度,是帮助云南群众迈上小康路、过上好日子、实现共同富裕的重要举措。自从红河哈尼梯田申遗成功以来,红河州政府带领群众积极脱贫,在 4 个曾经的深度贫困县推广梯田"稻鱼鸭"综合种养 17 万亩(1 亩≈0.000 67 平方千米),带动 2.1 万户贫困群众增收,让"绿水青山"变成"金山银山"。③ 曹家庚在《从哈尼梯田的"四素同构"看元阳乡村振兴》一文中指出,元阳县作为"世界文化遗产哈尼梯田"的核心区域,具有"四素同构"的活态文化传承,努力将农耕文化传承与乡村振兴相结合,创造性地实现乡村振兴的"五大目标",并从产业振兴、人才振兴、文化振兴、生态振兴与组织振兴五个方面落实④。文旅中国的《云南普洱景迈山古茶林:千年文化遗产品出乡村新发展》一文指出,"申遗对澜沧脱贫成果的巩固、后续乡村振兴的有效衔接意义重大而深远",澜沧拉祜族自治县县委副书记、普洱景迈山古茶林保护管理局局长杨春高曾表示,"整个澜沧茶园面积有 38.4 万亩,景迈山申遗成功会带动茶产业进一步提质增效,并联动一二三产业的发展,擦亮普洱茶的金字招牌,支撑云南打造千亿产值的云茶产业,与江浙铁观音等一起更好地支撑中华茶在世界上的地位"。

勐海陈升茶业有限公司在《促进普洱茶产业高质量发展助推茶区乡村振兴》一文中,记录了曾经的边远贫困山村老班章——云南省西双版纳州勐海县布朗山乡的一个哈尼族村寨,在勐海陈升茶业有限公司陈升号的带领下,成功脱贫并走上乡村振兴之路的历程。余红红、李娅在《云南省核桃产业精准扶贫效果研究》中写到,核桃作为漾濞县重要的产业之一,是当地农户主要经济收入来源,成为破解当地贫

---

① 农业部农产品加工局.第二批中国重要农业文化遗产-云南剑川稻麦复种系统[EB/OL].(2014-6-24)[2023-10-20].www.moa.gov.cn/ztzv/zywhycsl/depzgzywhyc/201406/t20240624_394853.htm.

② 王金梅,杨远,苗永旺.论槟榔江水牛养殖系统的现代价值[J].农学学报,2022,12(11):88-93.

③ 秦黛玥,熊强.千年古梯田焕发新活力 红河州 2.1 万户贫困群众增收[EB/OL].(2020-07-08)[2023-10-24].https://www.yn.gov.cn/ynxwfbt/html/2021/zuixinbaodao_0118/3561.html.

④ 曹家庚.从哈尼梯田的"四素同构"看元阳乡村振兴[EB/OL].(2021-04-19)[2023-10-27].http://f.china.com.cn/2021-04/19/content_77418802.htm.

困问题的重要产业,对实现精准扶贫具有重要作用,产生了巨大成效。① 张莉等在《八宝米产业在广南县脱贫攻坚中的作用和发展对策》一文中指出,广南县在实施产业扶贫过程中,带动曾经的贫困户5 000余户发展八宝米产业,近2万人增产增收,发挥了八宝米产业的经济价值②。徐前等在《"八宝贡米"迎秋收》一文中指出,广南县以实施乡村振兴战略为总抓手,促进八宝米发展,将粮食生产、生态治理和休闲旅游观光有效结合③。新华社报道指出,云南文山当地政府大力推动以三七为主的生物医药产业发展,引导农民进行标准化、规模化种植,通过与当地医药企业合作,提升三七附加值,带动农民增收,有效助力乡村振兴。"2022年,文山州三七种植面积超230万亩,以三七为主的生物医药产业综合总产值达310余亿元。"④ 2021年,丁洪涛在《让红雪梨成为巍山乡村振兴的富民产业》一文中指出,巍山彝族回族自治县京喜农场直采"巍山红雪梨",这不仅能够拓宽合作领域,也能够帮助巍山特色产业转型升级、建立品牌。⑤ 2022年,"蒙自石榴"赋能产业振兴,蒙自市石榴种植面积达到14万亩,年产值12.02亿元。⑥ 2023年,云南西畴乌骨鸡养殖系统发挥了兴边富民的重大作用,西畴县已发展乌骨鸡养殖专业合作社28个、养殖场31个、养殖大户110户,全产业链产值达5.84亿元,带动3万余户群众户均增收6 500元⑦。"西畴乌骨鸡"已获6项认证,申请注册3个商标。

1.2.4 云南农业文化遗产保护利用困境研究

2023年中央一号文件提出"深入实施农耕文化传承保护工程,加强重要农业文化遗产保护利用"。2010年被评为全球重要农业文化遗产保护试点项目的云南红河哈尼稻作梯田系统,却因旅游开发遭到了破坏,"原有的房屋墙皮被刮掉,取而代之的是现代装修常用的瓷砖;新修的观景台,破坏了原有的、充满流动之美的梯田景观。"⑧2011年,弥勒县甘蔗产业也面临诸多问题,主要是缺乏抗旱性强的甘蔗

① 余红红,李娅.云南省核桃产业精准扶贫效果研究[J].林业经济问题,2019,39(5):537-643.
② 张莉,马烈,陈金凤,等.八宝米产业在广南县脱贫攻坚中的作用和发展对策[J].云南农业科技,2021(3):24-26.
③ 徐前,徐丽芳,张在凤."八宝贡米"迎秋收[EB/OL].(2022-09-06)[2023-10-24].http://yn.people.com.cn/n2/2022/0906/c372451-40112223.html.
④ 新华社.云南文山:发展三七种植 助力乡村振兴[EB/OL].(2023-06-01)[2023-10-22].http://www.xinhuanet.com/photo/2023/06/01/c_1129662111_3.htm.
⑤ 丁洪涛.让红雪梨成为巍山乡村振兴的富民产业[N].云南政协报,2021-10-29(8).
⑥ 邰晋亮."蒙自石榴"赋能产业振兴[N].农民日报,2022-09-22(7).
⑦ 州委办公室.西畴县推动乌骨鸡产业发展助农增收[EB/OL].(2023-03-24)[2023-10-24].https://www.xczw.gov.cn/zwyw/bmdt/content_34943.
⑧ 李静.红河哈尼梯田遭遇开发性破坏[N].中国文化报,2010-11-30(5).

良种、收购价与糖价比价不合理、糖厂对蔗区投入不足、种植面积减少、甘蔗品种较单一、科学种植技术应用推广不足，以及劳动力缺乏、机械化水平低、生产成本高。① 张灿强等在《中国重要农业文化遗产：内涵再识、保护进展与难点突破》②一文中指出，主要问题是"有些地方过度强调'原汁原味'，忽视了农民提高生活水平的迫切愿望"③。曹茂等在《论农业文化遗产保护与美丽乡村建设——以云南为例》一文中，对云南农业文化遗产保护与利用存在的问题进行了汇总，指出农业文化遗产宣传与保护力度较弱、农业文化遗产地美丽乡村景观保护亟待加强、农业文化遗产地地方品种保护问题突出。曹茂等在《云南少数民族工具类农业文化遗产保护利用研究》一文中提到，传统农具的制作、使用面临现代机械化农具的挑战，工具类农业文化遗产保护利用还未受到管理部门应有的重视，现有工具类农业文化遗产保护利用方式单一④。2015 年，文山三七产业存在的问题主要有：种植盲目粗放、深加工能力不足、种植连作技术障碍未解决、品种选育难、规范管理有待加强等。2017 年，朱苦拉古咖啡林保护中存在的问题主要是，古咖啡树衰败及死亡、管理模式粗放、加工方式粗放等⑤。2018 年，曹茂等在《普洱古茶园历史变迁与保护研究——以云南普洱古茶园与茶文化系统为例》⑥一文中阐释了云南普洱古茶园保护存在的问题：种植密度过高、套种作物品种单一、古茶园过度开发。2018 年，槟榔江水牛产业化发展存在的问题有：保种育种方式滞后、加工企业弱小、利益联结不紧密等⑦。师建霞在《富宁八角　传统产业期待科技激活》一文中分析了富宁县八角产业发展面临的困境是缺乏龙头企业、宣传力度不够、产业建投资金严重不足、科研经费缺乏、病虫害严重。⑧ 2022 年，云南文山三七产业存在的问题有：创新人才不足、产品精深加工程度不足、产业链短、附加值低以及缺少资金⑨。

① 王明强，李文凤，黄应昆，等.弥勒县甘蔗产业中存在的问题及发展思路[J].中国糖料,2011(1):78-79.

② 张灿强，吴良.中国重要农业文化遗产:内涵再识、保护进展与难点突破[J].华中农业大学学报(社会科学版),2021(1):148-155＋181.

③ 张灿强，闵庆文，田密.农户对农业文化遗产保护与发展的感知分析——来自云南哈尼梯田的调查[J].南京农业大学学报(社科版),2017,17(1):128-135.

④ 曹茂，郎云雯，樊兴丽.云南少数民族工具类农业文化遗产保护利用研究[J].中国农史.2017,36(5):119-124＋56.

⑤ 张晓芳，李亚男，刘航秀，等.朱苦拉古咖啡林保护面临的问题及对策[J].热带农业科学.2017,37(9):101-104.

⑥ 曹茂，蔡晓琳.普洱古茶园历史变迁与保护研究——以云南普洱古茶园与茶文化系统为例[J].农业考古,2018(5):235-241.

⑦ 赵志军等.槟榔江水牛产业化发展现状与对策[J].养殖与饲料,2018(4):90-91.

⑧ 师建霞.富宁八角　传统产业期待科技激活[J].中国农村科技.2018(6):45-48.

⑨ 仝伟，严娟，郑红梅.云南文山三七产业发展模式及路径分析——以文山三七产业科技园为例[J].云南农业科技,2022,(03):54-57.

1.2.5 农业文化遗产保护利用对策研究

自农业文化遗产项目评定以来,很多学者都很关注农业文化遗产的保护与利用的情况。闵庆文、孙业红认为,农业文化遗产的保护应遵循"动态保护、适应性管理和可持续发展"[①]原则。闵庆文等还提出了中国农业文化遗产动态保护的三种主要途径,"生态补偿、有机农业生产和可持续旅游发展"[②~⑦]。

2014年,闵庆文在《农业文化遗产的保护远难于其他类型遗产》一文中写到,农业文化遗产保护所应遵循的原则是:保护优先、适度利用,整体保护、协调发展,动态保护、功能拓展,就地保护、示范推广,多方参与、惠益共享。苑利从农业文化遗产保护工作的重点展开,提出"对传统农业耕作技术与经验实施、传统农业生产工具、传统农业生产制度、民间文学艺术等实施有效保护。[⑧]李明、王思明认为,应该从体制创新和方法创新两方面来强化对农业文献遗产、农业生产系统、农业文化遗产综合体系等的保护。[⑨]赵立军等认为:应确立"以保护为中心,以发展为手段"的基本原则和动态保护的思想;加强机制与制度建设,重视农业文化遗产保护与利用的监督管理与多方参与;建立激励机制;给予实质性扶持和投入。[⑩]2010年,李静在《红河哈尼梯田遭遇开发性破坏》一文中指出,要加强制度建设,控制破坏性开发,建立开发项目启动前的专家评审制度、提前申报制度、零冲击报告制度、文化遗产的临时性指定制度、严厉的后期惩戒制度。[⑪]曹茂等在《云南少数民族工具类农业文化遗产保护利用研究》中提到,要建立专业性工具类农业文化遗产博物馆或私人藏馆,并进行数字化保护,培养少数民族工具类农业文化遗产制作技艺传承人。[⑫]师建霞对富宁八角产业发展提出了五个方面的建议:开展良种选育研究、加

---

① 闵庆文,孙业红.农业文化遗产的概念、特点与保护要求[J].资源科学,2009,31(6):914-918.

② 闵庆文,孙业红,成升魁,等.全球重要农业文化遗产的旅游资源特征与开发[J].经济地理,2007,27(5):856-859.

③ 徐义强,李凯冬.农业文化遗产红河哈尼梯田保护与开发刍议[J].农业考古,2003(1):279-281.

④ 李文华,刘某承,张丹.用生态价值观权衡传统农业与现代农业的效益[J].资源科学,2009,31(6):899-904.

⑤ 闵庆文.农业文化遗产及其动态保护探索[M].北京:中国环境科学出版社,2008.

⑥ 孙业红.农业文化遗产地旅游发展潜力研究[M].北京:中国环境科学出版社,2011.

⑦ Y Sun,M Jansen-Verbeke,Q Min,et al. Tourism potential of agricultural heritage systems[J]. Tourism Geographies,2011,13(1):112-128.

⑧ 苑利.农业文化遗产保护与我们所需注意的几个问题[J].农业考古,2006(6):168-175.

⑨ 李明,王思明.农业文化遗产保护什么与怎样保护[J].中国农史,2012(2):119-129.

⑩ 赵立军,徐旺生,孙业红,等.中国农业文化遗产保护的思考与建议[J].中国生态农业学报,2012,20(6):688-692.

⑪ 李静.红河哈尼梯田遭遇开发性破坏[N].中国文化报,2010-11-30(5).

⑫ 曹茂,郎云雯,樊兴丽.云南少数民族工具类农业文化遗产保护利用研究[J].中国农史,2017,36(5):119-124+56.

强技术注入、加强烘干技术的示范应用、注重品牌打造与重视研发平台的建设。[①]
2017 年,为科学保护朱苦拉古咖啡林,采取的保护措施是:设立保护区、缓冲区;明确所有权、使用权的归属及管理责任主体;建档并实现信息化管理;加强保护区基础条件建设、文化宣传传播;以及建立标准化初加工厂,成立保护基金。[②] 2018 年,槟榔江水牛产业化发展的对策是:坚持资源保护与良种繁育并重、乳品开发与乳肉兼用结合、利益联结与产业融合发展、市场主导与政策支持并重;发展建议是:创新育种方式、创新养殖模式、培育加工龙头、抓实招商引资、强化市场开拓。[③] 2019 年,槟榔江水牛养殖系统的保护同样遵循全球重要农业文化遗产保护的三大原则,即动态保护、整体保护与原地保护。[④] 2022 年,全伟等对云南文山三七产业园的发展模式及路径进行了分析[⑤],认为应"健全机制体制,落实优惠政策、创新招商理念,加强产业招商、抓好产业聚集整合,提升品牌价值、围绕园区建设,强化服务意识、强化产学研合作,提高科技创新能力、加大人才引进和技术培训力度,为园区提供人才保障、持续提升三七基地发展水平、持续提升三七品质、加快推进三七交易市场整合、完善三七产业发展配套政策"。

1.3　基本概念

中国作为一个历史悠久的大国,有着几千年的农业发展历史和丰富多彩的农业文化。中华大地上的各族人民,在长期的生产生活实践过程中,留下了大量的农业文化遗迹和农业文明成果。2022 年 7 月 18 日,国家主席习近平向全球重要农业文化遗产大会致贺信,强调人类在历史长河中创造了璀璨的农耕文明,保护农业文化遗产是人类共同的责任。为了更好地保护、继承和利用珍贵的文化资源,需要对"农业文化遗产"等相关概念的内涵、范围等进行界定和说明。

1.3.1　文化遗产

联合国教育、科学及文化组织(以下简称"联合国教科文组织")大会于 1972 年 11 月 16 日通过的《保护世界文化和自然遗产公约》,将"文化遗产"界定为以下三

---

① 师建霞.富宁八角　传统产业期待科技激活[J].中国农村科技,2018(6):45-48.
② 张晓芳,李亚男,刘航秀,等.朱苦拉古咖啡林保护面临的问题及对策[J].热带农业科学,2017, 37(9):101-104.
③ 赵志军,杨茂生,袁跃云,等.槟榔江水牛产业化发展现状与对策[J].养殖与饲料,2018(4):90-91.
④ 王金梅,杨远,苗永旺.槟榔江水牛养殖系统保护利用探讨[J].江西农业学报,2019,31(1):51-55.
⑤ 全伟,严娟,郑红梅.云南文山三七产业发展模式及路径分析——以文山三七产业科技园为例[J].云南农业科技,2022(3):54-57.

类:文物,从历史、艺术或科学角度看,具有突出的普遍价值的建筑物、碑雕和碑画,具有考古性质的成分或结构、铭文、窟洞以及联合体;建筑群,从历史、艺术或科学角度看,在建筑式样、分布均匀或与环境景色结合方面具有突出的普遍价值的单立或连接的建筑群;遗址,从历史、审美、人种学或人类学角度看,具有突出的普遍价值的人类工程或自然与人联合工程,以及考古地址等。这里更加强调文化遗产的物质实体性和人工创造性。

2003年10月17日,联合国教科文组织在巴黎举行第32届会议。作为《保护世界文化和自然遗产公约》的补充,大会通过了《保护非物质文化遗产公约》,提出了"非物质文化遗产"概念——被各社区、群体,有时是个人,视为其文化遗产组成部分的各种社会实践、观念表述、表现形式、知识、技能以及相关的工具、实物、手工艺品和文化场所。这种非物质文化遗产世代相传,在各社区和群体适应周围环境以及与自然和历史的互动中,被不断地再创造,为这些社区和群体提供认同感和持续感,从而增强对文化多样性和人类创造力的尊重。"非物质文化遗产"包括口头传统和表现形式,涵盖作为非物质文化遗产媒介的语言、表演艺术、社会实践、仪式、节庆活动,有关自然界和宇宙的知识和实践,传统手工艺。

联合国教科文组织通过的两项公约,对"文化遗产"和"非物质文化遗产"的概念与范围做了清晰的界定和说明。我国拥有悠久的历史和灿烂的文明,党中央、国务院历来高度重视文化遗产保护工作。党的十八大以来,以习近平同志为核心的党中央高度重视文化遗产工作。习近平总书记多次就保护和弘扬中华优秀传统文化发表重要讲话,作出重要指示批示。在2022年5月中共中央政治局第三十九次集体学习时,习近平总书记强调,文物和文化遗产承载着中华民族的基因和血脉,是不可再生、不可替代的中华优秀文明资源。要让更多文物和文化遗产活起来,营造传承中华文明的浓厚社会氛围。要积极推进文物保护利用和文化遗产保护传承,挖掘文物和文化遗产的多重价值,传播更多承载中华文化、中国精神的价值符号和文化产品①。习近平总书记的重要讲话和指示精神,为各级党委和政府以及各级领导干部充分重视文化遗产的重要价值,采取切实有效的政策手段和措施方法保护传承、挖掘利用中华优秀文明资源指明了方向和路径。

1.3.2　农业文化遗产

"农业文化遗产"(Agricultural Heritage Systems)的概念源自联合国粮农组织2002年启动的"全球重要农业文化遗产(GIAHS)"项目②。进入21世纪以来,虽然

---

① 把中国文明历史研究引向深入　推动增强历史自觉坚定文化自信[N]. 人民日报,2022-05-29(1).
② 闵庆文,孙业红.农业文化遗产的概念、特点与保护要求[J].资源科学,2009,31(6):914-918.

现代农业技术已经取得了巨大发展,但片面追求产量和利润的技术手段的应用,导致世界各地出现了不同程度的环境失衡问题。而传统农业能够在几千年乃至上万年中持续发展,其中必然蕴含着可持续的农业发展要素和人与自然和谐相处的智慧。为了应对破坏家庭农业和传统农业系统的全球趋势,在 2002 年的可持续发展问题世界首脑会议期间,联合国粮农组织发起了一项保护和适应性管理"全球重要农业文化遗产(GIAHS)"的全球伙伴关系倡议。按照联合国粮农组织的定义,全球重要农业文化遗产系统是指与其所在地域、文化或农业景观或生物物理及更广泛的社会环境处于复杂关系之中的现存且持续发展中的人类社区系统[①]。自 2005 年起至 2024 年 6 月,联合国粮农组织已认定了 26 个国家的 86 个系统及遗产地。重视生态环境,实现农业可持续发展,充分保护并挖掘农业文化遗产,发挥传统农业系统的最大价值,业已成为全球共识。

联合国粮农组织对农业文化遗产的定义,强调农业文化遗产的整体性、系统性及其与现有人类活动的共融性、互动性,更加突出其功能性价值。而中国作为传统农业大国,拥有丰富的形态各异的文化遗产,除了对其功能性特点之外,对其中所蕴含的历史文化意义也具有更为广泛而深刻的认知。

习近平总书记指出,丰富的历史文化遗产是一张金名片。中国不仅是农业大国,也是农业古国,农业开发的历史久远漫长,先民在长达万年的劳动实践中创造出了多样化的农业生产模式和灿烂的农耕文明。农耕文化不仅是农业的宝贵财富,也是中华优秀传统文化的重要组成部分[②]。中国积极响应联合国粮农组织全球重要农业文化遗产倡议,坚持在发掘中保护、在利用中传承,不断推进农业文化遗产保护实践[③]。以 2005 年浙江青田稻鱼共生系统被联合国粮农组织列为全球重要农业文化遗产保护试点为标志,中国开始系统地开展农业文化遗产的发掘与保护工作。截至 2022 年年底,已有 19 项传统农业系统被列入保护名录,数量位居世界之首。

党的十八大以来,我国启动实施国家级重要农业文化遗产挖掘和认定工作,推动农业文化遗产事业迈上新台阶。截至 2023 年年底,农业农村部已分七批认定了 188 项中国重要农业文化遗产,分布在全国 31 个省(区、市)。

2015 年 8 月 28 日,农业部发布了第 2283 号公告《重要农业文化遗产管理办法》,其中第二条提到:"本办法所称重要农业文化遗产,是指我国人民在与所处环境长期协同发展中世代传承并具有丰富的农业生物多样性、完善的传统知识与技

①　见联合国粮农组织网站(https://www.fao.org/giahs/background/zh/)。
②　郑惊鸿.以重要农业文化遗产为抓手赓续农耕文明[N].农民日报,2023-02-15(1).
③　新华社.习近平向全球重要农业文化遗产大会致贺信[EB/OL].(2022-07-18)[2023-10-24].https://www.gov.cn/xinwen/2022-07-18/content_5701591.htm.

术体系、独特的生态与文化景观的农业生产系统,包括由联合国粮农组织认定的全球重要农业文化遗产和由农业部认定的中国重要农业文化遗产。"①

《重要农业文化遗产管理办法》对农业文化遗产的基本概念进行了原则性的说明,把我国重要农业文化遗产限定为"由联合国粮农组织认定的全球重要农业文化遗产和由农业部认定的中国重要农业文化遗产"。在此基础上,结合联合国粮农组织对农业文化遗产的相关定义和原则性规定,我们将农业文化遗产定义为:在中国长期历史发展过程中,与农业生产或农民生活密切相关的,长期传承并具有功能延续性的自然景观、文化遗迹和技术方法等。

1.3.3 兴边富民与农业文化遗产保护利用

兴边富民行动是根据党中央的精神,为配合西部大开发战略,加快边境地区社会经济发展,由国家民委联合国家发展改革委、财政部等部门于 1999 年倡导发起的、于 2000 年年初启动的一项边境开发工程。② 这一战略的实施为促进边疆地区社会经济发展,实现民族团结和边防巩固起到了巨大的指引和推动作用。党的十八大以来,党中央、国务院把边疆治理摆在更加重要的战略地位,深入实施兴边富民行动等一系列政策举措,做出边境地区高质量发展、强边固防等重大部署,为新时代边疆治理和高质量发展进一步指明了方向。

党的二十大报告指出,国家安全是民族复兴的根基,社会稳定是国家强盛的前提。边疆地区在国家安全和经济发展布局中具有特殊而重要的地位。实施兴边富民行动是加强新形势下民族工作的重要政策措施,是加快边境地区发展的一个重要载体,是实现边疆地区人民美好生活愿望的重要途径。

云南省作为我国西南边疆的重要省份,毗邻国家较多,陆地边境线较长,在兴边富民行动实施的过程中具有重要地位和作用。作为拥有多个民族、多元文化及多样语言的省份,云南保存着丰富多彩的农业文化遗产,这些文化遗产是云南先民智慧与勤劳的结晶,具有重要的历史、文化、生态和景观价值。加大对云南农业文化遗产的保护利用,既能持续深入推进兴边富民的进程,也能加快云南农业农村现代化发展的步伐,加快产业结构及模式的升级和转型,是促进云南农业绿色资源可持续保持,实现边疆地区高质量经济发展和各族群众美好生活愿望的重要途径。

---

① 农业部. 重要农业文化遗产管理办法[EB/OL]. (2015-08-28)[2023-10-24]. https://www.gov.cn/gongbao/content/2016/content_5038095.htm.
② 朱玉福. 兴边富民行动 10 周年:成就、经验及对策[J]. 广西民族研究,2011(1):161-168.

1.4　研究框架

开展云南农业文化遗产保护利用研究,首先需要确定要研究的问题和主要内容,并据此确定研究的宏观思路,进而明确研究方法,最终形成本研究的基本框架。

1.4.1　研究的问题

本研究围绕的核心问题有四个:①云南省农业文化遗产的概况如何? 包括农业文化遗产的构成、分布、保护与利用工作的缘起与历史演进等基本问题。②兴边富民行动与云南省农业文化遗产保护利用的内在逻辑关系是什么? ③云南省农业文化遗产保护利用的现状如何? 包括取得了哪些成效和突破,存在哪些问题和不足。④在兴边富民视域下,更好地推进云南省农业文化遗产保护利用的路径和机制有哪些?

1.4.2　研究的内容

围绕上述四个问题,本研究包含如下四个方面的内容:

1. 云南农业文化遗产及其保护利用的缘起与演进的历史研究

农业文化遗产及其保护利用是一个跨学科的领域,涉及历史学、农学、管理学、社会学等多个学科。农业文化遗产保护利用的本体是文化遗产,属于历史学的研究内容,因此,本研究首先以历史学的视角和方法,从文化遗产的本体出发,研究云南农业文化遗产的分布、构成等基本情况,充分把握云南省农业文化遗产的数量和质量状况,以及保护利用工作的历史缘起与时代演进,从而对云南省农业文化遗产进行整体上的把握,为后文的研究奠定基础。

2. 兴边富民与农业文化遗产保护利用逻辑关系的理论研究和规范分析

云南省地处祖国西南边陲,具有极其重要的地缘条件,边境治理、人民生活质量、边疆经济发展水平直接关系着国家主权和领土完整,以及边疆社会的稳定。兴边富民行动自 2000 年开始实施。党的十八人以来,兴边富民行动也逐渐上升为一项国家战略。因此,有必要对兴边富民与农业文化遗产保护利用的内在逻辑关系进行深入的理论分析,把农业文化遗产保护利用对于推进兴边富民的重要作用阐释清楚。

3. 云南农业文化遗产保护利用现状及存在问题的实证分析

近十年来,经过各级政府和社会各相关主体的共同努力,云南农业文化遗产的保护利用取得了什么样的成效、在哪些方面取得了较大的进展和突破,是本研究的主要内容之一。同时,云南农业文化遗产保护利用工作目前存在的短板、困难、问题更具建设性意义,因此也是本研究的重要内容。通过案例研究、比较研究等实证研究方法,揭示了云南农业文化遗产保护利用当前存在的问题,为后续改进措施的提出奠定了基础。

4. 兴边富民视域下优化云南农业文化遗产保护利用的对策研究

如何通过"观念重塑"进一步端正农业文化遗产保护利用的理念和思维？如何通过"制度改进"提升农业文化遗产保护利用的效益？如何通过"技术升级"增强农业文化遗产保护利用的科技支撑？如何通过"机制创新"提高农业文化遗产保护利用各方面的保障水平？这些问题是本研究的最后一个方面。

1.4.3 研究思路

本研究遵循"问题提出—历史研究—理论分析—实证研究—对策研究"的基本思路,采用理论分析与应用分析、规范分析与实证分析相结合的方法,在国家兴边富民背景下,结合"加强文化遗产保护传承,弘扬中华优秀传统文化",研究位于祖国西南边陲且少数民族数量最多的省区——云南省的农业文化遗产概况、保护与利用工作的缘起与历史演进,从规范的视角对兴边富民与云南省农业文化遗产保护利用的内在逻辑关系进行理论分析。在此基础上,本研究运用案例分析以及比较研究的方法,研究云南省农业文化遗产保护利用工作的现状和存在的问题,最后提出有较强针对性的建议。本研究的思路和逻辑进路如图1-1所示。

1.4.4 研究方法

基于以上思路,本研究的基本原则是史论结合、论证结合、以应用为主、服务现实,具体采用了以下几种研究方法。一是历史研究法。以历史学的方法与视角,把握农业文化遗产保护利用的本体,即文化遗产,研究云南农业文化遗产的分布、构成、数量及质量状况,以及保护与利用工作的历史缘起与时代演进。二是理论分析法。运用规范性理论,对兴边富民与农业文化遗产保护利用的内在逻辑关系进行了深入的理论分析。三是文献研究法。文献研究法贯穿于本研究的始终,包括对历史文献的分析,对法律和行政法规、政府规范性文件的分析,对统计年鉴、统计公报中的调查数据的分析,对前人研究成果的参考借鉴等。四是案例研究法。通过对云南省境内以及周边省区农业文化遗产保护与利用工作中成功与失败的案例进行分析,为研究提供了实证基础。五是比较研究法。将比较研究法与案例研究法相结合,在案例研究中嵌入对不同个案的比较分析。

1.4.5　本研究的基本框架

根据上文的分析,结合要研究的问题、研究的内容、研究思路以及研究方法,本研究的基本框架如图 1-1 所示:

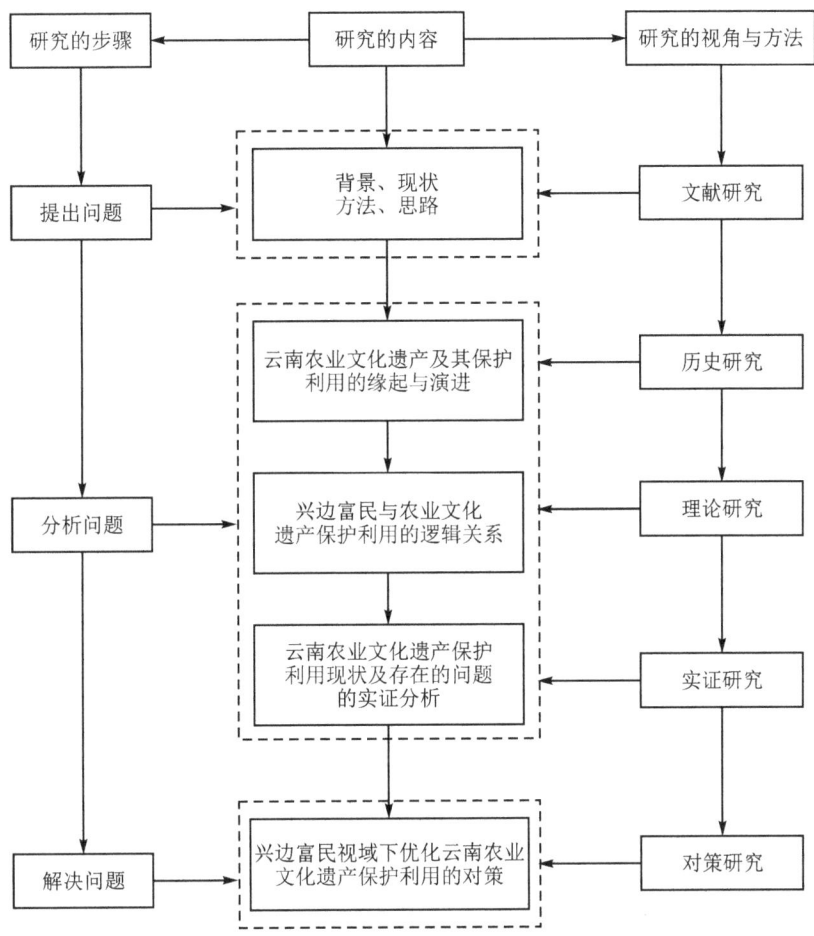

图 1-1　本研究的基本框架

第 **2** 章

云南农业文化遗产的
历史渊源与主要分布

2.1　云南农业文化遗产形成的自然环境与社会背景

2.1.1　云南红河哈尼稻作梯田系统

1. 自然环境

哈尼稻作梯田系统主要分布在中国云南省红河州的元阳、红河、绿春、金平4县境内,总面积达82万亩。

元阳县地处哀牢山南段山高谷深的切割中山地貌区。由于受红河和藤条江的侵蚀而形成了中部较高、两侧偏低、由西北向东南倾斜的地形特点。元阳县以哀牢山中部的观音山为分水岭,涵盖南部藤条江流域和北部红河流域两大水系。元阳县存在一条带状的华力西期—印支期的酸性岩—花岗岩分布区,同时还有大量的变质岩和三叠纪红层分布,这些土母岩受不同风化作用和成土过程的影响,形成砖红壤、燥红土、砖红壤性红壤、红壤、黄壤、黄棕壤、棕壤、紫色土、石灰岩土、水稻土10种土壤类型。水稻土分布广泛,受土母质的影响,土质黏重,对梯田的形成有重要作用。元阳县位于云南省南部红河哈尼族彝族自治州,东经102°27′~103°13′,北纬22°49′~23°19′。元阳县地处北回归线以南,又地处哀牢山南段,处于低纬度高海拔地区,且海拔差异明显,最低点为金平交界的小河口(海拔144米),最高点为白岩子山(海拔2 939.6米),又受到南北各支气流的影响,干湿季分明,呈现"一山分四季,隔里不同天"的立体气候。元阳县的植被也随之被分为低海拔热带河谷稀树草坡植被、中山湿性常绿阔叶针叶林、南亚热带常绿阔叶苔藓林三个气候类型。①

红河县位于云南省南部红河两岸、红河哈尼族彝族自治州西南部,地处东经101°49′~102°37′、北纬23°05′~23°27′之间,东接元阳县,南连绿春县,西与墨江、元江两县接壤,北与石屏、建水两县隔红河相望。红河县地处横断山系纵谷区的南段,哀牢山脉盘踞全境,整个地势呈中部高、南北两翼低的中山峡谷地貌,最高的山是东南部的么索鲁玛大山,主峰海拔2 745.8米,最低点为东北边缘的曼车渡口,海拔259米。境内有大小河流20余条,主要河流有8条,均属红河水系。红河县属亚热带季风气候类型,干湿季分明,立体气候特征十分明显;全年平均气温20.9℃,年降雨量945.3毫米;降水量悬殊较大,北部低山河谷地带为700~900毫米,南部山区为1 500~2 000毫米,全县年均降水量为1 340毫米;常出现冬春少雨易

---

① 角媛梅. 哈尼梯田自然与文化景观生态研究[M]. 北京:中国环境科学出版社,2009:4-12.

干旱、夏秋多雨时有山洪发生的现象;境内植被属云南高原亚热带植被,森林植被类型为半温性常绿阔叶林与针叶林;境内土壤有黄棕壤、黄壤、红壤、赤红壤、燥红土、紫色土及水稻土 7 种。[①]

绿春县位于哀牢山区南段,云南省南部边境,地处东经 101°47′~102°39′、北纬22°33′~23°08′之间,东临元阳、金平两县,南与越南毗邻,西南与江城接壤,西接墨江,北与红河相连。[②] 地势中部高,四周低,为中心峡谷地貌;海拔差异明显,最高峰为黄连山,海拔 2 637 米,最低点为小黑江与李仙江交汇处,海拔 320 米。绿春县属于低纬度高海拔地区,因此境内形成了北热带、南亚热带、中亚热带、南温带、中温带 5 种气候类型,年平均气温 16.7 ℃,平均年降水量 2 427 毫米。境内植被主要为亚热带常绿阔叶林。境内水系均属红河水系,主要河流有李仙江、小黑江、牛孔河。土壤有砖红壤、赤红壤、红壤、黄壤、黄棕壤、紫色土、水稻土 7 种类型。

金平县位于红河哈尼族彝族自治州南部,地处东经 102°31′~103°38′、北纬22°26′~23°04′之间,东隔红河与河口瑶族自治县相望,南与越南接壤,西接绿春县,北邻个旧市、元阳县。全境地势西北高,东南低,境内最高海拔 3 074 米,最低海拔 105 米。全境地处北回归线以南,气候为滇南低纬高原季风气候,冬干夏湿,冬暖夏凉,四季不明显,气候温和,雨量充沛,多年年均气温 18 ℃,多年平均降雨量2 330 毫米。海拔悬殊,地形复杂,形成了"十里不同天"的立体气候。境内有藤条江、红河两大水系。境内处于哀牢山脉东端,土壤类型有 6 个土类、8 个亚类、21 个土属、32 个土种。

哈尼稻作梯田系统所处的 4 个县均属亚热带季风气候,均处于低温度高海拔地区,地形复杂,立体气候明显,且境内皆有水系,土壤大多为红壤、黄壤等类型,这些条件为梯田的形成和水稻的种植提供了良好的自然环境。

2. 社会背景

元阳县汉代属益州郡胜休县;三国、西晋时属兴古郡胜休县;东晋、南朝时属梁水郡胜休县;唐代时属南宁州都督府;南诏时期属通海都督府;宋大理时属秀山郡;元代时属临安路;明代时为纳楼长官司等土司地,隶属临安府;清代时属建水县所辖的纳楼司江外永顺里、崇道里,蒙自县所辖的纳更土巡检、稿吾土把总等;民国时属蒙自道所辖的建水县、个旧县、蒙自县地;1950 年由建水、个旧、蒙自分别划出一些乡,合并成立新民县,后又由于与辽宁省新民县重名,1951 年政务院批准设县时,将新民县改为元阳县;1954 年隶属红河哈尼族自治区,1957 年红河哈尼族彝族

① 《云南地州市县经济社会发展概览》编辑部编. 云南地州市县经济社会发展概览[M].昆明:云南省新闻出版局,1996:496-497.

② 云南省红河哈尼族彝族自治州志编纂委员会编. 红河哈尼族彝族自治州志卷 1[M]. 北京:生活·读书·新知三联书店, 1997:124.

自治州成立后,元阳县也隶属之。① 截至 2023 年,元阳县总人口为 34.6 万人。产业以农业为主体,农业人口为 28.6 万,占比较大,在 80% 以上。耕地则主要以水田为主,基本上都是梯田。元阳县世居哈尼族、彝族、汉族、傣族、苗族、瑶族、壮族 7 个民族,以哈尼族为主。

红河县汉代时属益州郡胜休县;三国、西晋时属兴古郡胜休县;东晋、南朝时属梁水郡胜休县;唐代时属南宁州都督府;南诏时期属通海都督府所辖的官桂思陀部、和蛮部地;宋(大理)时,被列入"三十七部蛮",属秀山郡;元代时属和泥路的七溪部、伴溪部、思陀部地;明朝洪武年间,正式在境内建立世袭土司制度,分别封设亏容甸、思陀甸、落恐甸、溪处甸、瓦渣甸和左能甸 6 个长官司,均属临安府;清袭明制;民国时期推行区乡制,设石屏县第六区,辖瓦渣乡、思陀乡、左能乡、落恐乡、上亏容乡、下亏容乡等地;1951 年,由元江、石屏、建水三县划出部分地区,合并设立红河县;1957 年红河哈尼族彝族自治州成立后,红河县也隶属之。② 红河县有彝族、白族、傣族、壮族、苗族、回族、傈僳族、拉祜族等民族分布,以哈尼族为主。2023 年,红河县总人口约为 27.3 万人,以农业人口为主。

绿春县西汉时属益州郡地;东汉改属牂牁郡西随地;三国时属蜀汉兴古郡西随地;北朝至隋代时属濮部地;唐初时属南宁都督府;南诏时期属通海都督府;宋(大理)时属秀山郡;元代时分属元江路、和泥路;明代时分属元江府、临安府及钮兀长官司;清代时分属临安府、元江州;民国时期属金平、元江、墨江、建水、石屏、金平县辖;中华人民共和国成立初期,为金平、元阳、红河、墨江四县辖,1955 年在墨江、红河、元阳三县结合部的六村设置相当于县级行政机构的红河哈尼族自治区六村办事处,1958 年六村办事处辖区以及金平、元阳县划出的部分地区合并设县,定县名为绿春。③ 2023 年年底,绿春县常住人口约为 20.2 万人,其中农业人口为 15.8 万人,非农业人口为 4.4 万人。2023 年,绿春县境内有哈尼族、彝族、瑶族、傣族、拉祜族、汉族等民族。其中,少数民族人口占户籍人口的比重为 97.32%,哈尼族人口占总人口的比重为 86.45%。

金平县两汉时属牂牁郡西随县地;三国至西晋时属兴古郡西随县;东晋、南朝时属梁水郡西随地;唐初时属南宁州都督府;南诏时属通海都督府;宋(大理)时秀山郡大甸地;元时属临安路大甸地;明时属临安府建水州江外十五勐十八土司地

① 云南省红河哈尼族彝族自治州志编纂委员会. 红河哈尼族彝族自治州志:卷 1[M]. 北京:生活·读书·新知三联书店, 1997:114.

② 云南省红河哈尼族彝族自治州志编纂委员会. 红河哈尼族彝族自治州志:卷 1[M]. 北京:生活·读书·新知三联书店,1997:114.

③ 云南省红河哈尼族彝族自治州志编纂委员会. 红河哈尼族彝族自治州志:卷 1[M]. 北京:生活·读书·新知三联书店,1997:115.

区之一;清时属临安府勐丁张土司、勐拉刀土司、茨通坝李土司、者米王土司地;清光绪十六年(1890 年),始改土归流,设临安府勐丁经历;民国时改设勐丁行政委员,同年在刀、王、李三土司地设金河行政委员;民国 21 年(1932 年)将两行政委员改为设治局,民国 23 年(1934 年)9 月 1 日,中华民国政府将两设治局合并设县,取两设治局首字命名为金平县;中华人民共和国成立初属蒙自专区,1954 年红河哈尼族自治区成立后,隶属之,1957 年红河哈尼族彝族自治州成立后,隶属之,1985 年撤销金平县,成立金平苗族瑶族傣族自治县。[①] 截至 2023 年,金平县总人口约为32 万人,有苗族、瑶族、傣族、哈尼族、彝族、汉族、壮族、拉祜族、布朗族等 9 个民族,以苗族、瑶族、傣族为主。

2.1.2　云南普洱古茶园与茶文化系统

1. 自然环境

云南普洱古茶园和茶文化系统位于中国云南省普洱市及其周边地区,核心区域为普洱市澜沧拉祜族自治县。普洱市位于中国云南省南部,地理位置为北纬22°02′~24°50′,东经 99°09′~102°19′。普洱市,东南与越南、老挝两国接壤,西南与缅甸接壤,是中国通往东南亚和南亚国家的重要通道。全市总面积约 4.5 万平方公里,境内群山起伏,山地面积占总面积的 98.3%。由于受亚热带季风气候的影响,这里大部分地区全年无霜。2023 年平均气温为 19.4 ℃,年降水量为 1 311.3 毫米,雨季在 5—10 月,主要水源为澜沧江、那洒河等河流及众多山间溪流。丰富的水资源和适宜的气候条件,使普洱地区成为茶树生长的理想环境。普洱市土壤以红壤和黄壤为主,富含有机质,并且排水性能良好,对于茶树的生长和发育十分有利。普洱市植被资源丰富,有云南松、曲松、马尾松等针叶林,以及栲林、栎林、楠林等阔叶林。此外,茶树林也是普洱市重要的半自然植被类型之一。丰富的植被资源为普洱茶的生长提供了良好的生态环境,促进了普洱茶品质的提高。

澜沧拉祜族自治县位于中国云南省西南部,距离省会昆明约 450 公里。其东、南、北三面被思茅区环抱,西邻缅甸。澜沧拉祜族自治县地形地貌复杂,西南部为缅甸高原的一部分,大部分地区处于云南南部山地,地质构造复杂,地形起伏较大。全县境内主要地形地貌有高原山地、中山丘陵、峡谷、河谷低地等。境内最高点是腾冲河源头,靠近缅甸边境,海拔约 3 470 米,最低点是川盘江口,海拔约 615 米。整个地区地貌多,有石林、草甸、河谷、森林等特色景观。澜沧拉祜族自治县境内有黑河、南朗河、芒帕河、上允河等河,均属澜沧江水系,丰富的水资源为当地的灌溉

---

① 云南省红河哈尼族彝族自治州志编纂委员会.红河哈尼族彝族自治州志:卷 1[M].北京:生活·读书·新知三联书店,1997:114.

和水利生产提供了重要的水源。

澜沧拉祜族自治县属于亚热带季风气候,气候温和湿润,四季分明。春季气温逐渐回升,多雨多云,常有静雨或阵雨;夏季气温高,有时毛毛雨和暴雨相间,阳光持续时间较长;秋季温度逐渐下降,清爽宜人;冬季气温较低且空气干燥。2023年平均气温 20.7 ℃,年均降水量 1 377.1 毫米。澜沧拉祜族自治县位于南亚热带季风气候区,土地资源和自然植被资源丰富。澜沧拉祜族自治县的土壤主要是红壤和山地黄壤。红壤为弱酸性土壤,肥沃程度较高,适合种植大部分农作物。山地黄壤分布在高海拔山区地带,土层薄,质地较差,水肥条件不足,适合种植香茶树、毛竹等乔木、灌木类植物。澜沧县的植被以热带常绿阔叶林为主,植被种类有青冈栎、紫金牛、厚壳桂、黄荆、樟树、扁柏、云南松等,此外,还有茶树、毛竹等经济林木。

2. 社会背景

普洱市位于中国云南省南部,地处澜沧江上游和怒江中游之间,是中国著名的普洱茶产区。普洱市的地区沿革可以追溯到公元前 279 年,这里曾是古代南诏国的都城,后来又成为大理国的一部分。元朝建立后,设置了州县,明清时期属于滇南府。1949 年后,曾经先后隶属于西双版纳、思茅等区,最终于 2003 年设立地级思茅市并于 2007 年更名为普洱。2023 年,普洱市的人口约为 237 万人,其中傣族、汉族、哈尼族、彝族等民族的人口占比较高,形成了多民族的人口结构。普洱市是中国重要的农业区和普洱茶的重要产区,农业和茶业是其主要的经济支柱。普洱茶以其独特的"陈味"成为中国茶叶的一个品类,非常受欢迎。普洱市还是中国文化旅游中心城市之一,其自然风光和人文景观吸引了广大游客前来观光旅游。

清光绪十三年(1887 年)属镇边直隶厅,为澜沧设治的开始。1913 年改设镇边县,1915 年改称澜沧县,因澜沧江而得名,历史上曾包含今天的西盟、孟连两县地,1953 年属澜沧拉祜族自治县,总面积 8 807 平方公里,共有茶园 43.6 万亩。2023年,人口为 43.7 万人,有拉祜族、汉族、佤族、哈尼族、彝族、傣族等民族,少数民族人口占 79%,其中拉祜族人口占全县人口的 43.5%。农产品有水稻、杂粮、花生、甘蔗、棉、烟草、茶等,富含林木、水资源,以及铅、锌、铁等矿产。澜沧县有铅厂、煤矿、茶厂、水泥厂、糖厂、织染厂等产业。此外,还有元代整控江摩崖、下允缅寺、芒洪八角亭、糯福教堂及募乃仙人洞等风景名胜,以及发展河纪念碑、勐朗烈士陵园等纪念地,第三产业发达。①

2.1.3　云南漾濞核桃-作物复合系统

1. 自然环境

漾濞彝族自治县位于中国云南省大理白族自治州中部,北纬 25°12′～25°54′、

---

① 《云南辞典》编辑委员会.云南辞典[M].昆明:云南人民出版社,1993:140.

东经 99°36′～100°07′之间。漾濞彝族自治县全境位于横断山系滇西纵谷区、云岭山脉南段,以南-北向岭谷相间的深切高、中山地貌为主。辖区北宽南窄,地势由北至南渐次降低。最高处为苍山的马龙峰,海拔 4 122 米,最低处为漾濞江纳羊街河出境处,海拔 1 174 米。"两河绕三山"是境内地形的主要特征,山河多为北—南走向,主要河流有漾濞江、顺濞河。

漾濞彝族自治县属于干湿季分明的高原季风气候,受纬度、海拔、植被、地表形态等的影响,漾濞彝族自治县境内又具有亚热带和温带的区域性气候,以"一山分四季"的垂直差异最为突出:海拔 2 100 米以下的山区和河谷区较温热,海拔 2 100 米以上为高山区,较冷;海拔 2 300 米以上的地区多降雨,海拔 1 900～2 300 米的地区雨量适中,海拔 1 900 米以下的地区则干旱少雨。2023 年平均气温约 16.6 ℃,年降雨量 827.6 毫米。漾濞彝族自治县主要有水稻土、紫色土、红壤、黄棕壤和棕壤等土壤类型。其中水稻土分布于海拔 1 700 米以下的河流两岸和半山水稻产区;紫色土分布于海拔 1 700～2 400 米的地区,分布面积最大,占漾濞县土地总面积的 54.36%,适合种植核桃、茶叶、果树等经济作物。①

2. 社会背景

"漾濞",初为部落名,后作巡检司名,现在则成了自治县的专名。西汉时期,漾濞地属益州郡,东汉明帝时改属永昌郡,三国蜀汉时分属永昌、云南两郡,至隋朝大体相沿。唐朝时属样备诏,南诏后为蒙秦地。宋(大理)时分属永昌府及大理王直辖地。元朝时分属永昌府和蒙化府,明、清沿元制,其中明朝洪武年间又在漾濞地设样备、打牛坪巡检司。1912 年,以样备、打牛坪巡检司故地为基础,划入云龙、洱源部分,设置漾濞县。② 1949 年中华人民共和国成立后,云南和平解放。1985 年经国务院批准设立漾濞彝族自治县,并隶属于大理白族自治州。漾濞彝族自治县进行了多次行政区划调整,如 1952 年与永平县合并为"漾濞永平专区",1956 年为"漾濞区",1983 年撤区设县,恢复"漾濞县"名称。目前,漾濞彝族自治县是云南省大理白族自治州的一个县,下辖 9 个乡镇。

2023 年,漾濞彝族自治县总人口约为 9.7 万人,其中彝族人口约 4.9 万人,占其总人口的一半左右。漾濞彝族自治县是云南省大理白族自治州的一个县,属于云南省经济相对欠发达地区之一。漾濞彝族自治县的经济以农业为主,主要农作物有水稻、玉米、小麦、薯类等。此外,县内还有畜牧业、林业等,核桃为最主要的产品,主要分布在彝族聚居地区,畜牧业以养殖牛、马、骡、猪、羊、鸡、鸭、鹅等为主。在彝族地区,"养牛为耕田,养猪为过年"。旅游业也是漾濞彝族自治县的朝阳产业

① 《漾濞彝族自治县概况》编写组.漾濞彝族自治县概况[M].昆明:云南民族出版社,1992:1-5.
② 《漾濞彝族自治县概况》编写组.漾濞彝族自治县概况[M].昆明:云南民族出版社,1992:9.

之一。当地的旅游资源和人文历史遗迹丰富,如漾濞古城、漾濞群山等,吸引着大量游客前来观光旅游。近年来,漾濞彝族自治县政府积极推动乡村振兴战略,围绕农村一二三产业融合发展,深入推进农业供给改革、农村金融改革等改革创新,实施"科技＋农业""网格化服务"等新型农村建设工作,全力推进农村现代化。

2.1.4　云南广南八宝稻作生态系统

1. 自然环境

广南县位于云南省西南部,地势南高北低,呈阶梯状分布。境内多二叠纪石灰岩,地形复杂,盆地、河谷、丘陵、山地兼而有之。广南南部和东部是山地,其中苍山、复兴山、大洼山等群山环抱,沟壑纵横。广南中部的磨盘山、甘耳山、沙坝山等山峰,构成了广南的高原地貌。广南西北为丘陵地带,主要由坡陀山、姚阿山、偕乐山、贵舍山等组成,交错着平缓的山丘和深谷。广南境内多条河流纵横,河流分属西江水系和红河水系,有清水江、西洋江、驮娘江、贵马河等。① 总的来说,广南的地形地貌由山地、高原、丘陵、河流等组成。这里的自然风光独具特色,是旅游观光的胜地。广南属于中亚热带高原季风气候,2023年平均气温17.7 ℃,年均降水量1 048.6毫米。

广南的土壤和植被受到地形和气候的影响,都具有一定的特点。广南的土壤类型主要有红壤、褐红壤、黄壤等。这些土壤均富含有机质,施用化学肥料后效果显著,是广南农业发展的重要基础。广南的气候和地形条件造就了丰富的植被资源。广南境内种植着象牙松、杉木、云南松、栎树、杜鹃等树种。此外,广南的森林草原生态系统也为珍稀动物提供了生存的空间,如鹧鸪、山麂、棕头鸦、琵琶鸟等。广南水土资源丰富,盛产水稻、玉米、花生、甘蔗、木豆等经济作物和柑橘、香蕉、荔枝等水果。其中,广南的柑橘品质优良,远销国内外。总的来说,广南的土壤和植被资源非常丰富,为广南的农业生产和自然生态保护提供了优越的条件。

2. 社会背景

广南县历史悠久,最早可以上溯到唐朝。历史上,广南县曾隶属于大理国、元朝的南诏州、明朝的文山府、清朝的红河州。清乾隆二年(1737年),宝宁县被设为广南府的附郭。1913年,民国政府废除广南府,改宝宁县为广南县。2023年,该县总人口为75.7万人左右,其中汉族人口占绝大多数,还有彝族、苗族、回族等少数民族。社会经济方面,广南县以农业和林业为主要支柱产业,主要农作物包括稻谷、玉米、蔬菜和杂粮等。近年来,与传统农业相比,八宝稻作生态系统的建设在该县成为一项优势产业。此外,该县还拥有比较丰富的森林资源和特产资源,如茶

---

① 《中国政区大典》编委会.中国政区大典:4[M].杭州:浙江人民出版社,1999:1 016-1 017.

叶、香菇、竹笋等。近年来,县内的旅游业也逐渐发展,已经成为该县的重要支柱产业之一。然而,与部分发达地区相比,广南县的总体经济水平还相对偏低。

2.1.5 云南剑川稻麦复种系统

1. 自然环境

剑川县位于中国云南省西北部,属大理白族自治州管辖,地理坐标为东经 99°33′~100°33′,北纬 26°12′~26°42′,东与鹤庆相邻,南接洱源,西与兰坪、云龙接壤,北和丽江毗连,县域面积为 2 250 平方公里。剑川县主要为山地地貌,山区面积占 90% 左右。境内群山有老君山、石宝山、金华山、盐路山、雪斑山等。地势西北高、东南低。地质方面,箐河、金沙江—哀牢山、维西—红河三大断裂带通过剑川县境内,使得剑川县岩浆活动频繁,地震多发。剑川县地处金沙江中游,拥有丰富的水资源,主要河流为金龙河、白石江、海尾河等。

剑川县高海拔、低纬度的环境,造成太阳高度角差异极小,日照时数相差不大,形成春秋相连、长冬无夏的气候。剑川县地处滇西北高原余脉间,一方面靠近滇藏高原,另一方面又遥距热带海洋,形成剑川境内干湿分明、气温年较差小、日较差大、复杂多变的气候类型,加之高山海拔和平坝河谷海拔高差较大,以及山川河流走向、坡位坡向等诸多因素,剑川县呈现出区域间小气候环境,即"一山分四季,十里不同天"的气候状况。2023 年平均气温为 13.5 ℃,年降水量为 570.9 毫米,年日照时数约为 2 368.6 小时。剑川县的土壤主要分为棕壤、红壤和红棕壤等 12 类,其中棕壤面积较大,占总面积的 29.6%;水稻田 14.3 万亩,占总面积的 4.2%,占耕作土地面积的 49.3%。[①] 剑川县植被种类繁多,森林覆盖率超过 60%,森林植被以常绿阔叶林和针叶林为主,其中长寿山、腊山景区等地的原生林十分丰富。

2. 社会背景

唐开元二十六年(公元 738 年)以前,剑川未设建置,依据《康熙剑川州志》《云南古代史略》界定当时的属地。战国时期为哀牢国属地,西汉时期属益州郡叶榆县,东汉地处永昌郡比苏、遂久之间,蜀汉属麻降都督云南郡,东晋、南北朝位于宁州东、西河阳郡之间,唐朝属剑南道姚州都督府。唐开元二十六年以后,皮逻阁统一六诏,成立南诏国。唐德宗贞元九年(公元 793 年),收复铁桥以南大部分土地,设立剑川节度使,剑川属剑川节度使管辖;宋大理国时期属谋统府;元朝设置剑川县;元至正末(1370 年)设剑川州;明洪武十五年(1382 年)改设剑川县,十六年剑川复为州;1913 年,改为剑川县。1949 年 4 月,剑川解放,同年 10 月,剑川县人民政府成立,原属滇西北行政专区,12 月改设丽江行政专区,属丽江专区管辖。1956 年,

---

① 云南省剑川县志编纂委员会.剑川县志[M].昆明:云南民族出版社,1999:53-75.

剑川县由丽江专区划属大理专区。[①] 2023 年,剑川县常住总人口为 15.9 万人,农业人口为主,计 10.8 万人,有白族、汉族、彝族、傈僳族、回族、纳西族等民族。

2.1.6　云南双江勐库古茶园与茶文化系统

1. 自然环境

双江拉祜族佤族布朗族傣族自治县位于云南省西南部,是临沧市下辖的一个县。双江拉祜族佤族布朗族傣族自治县的地理位置为东经 99°35′~100°09′、北纬 23°11′~23°48′,南与澜沧县、凤庆县接壤,西与耿马县相连,东隔怒江与缅甸相邻,土地面积 21.57 万公顷。双江拉祜族佤族布朗族傣族自治县的地形地貌以丘陵山地为主,多山多水,属云南高原地貌的一部分。双江拉祜族佤族布朗族傣族自治县同时是横断山脉南部帚形地带的扩展部位,境内多高山,与耿马县交界的大雪山是双江拉祜族佤族布朗族傣族自治县的最高峰,海拔 3 233 米。境内还有许多河流,如勐库河双江段、澜沧江双江段、小黑江双江段等。受邦马山脉古夷平面抬升、错断、河流侵蚀切割等作用的影响,双江县西北高、东南低,并形成深切中山谷地、河谷盆地和"V"形中山窄谷等多种山地地貌。

双江拉祜族佤族布朗族傣族自治县气候属于亚热带季风气候,2023 年平均气温 20.1 ℃,日照充足,降水充沛,平均年降水量为 742.5 毫米。由于山区地形复杂,气候变化较大,不同地区具有不同的气候特点。怒江沿岸气温较高,雨量较少,而山区较凉爽,资源更加丰富。双江拉祜族佤族布朗族傣族自治县的土壤种类多样,主要包括红壤、黄壤以及山地土壤、垦殖土壤等。其中以黄壤、红壤最为普遍,分布在河谷平原和丘陵地带。山地土壤主要分布在怒江峡谷两侧的山地区域,土层较薄,肥力不高,湿度较大,适合种植草本植物和竹子。双江拉祜族佤族布朗族傣族自治县的植被资源非常丰富,以常绿林和落叶阔叶林为主,森林覆盖率高达 71.99%,是一个绿色的生态宝地。其中,以橡胶、竹子、马尾松、红豆杉、沙棘等为主要种植品种。除此之外,双江县还有各种草本植物、野生花卉和果树,蕨类、石楠、槭树、枸杞等植物都非常常见。

2. 社会背景

双江拉祜族佤族布朗族傣族自治县原名落停乡,后于 1958 年更名为双江乡,1975 年设立为双江公社,1983 年改回双江乡,同年设区,隶属西双版纳傣族自治州,1992 年改为双江县。2023 年,双江县总人口为 16.3 万人,少数民族人口约 8.3 万人,占总人口的 46.69%,拉祜族、佤族、布朗族、傣族等占比较大。双江拉祜族佤族布朗族傣族自治县主要以农业、旅游业和林业为支柱产业。农产品主要为橡胶、油茶、咖啡、无花果等。旅游资源丰富,主要景点包括高黎贡山、勐库古城、班章

①　云南省剑川县志编纂委员会.剑川县志[M].昆明:云南民族出版社,1999:92-93.

梯田等。在主要生产各类热带树种的同时,双江县还形成了以热带雨林、森林公园、滇池湿地公园为主的森林生态旅游业。此外,县内还有一定数量的制药企业。

2.1.7　云南腾冲槟榔江水牛养殖系统

1. 自然环境

腾冲市位于中国云南省西部,北纬 24°38′～25°52′、东经 98°05′～99°45′之间,北、西北与缅甸接壤,东与隆阳区为界,西南与梁河、盈江相连。腾冲市与云南省省会昆明市的直线距离为 400 多公里,与丽江古城的直线距离只有 250 多公里,是连接滇中、滇东、滇南和滇西的交通枢纽。腾冲市地势北高南低,东西两侧高,中部较低且多宽谷盆地。最高点为高黎贡山,海拔 3 780.2 米,最低点是新华乡的束庆,海拔 930 米,海拔相差 2 850.2 米。地貌以盆地为主,北部多为河谷盆地,中部为火山熔岩台地,南部为丘陵盆地,龙川江两岸为梯形台地。

腾冲市属亚热带湿润季风气候,四季气候明显,降水充沛,气候温和湿润,无严寒和酷热季节。2023 年平均气温约为 15.6 ℃,夏季平均最高气温为 20～23 ℃,冬季平均最低气温为 1～4 ℃。2023 年降雨量约为 1 424.3 毫米,集中在 5—10 月。腾冲市有龙川江、槟榔江、大盈江三大水系,并有众多山涧溪流,水资源丰富。全市土壤以黄红壤、黄壤、黄棕壤为主,有明显的垂直带谱,海拔 1 400 米以下为红壤,1 400～1 800 米为黄红壤,1 800～2 200 米为黄壤,2 200～2 400 米为黄棕壤,2 400～3 200 米为棕壤和暗棕壤,3 200 米以上为亚高山草甸土。腾冲市森林资源丰富,森林覆盖率高达 73%,境内有众多珍稀树种,如秃杉、红花油茶、鹅毛树、银杏等。据调查,腾冲有 4 303 种种子植物,其中 80 多种被列为国家重点保护野生植物。此外,腾冲市还拥有丰富的野生动物资源,有滇金丝猴、小熊猫、绿孔雀、锦鸡、画眉、太阳鸟等多种珍稀动物。据调查,腾冲市有野生动物 2 380 多种,其中82 种属于国家级保护野生动物。

2. 社会背景

腾冲市历史悠久,从响水湾新石器遗址、油灯庄小龙井坡古文化遗址可以看出,早在新石器时代晚期就有人类活动。东汉永平十二年(公元 69 年),哀牢王柳貌率众内属,显宗以其地置哀牢、博南二县,腾冲便位于哀牢县版图。唐代中央王朝在云南实行羁縻政策,统治松散,蒙氏割据云南,称南诏国,腾冲隶属"软化府"。宋代大理段氏占据,改"软化府"为"腾冲府"。元代,蒙古军进入云南,建立云南行中书省,腾冲也内附。明清时期,边疆重镇昭通府腾冲里开设,隶属于昭通府。民国元年(1912 年),云南陆军第二师师长李根源统兵至腾冲,改腾越厅为腾冲县,增设腾冲府。[①] 1950 年后,腾冲地区陆续设立了腾冲县、县级腾冲市,现为云南省行

<hr />

① 中共腾冲市委宣传部,腾冲市社会科学界联合会.腾冲史话[M].昆明:云南人民出版社,2017:8-23.

政区划下的一个市级行政单位。

根据 2023 年的统计数据,腾冲市总人口约为 64.1 万人,其中少数民族人口约为 6.03 万人。腾冲有 25 个民族,以汉族为主,傈僳族、傣族、回族、白族、佤族、阿昌族等多个少数民族居住于此。腾冲市曾是中国的贫困地区之一,其主要经济来源为农业、林业、畜牧业。腾冲市拥有得天独厚的自然资源,多个独特的文化景观,因而获得了不少旅游者的青睐。近年来,旅游业成为腾冲市的主要收入来源,也为当地人提供了就业机会。

2.1.8 云南文山三七种植系统

1. 自然环境

文山州位于东经 103°35′～106°12′、北纬 22°40′～24°48′之间,西临红河哈尼族彝族自治州,北接曲靖市,东与广西壮族自治区相邻,南与越南接壤。文山州为滇东南旋扭地质构造,以岩溶地貌为主。地势西北高,东南低,最高点为薄竹山,海拔 2 991.2 米,最低点为麻栗坡船头,海拔 107 米,海拔落差较大。文山州山岭之间,江河纵横,它们大多分属红河和珠江两大水系,境内还有南盘江、清水河、西洋江、盘龙河、普厅河、南利河等江河。文山州地处低纬度地带,跨越北回归线两侧,州内 70% 的地区属于亚热带气候,30% 的地区属于温带气候,境内全年气候较温和,2023 年平均气温 17.8 ℃,平均年降水量 1 109.2 毫米,大部分降雨集中在 5—10 月。土壤类型较多,主要有暗壤、棕壤、黄棕壤、黄壤、赤红壤、砖红壤、紫壤、红壤,其中红壤约占全州土地面积的 75%。植被类型丰富:海拔 1 800～2 400 米范围内的冷凉山区,以常绿阔叶林为主;海拔 1 400～1 800 米范围内的山区,以湿性常绿阔叶林和针阔混交林为主;海拔 400～1 000 米的河谷地区,植被以常绿灌木、杂木阔叶林为主[①]。

文山州三七种植系统主要分布在文山市、砚山县、麻栗坡县、广南县、富宁县等地。这些地区的土壤属于黄红壤和红壤类型,土层深厚、疏松,富含稀土元素和铁、钙、钴等元素。文山州位于北回归线两侧,地处云贵高原,光照充分,雨量充沛,年温度差异不显著,但昼夜温差较大,有利于三七的生长和有效成分的产生[②]。

2. 社会背景

文山自古便是中国的领土。西汉元鼎六年(公元前1111 年),汉武帝在云南设置牂牁、越嶲、犍为、益州四郡,文山的区域范围大致在牂牁郡内。蜀汉建兴三年(公元 225 年),诸葛亮率军平定南中,曾在原牂牁郡中划出一部分设兴古郡,置句

---

① 王志芬.文山[M].昆明:云南教育出版社,2003:2-8.
② 崔秀明,詹华强,董婷霞.印象三七[M].昆明:云南科技出版社,2009:18-19.

町、进桑、镡封、都篲四县,这四县都在今天的文山州境内。东晋南朝时期,除所设的西安、句町二县仍属兴古郡外,又从兴古郡划分出一部分设梁水郡,划建安、镡封归梁水郡管辖。南北朝时期,宋沿晋制,设兴古郡、梁水郡。隋朝,撤郡设州,今文山属昆州。唐初,文山境内八县归南宁都督府管辖。宋元时期,西部为教合三部和矣尼迦部,北部地区设维摩州,东部设广南西部宣抚使。明代将广南宣抚使改为广南府,将维摩州改归广西府管辖。清袭明制,在文山地区除设广南府外,增设开化府。1730 年,雍正裁原开化通判,改设县,命名为文山县。民国时期,国民党设七县一区。中华人民共和国成立后,在民国七县一区的基础上建立专区,定名为文山专区。1958 年,文山专区成立文山壮族苗族自治州。[1]

2023 年,文山州的人口约为 345.4 万人,其中少数民族群众占总人口的 50%以上,主要是壮族、苗族、傣族、彝族、回族等。文山州的社会经济基本依靠农业、林业、畜牧业等传统农业产业,以三七产业为主要经济支柱,文山州的三七产量占全国三七总产量的 80%以上。此外,该地区还有棉花、油茶、咖啡等经济作物。旅游业也逐渐兴起,文山、砚山等地有着独特的自然风光和民俗文化,吸引了不少游客前来观光。

2.2　云南农业文化遗产的构成

2.2.1　云南红河哈尼稻作梯田系统

哈尼稻作梯田文化遗产的构成包括以下几个方面:

① 生态环境,包括水文地质景观、生态群落等,哈尼族人民与周边环境相互协调、共生共荣的生态系统。

② 梯田系统,包括形成于山坡的梯式排水系统、水土保持设施、水利灌溉设施等。

③ 农耕文化,包括种植技术、农历及传统农事活动等。

④ 民间传统文化,包括传统的精神信仰、习俗、礼仪、音乐、舞蹈、服饰、建筑和民间手工艺等。

⑤ 历史和社会遗产,包括历史文化遗存、丰富的文化内涵、传说神话、思想理念、民间文艺创作等。这些方面相互交织,互为补充,共同构成了哈尼稻作梯田文化遗产的独特性和丰富性。

---

① 王志芬.文山[M].昆明:云南教育出版社,2003:36-38.

　　哈尼稻作生态环境主要建立在哀牢山区的垂直立体气候以及与之相适应的立体性植被上。云南的哀牢山区受到南面海洋性季风和海拔高度的影响，降水充沛。河谷的江河湖泊水受炎热天气的影响，蒸发升腾形成雾雨，终年不断，形成了众多的水潭和溪流，造就了哀牢山"山有多高，水有多长"的特点。而水是农业的命脉，高山森林孕育的水流被哈尼族人民引入盘山而下的水沟，流入村寨、梯田，又顺着相互连接的梯田由上而下，最后汇入谷底的江河湖泊中，形成一个完整的闭环。[①]

　　因为哀牢山区的地形地貌及气候的立体性，所以哈尼稻作梯田系统的农田营造、水利灌溉、谷种选择、田间管理等均较为复杂。在哀牢山区，哈尼族人民培育的稻谷达数百种，仅元阳的哈尼族就拥有本土稻谷品种180种，他们在不同的海拔使用不同的谷类：在海拔1 600～1 900米，培育小花谷、小白谷、早谷等耐寒的谷种；在海拔1 200～1 650米的中半山，培育大白谷、红脚老粳等温性谷种；在海拔800～1 200米，培育老皮谷、老糙谷等耐热的谷种；在海拔150～800米的干热河谷里，则培育麻糯等耐高温的谷种。[②]

　　基于哀牢山特殊的自然生态环境，在营造梯田并进行生产种植的过程中，哈尼族形成了一套特殊的农耕技术。首先是开挖梯田。冬季至次年春三月，气候温和凉爽，土质干燥，哈尼族开始从山上往下挖梯田，将挖出的土层层垒砌，形成田埂。其次是兴修水沟。哈尼族在梯田里挖出数条水沟以连接山里和森林里的泉水，使其顺着水沟流入梯田。在这个过程中，还形成了一套不成文的水规，即根据山泉和沟渠的灌溉面积，由被灌溉区域内的农户按照梯田数量协商、约定用水量，根据泉水流经的顺序，在沟和田的交界处放一块用于计量的木槽。再次是施肥，哈尼族利用哀牢山区山高水长的特点，将牲畜等的粪便放入沟渠，让其顺水而下。最后是选留谷种和种植水稻。哈尼族的选种方法有块选、颗选：块选是哪块地的长势好、产量高，就选哪块地留种；颗选是哪一颗好就选哪一颗留种。由于哀牢山区气候的立体性，以及特殊的冲肥模式，在栽秧过程中，哈尼族在高山地区采用密植，低山地区的种植则较稀疏。[③]

　　因为哀牢山区山高水长，有森林才有水，哈尼族形成了对树木的崇拜，每个哈尼族村寨都有一片茂密的锥栗树林。因为在哈尼族人的生活中，稻谷也是必不可少的食物之一，因此红河哈尼族通过传统戏剧、音乐、舞蹈等形式，表达他们对稻作文化的热爱和尊重。他们的传统歌舞中也经常出现与稻谷相关的主题，如《蹬米》《跳年糕》等。在哈尼族的传统祭祀活动中，也有许多与稻作有关的仪式，他们通过这些活动来感恩丰收，祈求好运和丰饶。总之，红河地区哈尼族的稻作文化在他们

①　王清华.梯田文化论——哈尼族生态农业[M].昆明：云南大学出版社，2011：16.
②　王清华.梯田文化论——哈尼族生态农业[M].昆明：云南大学出版社，2011：23-24.
③　王清华.梯田文化论——哈尼族生态农业[M].昆明：云南大学出版社，2011：25-28.

的生活中扮演了非常重要的角色。这种文化传承至今,已经成为哈尼族文化不可分割的一部分,同时也成为中国民间传统文化的重要组成部分。红河哈尼稻作梯田系统中的社会遗产包括种植、收获、加工、保存和使用稻谷等各个方面的技术和知识,以及与之相关的宗教仪式、文化表演、音乐舞蹈、服饰、手工艺等多方面的文化遗产。红河哈尼族彝族自治州以其独特的山区气候、地形和人文景观,形成了独特的稻作文化,成为哈尼族人民的文化标志,也为人们了解世界农业文化提供了宝贵的资源。

2.2.2　云南普洱古茶园与茶文化系统

普洱古茶园与茶文化系统主要由生态系统、茶文化系统、普洱茶的茶器与习俗,以及普洱茶的农业生产系统构成。

普洱古茶园与茶文化系统的生态环境包括以下几方面:

① 地理环境:普洱古茶园位于云南省南部和西南部地区,地处山区、丘陵和平原之间,海拔逐渐递增。这个地区的地形和气候条件极其适合茶树生长,形成了良好的茶叶生态系统。

② 气候环境:云南地区的气候属于亚热带季风气候和亚热带高山气候,四季温差不大,适宜茶叶的生长和发酵。普洱茶的特殊质地和特殊风味正是得益于这种天气条件。

③ 植被环境:普洱古茶园中的植被丰富多样,包括各种高大乔木、灌木和草本植物等。这些植被形成的生态系统为普洱茶的生长提供了保障,同时也为当地的生态保护提供了宝贵的资源。

④ 水环境:水是普洱茶重要的生长因素,云南地区的河流、湖泊和水库等水体资源十分丰富,为普洱古茶园提供了充足的水源。

⑤ 社会文化环境:普洱古茶园所在地区的历史和文化传统深厚,茶文化的发展需要社区的参与和支持,而茶文化的传承和发展也对当地社会文化环境产生了积极的影响。综上所述,普洱古茶园与茶文化系统的生态环境相互交织、相互支持,形成了一个丰富多彩的生态系统,这为普洱茶的生产和茶文化的传承提供了必要的保障。

普洱茶文化是普洱古茶园与茶文化系统中的重要组成部分。普洱茶文化可以追溯到唐代,它是普洱茶历史和文化积淀的重要体现,这主要表现在以下几个方面:

① 茶艺表演:普洱茶文化常常被视为一种艺术,茶艺表演是普洱茶文化的一个重要方面。在表演中,茶艺师根据泡茶顺序,用具用特殊的手法、器皿、水温等展示茶的制作与品饮过程。

② 茶道讲解:普洱茶的品饮过程讲究礼仪与味道的搭配,茶道讲解是普洱茶文化的一部分。茶道师会讲解茶叶的特点、泡法及茶的文化背景等知识。

③ 茶友交流:普洱茶文化促进的不仅是茶的品饮、制作等方面的分享,而且包括尊重和理解他人的文化和个性,茶友之间的交流和分享也是普洱茶文化的重要部分。

④ 茶文化节庆:普洱作为一个被茶叶包围的城市,茶园观赏、茶器展览、茶文化交流等不同形式的文化,都是其茶文化的重要组成部分。

综上所述,普洱茶文化在普洱古茶园与茶文化系统中占据着重要的地位,包括茶艺表演、茶道讲解、茶友交流、茶文化节庆等方面,并且拥有丰富多彩的文化表达方式。

普洱古茶园与茶文化系统中的茶器与习俗系统是普洱茶文化的重要组成部分。

① 茶器:主要包括茶壶、茶杯、茶盘、茶筅、茶巾、茶叶罐等。普洱茶质地较重,制作工艺特殊,因此其茶器也独具特色。普洱茶壶通常是紫砂壶,由于普洱茶的制作方式不同,茶壶的造型也各异。茶杯则以口感舒适、大小适中、手感舒适为主要特点。

② 习俗:普洱茶文化有着悠久的历史和深厚的底蕴,包含了丰富的习俗。例如,茶席就是普洱茶文化的重要载体之一,是一种宴请来宾、交流感情的传统活动。在茶席上,主人会倒茶给客人,以表达对客人的尊重和好意。此外,普洱茶还有许多特定的泡茶方式和礼仪,如"蒸、冲、闻、品"的泡茶流程等。

茶马古道是连接云南和四川等地的古老商路,也是普洱茶文化的重要组成部分。"茶马"是古代普洱茶制作所需的一种重要交通工具,茶叶在茶马古道上广泛流通,这也形成了普洱茶交流与文化传承的独特传统。总之,茶器和习俗是普洱古茶园与茶文化系统的重要组成部分。相关传统和技艺在代代相传中被传承和发展,成为普洱茶文化的重要符号和象征。

普洱古茶园与茶文化系统的农业生产系统主要包括以下几个方面:

① 普洱古茶园栽种管理:普洱古茶园种植密度低,树冠宽广,底部空间较大,利于采摘野生茶叶。采摘古茶树顶端嫩叶并及时制成普洱茶,刺激了当地经济发展。茶园的管理主要包括修剪整形、施肥、病虫害防治等。

② 普洱茶的加工:普洱茶的制作工艺独特,主要包括摊青、杀青、揉捻、晒干、发酵等步骤。其中,发酵是普洱茶制作的核心步骤,通过微生物的发酵将茶叶中的化学成分和风味转化为普洱茶特有的品质和香气。

③ 茶叶的营销:普洱古茶园的茶叶通过多种途径销售到不同的市场。例如,通过网上商城、社区直销等方式销售普洱茶,并为消费者提供品茶体验,从而进行

茶文化的传播。

④ 茶文化的传承和推广:普洱茶文化是中国茶文化的重要组成部分,普洱古茶园作为茶文化的传承和发展载体,需要不断推广,以提高茶文化的认知度和影响力。

综上所述,普洱古茶园与茶文化系统的农业生产系统涵盖了茶叶的生产、加工、销售和推广等多个方面,为当地经济发展和茶文化的传承提供了重要的支撑。

2.2.3　云南漾濞核桃-作物复合系统

① 漾濞核桃种植生态系统。核桃树耐涝、抗旱能力弱,喜欢生长在湿润的地方,而漾濞县境内海拔为 1 600～2 600 米,土壤主要为红壤、黄红壤、黄壤、黄棕壤、紫色土等土层深厚、疏松的沙质土壤,保水力强;且平均年降水量在 800 毫米以上,雨量充沛,符合核桃喜湿润的特性;年平均气温 16.6 ℃左右,适合核桃喜光的特性。漾濞县的生态环境为核桃的生长提供了适宜的环境,因此漾濞县内家家户户都种植核桃。

② 漾濞核桃种植技术系统。首先,选择适合当地气候、土壤条件的品种进行种植。根据漾濞彝族自治县的资料记载,漾濞彝族自治县境内栽培的核桃种类有32 种,分为泡核桃、夹绵核桃、铁核桃三个系列,泡核桃有 23 种,夹绵核桃有 9 种,铁核桃有 1 种。根据水土等情况,当地政府主导推广大泡、娘青、圆菠萝、漾江等系列泡核桃品种。其次,在种植过程中,采用科学的栽培管理措施,依次经历苗木、定植、施肥、鲜果采收、整形修剪等步骤。其中:苗木以铁核桃的实生苗为砧木进行嫁接繁育;定植是指将苗进行移栽,苗主要分为裸根苗和袋苗,裸根苗的定植时间为12 月中旬至次年 3 月中旬,袋苗则一年四季都可以移栽;施肥以有机肥为主,每亩地每年施肥不少于 9 000 千克,当然,化肥等的使用要符合国家相关规定,不得污染环境;鲜果采收是在全株 1/3 以上的青果自然开裂时进行;整形修剪在采收后进行,树形以疏散分层型和自然开心型为主。再次,则是对核桃的加工,主要为脱青皮和干燥,在采收鲜核桃后先堆沤,让皮易脱落,再进行脱青皮处理,进行晒干或者无烟烘干处理,直至坚果含水率低于 8%。[①]

③ 漾濞核桃文化系统。在漾濞彝族自治县内,核桃树、核桃园、核桃林无处不在,在漾濞县居住的各族群众,以核桃思源,以核桃为食,以核桃待客,以核桃会友,以核桃健身,以核桃入药,以核桃作画,以核桃歌吟,以核桃兴农,以核桃促商,核桃贯穿漾濞县人民生活的始终。漾濞县独特的核桃文化主要以两种方式存在:一种是有具体形式和表现内容的实体文化,例如:当地有关核桃的谚语"做人要学核桃,

---

① 漾濞彝族自治县地方志编纂委员会办公室.漾濞年鉴 2012[M].昆明:云南人民出版社,2013:115-116.

不求华丽的外表,要有丰富的内涵""人不受挫不成器,核桃剪枝多结果""核桃手中转,健康身上来";有关核桃的文艺作品,如《歌飞核桃园》《漾濞,核桃的故乡》《母爱深深核桃情》等;有关核桃的歌曲,如《请到核桃之乡来》《核桃园里艳阳天》等;有关核桃的舞蹈,如《打核桃》《拾核桃》等;漾濞民间关于核桃的故事,如《阿菠萝核桃树的由来》等。另一种则是渗透在具体的文化实体中,通过某种文化形式体现出来的关于核桃的思想认知体系。[①]

总之,漾濞核桃-作物复合系统文化遗产是一个集生态环境系统、农业生产系统、文化系统于一体的复合性文化遗产,代表了当地农民经过长期实践形成的独特的、具有价值的文化遗产资源。

2.2.4 云南广南八宝稻作生态系统

广南八宝稻作生态系统是广南县的一种传统生态农业系统,其主要构成如下:

① 生态环境系统:八宝稻作为一种传统的生态农业品种,其种植过程主要依赖于生态环境,因此需要保护农作物的生长环境,维护田间生态平衡。

② 文化传承:广南县的八宝稻作为一种民间传统生态农业作物,凝聚了广南县农民的智慧和文化传承,形成了独特的八宝稻作农耕文化。

广南八宝地区位于广南东部,海拔 1 152 米,冬暖夏凉,年降水量 1 048.6 毫米左右,雨水集中在 6～8 月,全年无霜期达 330～340 天,这些自然条件非常适宜水稻的种植。尤其是八宝地区的坡现、坝龙村,其田坝靠近八宝河,土壤呈灰黑色,根据农科部门的化验,含有有机质、全氮、全磷、全钾等成分,酸碱度也适中,因此这两个地区可以生产出圆润清香、油润白腻的八宝米。[②] 八宝稻的生长依赖于生态环境。壮族人认为"有树才有水,有水才有'那'(田),有'那'才有稻,有稻才有人"。壮族人崇拜"龙",龙在壮语里是"森林""树林"的意思,壮族村寨每年都会举行祭"龙"活动,也会教育后代从小对树林要怀有敬畏之心,不可砍伐树木等。[③]

广南八宝稻的栽培首先是筛选、暴晒种子,之后将其用清水浸泡 3～5 天控干催芽,待谷芽露白则用水育秧的方法散播育苗,45 天左右移栽秧苗。广南八宝稻的播种时间为 4 月上旬,移栽时间约在立夏、小满节令之间,收割约在秋分、寒露节令之间。八宝稻不甚耐肥,若施肥和灌溉不当,则容易致其倒伏;其抗病虫害能力

---

① 张郭宏.云南漾濞彝族自治县概况[M].北京:民族出版社,2008:203-205.

② 先子衡.广南八宝米[M]//中国人民政治协商会议云南省广南县委员会文史资料委员会.广南县文史资料选集:第 4 辑.广南县:中国人民政治协商会议云南省广南县委员会文史资料委员会,1990:114-115.

③ 赵敏,康美玲,谢进花.文山三宝——三七、八角、八宝米[M].昆明:云南教育出版社,2018:86-89.

也一般。[①]

在八宝稻作传统文化中,还有许多涉及民俗、传说等方面的内容,表现了人们对自然环境和生活方式的认识和感悟。稻田、水田被壮族人称为"那",而壮族的许多民俗都与"那"有关,如他们的很多乡村名字都带有"那"字。壮族人喜欢狗,每年过年时都有先喂狗的习俗。据《摩荷泰》记载,狗给壮族人民带来了稻种。因为牛是壮族人耕田犁地的好帮手,所以他们也很喜欢牛,每年农历四月初八都要举行隆重的"祭牛王"活动。在这一天,人们会让牛好好休息。除此之外,壮族人的很多节日也与稻作文化息息相关。如壮族的春节被称为"欢景龙"或"景米";正月的第一个酉日,八宝周围的村庄还会举行传统跑马节,又称"跑马开春",预示着春耕即将到来,祈求来年丰收。壮族人的饮食特征也与米息息相关:在迎亲嫁娶中,稻米是最主要的提亲礼品之一;各种节日中的代表性食物也是由稻米制成,如春节的米酒、三月三的龙粑、六月节的花米饭;日常生活中也以米作为主食,并由此衍生出很多米制品,如香粽、糍粑、饵块、扁米等。[②]

2.2.5　云南剑川稻麦复种系统

剑川位于北纬 26°左右,但平均海拔较高,且在滇西北稻作区,因此总的来说处于低纬度高原高寒稻作区。剑川地区年日照时数在 2 368.6 小时左右,光照充裕,且境内多湖泊,空气湿润。当地人民利用剑川日照充足的特点,以及该地区水利条件较好、土层肥厚、农业自然控害能力较强等天然条件进行农事耕作。且剑川每年 11 月至次年 4 月为干季,降水少,气温高,水田得不到充足的水分,给农作带来了不便,也给稻麦两熟制的诞生带来了契机。水旱轮作将湿季的水分储存至干季使用,从而改变了原来的土壤特性,提高了土壤的通透性,在提升农作物生长品质的同时可降低病虫害侵袭的概率。[③]

剑川稻麦复种系统,又称剑川稻麦轮作系统,是一种适应云南高寒山区气候特点的种植方式。稻麦复种是指在一块田地上于农历 8 月收获稻谷后,到了秋冬之际的 11 月底、12 月初,在同一块田地上又种植大麦,来年三四月大麦成熟后即行收割;与此同时,秋后在冈陵地区的山地里种植的小麦,到来年三四月与大麦同时收获,小麦的收获期与大麦相同,但生长期可能比大麦略长。[④] 这种种植方式将

①　先子衡.广南八宝米[M].中国人民政治协商会议云南省广南县委员会文史资料委员会.广南县文史资料选集:第 4 辑.广南县:中国人民政治协商会议云南省广南县委员会文史资料委员会,1990:115.

②　先子衡.广南八宝米[M].中国人民政治协商会议云南省广南县委员会文史资料委员会.广南县文史资料选集:第 4 辑.广南县:中国人民政治协商会议云南省广南县委员会文史资料委员会,1990:75-120.

③　杨帆.云南大理剑川农业文化遗产保护研究——以剑川稻麦复种为例[J].农村经济与科技,2020,31(24):3-4.

④　袁国友.云南农业史研究中的几个重要问题辨析[J].学术探索,2021(12):102-111.

"早、中、晚"三个时期的耕作、施肥等工序有机地结合在一起,形成了一种多层次、多时段的生态农业生产模式,不仅能够提高农产品的品质,增加产量,还能保护和改善土壤生态环境。

云南剑川稻麦复种系统的农业生产技术主要包括以下几方面:

① 土地改良技术:采用水分管理和有机质堆肥等方式,改善土壤的结构和肥力,增加土壤的持水保肥能力。

② 水稻连作障碍病害控制技术:采用轮作和间作方式,控制水稻连作障碍病害,如水稻炭疽病、白叶枯病等。

③ 推广优良种质:选用适合高寒山区环境的优质作物品种,如矮秆高粱、冬小麦,以提高作物产量和质量。

④ 种植模式改进:采用稻麦复种模式,合理利用农田,提高土地资源利用率,缩短耕种周期。

⑤ 监测预警和技术指导:利用现代技术手段和专业团队对农田进行监测预警和技术指导,对症下药,提高作物产量和质量,并防止病虫害的发生。

云南剑川地区有着悠久的传统文化和习俗,其中一些与稻麦复种系统有关。农历正月十五元宵节和农历八月十五中秋节都是剑川地区的传统农事节日,人们在节日期间会庆祝丰收和感恩大自然的馈赠。剑川地区的农民会在每年的春、夏、秋三季进行稻麦祭祀,以祈求丰收和保佑庄稼平安无灾。水稻在剑川地区被视为生活的支柱,也是当地的一种文化。在剑川当地有着"水稻要当心,农忙要当心"的俗语,强调了农民们对水稻种植和收成的重视。剑川地区有着丰富多样的农耕歌谣,其中有许多反映了当地农民对田地的爱护和对丰收的向往。这些传统文化和习俗在稻麦复种系统中起到了重要的作用,既可以促进当地农业生产的发展,也能够加强农民之间的沟通,维护当地的文化传统。

2.2.6 云南双江勐库古茶园与茶文化系统

双江勐库古茶园茶树系统主要包括茶树的品种、生长习性、生长环境和茶叶的品质等。这些要素共同作用,呈现出勐库古茶园的独特风貌。勐库古茶园主要种植品质优良的云南大叶种茶,这种茶树品种自适应能力强,适应性广,有高产和质优的特点。勐库古茶园茶树的生长习性主要表现在生长速度不快、寿命长、抗病虫能力强、生命力旺盛等方面。这些特点保证了茶树能够在自然条件下生长发育,并且生产出品质优良的茶叶。

古茶树的生长环境。勐库古茶园所处的双江境内多崇山峻岭,河谷交错,植被茂盛,森林覆盖率达 65.5%,最高海拔 3 233 米,最低海拔 670 米,垂直高差 2 563米。印度洋暖湿气流、西南季风、太阳辐射、大气环流和下垫面因素的综合作用,使境内形成了干湿季分明、垂直气候明显、冬暖夏凉、冬春干旱、雨热同期、年温差小、日温差大的气候特点。双江夏冬短暂,春秋季长,四季如春,这样的气候对于茶叶的生长非常有利。冬天气温不低,有利于茶树安全过冬,并为来年积累更多的营养物质;春季气温偏高,有利于枝叶早萌发、早开采,从而提高春茶的产量和质量;夏季气温不太高,既保证了茶树的生长温度,又无高温热害;秋季气温虽有所下降,但雨季也远去,日照增多,湿度尚大,出现了光、热、水、湿平衡的气候优势,故产出的茶叶品质较佳。[①]

双江拉祜族佤族布朗族傣族自治县具有丰富的古茶树资源。喜马拉雅山形成之前,云南高原位于古特提斯洋北岸,气候温暖,有可能是高等植物的起源地。第四纪时青藏高原隆起,这改变了亚洲大陆的气候分布,但在东部边缘保留了一片原生高等植物,野生古茶树就在其中,这些野生古茶树的分布区域被北回归线平分,横跨澜沧江水系。双江拉祜族佤族布朗族傣族自治县就位于茶树原产地的中心地带,目前境内已经发现多处野生古茶树,其中勐库大雪山野生古茶树部落最具代表性。它交错分布在海拔 2 200~2 750 米的勐库镇西北的大雪山上,面积达 12 700 多亩。而双江拉祜族佤族布朗族傣族自治县的主要茶种是勐库大叶茶,大叶茶喜欢自然肥力高、土层深厚、土质疏松、营养丰富的红壤、黄壤、沙质土壤,土壤质地良好且呈酸性或微酸性(pH 值为 4.5~5),有机物含量在 1.5% 以上,全氮含量在 0.1% 以上,有效土层厚度在 0.8 米以上。而双江的土壤类型刚好以红壤为主,土壤有机质的含量、含氮量等都符合大叶茶的种植条件。[②] 山地环境温暖湿润,四季分明,日照充足,土壤深厚肥沃,物种多样,空气清新,是茶树生长的理想环境。

勐库古茶园的茶叶独特鲜美,香气高雅,滋味醇厚,耐泡耐煮,汤色黄绿明亮。这很大程度上得益于勐库古茶园的地形地貌、气候环境和土壤特点,以及茶农们在茶树栽培、茶叶采摘与制作等方面的精心投入和对传统技艺的保护与传承。双江勐库古茶园的农业生产技术系统主要包括土地利用、茶园建设、茶树管理、茶叶采摘加工和质量控制等方面。这个系统具有本土化的特点,能够使农业生产效益最大化,并保证茶叶的品质和产量。勐库古茶园采用的是传统的山地农业生产方式,以茶树为主要作物,辅以其他作物。古茶园种植茶树的面积占据了整个农业生产区域的绝大部分,强调土地的集约化利用。勐库古茶园的建设注重保护环境和保持土地的生态平衡。茶园的建设采用与地域环境相适应的技术,根据山地地形和水利条件,采取适当的地形移土、石坝截基、垄垡固土等工程措施,确保土地的稳固和水土保持。勐库古茶园的管理注重科学性和有效性。茶树管理主要包括枝叶生

① 袁正,闵庆文,李莉娜.云南双江勐库古茶园与茶文化系统[M].北京:中国农业出版社,2017:13.

② 袁正,闵庆文,李莉娜.云南双江勐库古茶园与茶文化系统[M].北京:中国农业出版社,2017:46.

长控制、病虫害防治、灌溉管理、施肥等方面。茶树管理要求细致耐心,以及很强的专业技术和创新精神。勐库古茶园以手工方式采摘,保证了茶叶的新鲜和完整,从而保证了茶叶的品质。采摘完的茶叶要经过曝晒、杀青、揉捻、烘干等环节,才能成为高品质的茶叶。勐库古茶园的茶叶质量控制遵循传统的制茶工艺,强调质量的稳定性和一致性。在茶叶加工的各个环节中,严格把控加工温度、时间和湿度等条件,使茶叶口感纯正、香气浓郁。

综上所述,双江勐库古茶园的茶树系统影响因素众多,但茶树品种、生长习性、生长环境和茶叶品质是最为重要的方面。这些要素共同作用,使勐库古茶园的茶树和茶叶品质独树一帜,成为值得保护和传承的珍贵资源。

双江拉祜族佤族布朗族傣族自治县是典型的多民族文化之乡,境内居住的四个主体民族中,佤族、布朗族世代以茶相伴。各民族以茶为饮,引茶入药,用茶做菜,茶与当地人们的生活息息相关,茶文化渗透于生活的方方面面,祭祀、议事、结盟、交友、红白喜事等都离不开茶。由茶派生出了茶祭、茶礼、茶俗、茶医、茶歌、茶舞、茶膳等文化,他们共同构成了内涵丰富的双江茶文化。

2.2.7　云南腾冲槟榔江水牛养殖系统

腾冲槟榔江水牛养殖系统主要指的是在腾冲槟榔江周边地区的水牛养殖系统。它主要包含水牛乳用功能的再发现与提升、槟榔江水牛代养模式、槟榔江水牛乳业的发展,以及腾冲槟榔江与水牛有关的风俗习惯等。

首先是槟榔江水牛乳用功能的再发现与提升。腾冲槟榔江是云南省的一条主要河流,流经腾冲县和澜沧县等地,是该地区的重要水源和生态资源。水牛是当地常见的畜牧业生产动物之一,除了役用外,还能产乳,且该种水牛的乳质量高、香味浓、营养丰富。随着生产力的发展,水牛的役用作用消退,乳用功能的开发被提上日程。2000 年,槟榔江水牛较好的乳用性能被发现,水牛挤奶开始在农户中推广,并通过与世界著名的乳用河流型摩拉水牛、尼里-拉菲水牛和地中海水牛杂交,进一步提高了产奶性能。

其次是槟榔江水牛的养殖模式。在国家兴边富民、乡村振兴战略的推动下,通过一系列措施鼓励农民饲养水牛,在该地实行"槟榔江水牛代养模式",即"公司＋合作社＋代养大户带困难户"的模式。具体做法是:首先由腾冲市巴福乐槟榔江水牛良种繁育有限公司向合作社提供槟榔江能繁母牛进行代养。然后合作社与农户签订代养协议,将水牛交由农户饲养。代养期间,对代养的水牛进行统一管理,水牛统一繁殖、集中挤奶,水牛奶统一销售。

再次是槟榔江水牛乳业的发展。2004 年,在腾冲成立了一家专门从事水牛奶研发、加工与销售的企业——艾爱摩拉牛乳业有限公司,它不仅生产常规的巴氏水牛奶、酸奶等产品,还通过不断研发,生产出了高品质的水牛奶酪。由于水牛奶是奶中精品,因此用其制成的奶酪相比其他牛奶制成的奶酪品质更好,且产量更高。水牛乳获得干酪产品理论产率可达 31.89%,远远高于闻名于世的荷斯坦奶牛乳的干酪产品产率,[①]具有很高的经济价值。

最后,腾冲槟榔江水牛养殖系统与当地的习俗和文化息息相关。槟榔江水牛节:每年农历二月初二都会在腾冲槟榔江河畔举办槟榔江水牛节,这是当地最具特色的传统民俗活动之一。节日期间,村民们会打扮自己和水牛,进行游戏和比赛等活动,展示当地民俗与文化。水牛信仰:在当地,许多人视水牛为神灵,尊敬和膜拜它们。水牛闹婚:在当地,水牛闹婚是一种传统婚礼习俗,新郎要骑上一头水牛,然后由几个男孩子在旁边逗弄水牛,让水牛跳跃,新娘则穿着华丽的旗袍去看闹水牛的热闹。腾冲槟榔江水牛养殖系统和当地的习俗与文化相互依存,促进了当地经济和社会的发展。

2.2.8　云南文山三七种植系统

文山三七种植系统除了包括文山地区得天独厚的地理环境、气候环境条件等形成的生态环境系统外,还包括文山地区在长期栽培三七过程中形成的栽培文化,以及科学技术的应用等多方面。

文山地区的三七种植依托独特的生态环境系统,主要包括以下几个方面:

① 土壤环境系统:文山地区的土地主要由红壤和黄壤组成,土壤肥沃,水分和营养物质充足。独特的土质为三七的生长提供了理想的土壤环境,保证了三七的品质。

② 气候环境系统:文山地区属于亚热带季风性气候,气温适中,日照充足,降雨充沛,年降雨量在 1 500~2 000 毫米。这样的气候环境为三七的生长提供了良好的气候条件。

③ 水资源环境系统:文山地区依靠云南、广西两省(自治区)的丰富水资源,主要河流有元江、红河等,同时也有丰富的山泉。

④ 生物多样性环境系统:文山地区依托丰富的生物多样性环境,有大面积的原始森林、各种野生动物和植物资源等,为三七的生长提供了良好的生态条件。以上几个方面共同构成了文山地区的三七种植生态环境系统,它们为三七的生长提供了优越的自然条件,也为当地农民的生计和三七种植产业的可持续发展提供了重要保障。

文山不仅有悠久的三七种植历史,形成了独特的三七种植技术和文化,而且不

---

① 王金梅,杨远,苗永旺.论槟榔江水牛养殖系统的现代价值[J].农学学报,2022,12(11):88-93.

断与时俱进——1985 年成立了文山州三七科学技术研究所,进行三七规范化种植技术研究。2003 年,文山州三七 GAP 基地通过了国家食品药品监督管理局组织的 GAP 认证。目前,文山已经普遍采用了 GAP 种植技术。为适应国际、国内对中药材的品质要求,文山州在 2000 年启动并实施了三七 GAP 研究和示范,并制定了《文山三七综合标准》(DB53/T055)、文山三七国家标准《GB/T 1986—2008 地理标志产品文山三七》、三七标准操作规程。三七 GAP 基地按照上述原则,根据国际 GAP 的要求,在三七种植专业户与公司签订合同后,采用"公司＋基地＋科技＋农户"的生产模式。

三七 GAP 的主要内容包括栽培的环境质量要求、栽培的区划和规划、栽培技术、病虫害防治规程、三七农药使用准则、三七的采收和加工、三七的质量检验、三七 GAP 栽培的文件记录和档案管理等。环境质量要求包括对栽培基地的环境质量要求,即须对空气、水源、土壤进行检测和评价。对土壤的要求除地势、间隔年限、土壤肥力、土壤类型及水源情况、交通情况等方面外,还特别注重土壤中农药和重金属残留的情况。此外,三七 GAP 种植基地还要求尘埃少、空气洁净、远离工业污染区。对水资源的要求则是不能用被污染的水浇灌三七,三七的浇灌用水主要是雨水和天然泉水。三七 GAP 基地主要分布在三七生长的最适宜区和适宜区,适宜区是根据三七产量、质量的表现以及环境与三七生长发育特性的吻合程度综合分析确定的。三七的栽培技术包含良种选育、育苗技术、栽培技术和肥料使用等。由于特殊的生长环境要求及较长的生长周期,三七在生长期间容易受到各种病虫害的影响,其中以根腐病、黑斑病、疫病、圆斑病、灰霉病、病毒病等较为普遍和严重。根据不同的病种,GAP 提出了不同的预防和治疗措施,始终坚持合理用药和安全用药,坚持预防为主的原则,协调应用综合防治技术,控制病虫害的发生。三七 GAP 对三七的收挖、加工、检验分级、包装等方面提出了详细的规则,还针对三七的有效成分的含量测定提供了不同的方法。[①]

近年来,文山地区的三七种植产业已经成为当地农村经济的重要支柱之一,社区制度和组织管理也得到了较好的发展。在文山的三七种植中,社区制度是非常重要的一环。一方面,三七种植需要大量的劳动力,因此需要通过社区组织进行统一协调和管理;另一方面,社区制度也可以保障农民的权益,维护当地的法律法规。在文山地区,三七种植社区的组织形式主要包括村委会、合作社、种植园和农民专业合作社等。这些社区组织会根据当地的法律法规和习俗传统,建立各自的管理和分配制度。三七种植的组织管理主要包括农业生产组织、种植园管理和销售组织等。其中,农业生产组织主要指农田土地的管理、肥料的施用、病虫害防治和种

---

① 崔秀明,雷绍武.三七 GAP 栽培技术[M].昆明:云南科学技术出版社,2002:67-195.

植技术的指导等;种植园管理主要指种植园的布局、规划和管理;销售组织是指销售农产品并为农民提供销售渠道。为了保障三七的品质和出售价值,文山地区对三七的种植、采摘和销售的管理非常严格,同时也执行全程追溯和生产认证制度。在销售方面,当地政府为三七品牌的推广提供了支持,建立了定期市场,定期开展相关宣传活动,为当地农户提供稳定的销售渠道。在社区制度和组织管理方面,文山地区通过建立合作社、农民专业合作社等组织,强化了当地农民的组织意识和协作精神,激发了他们参与农业生产的积极性,有力地推动了当地经济的发展。

文山是中国主要的三七产区,三七是当地的特色种植作物,也是当地的生态文化品牌。文山的三七种植历史悠久,文献证明,早在唐朝时期,文山就已经开始种植三七。文山的三七文化深厚,是当地人的重要文化遗产之一,包括神话故事、民间传说、宗教信仰和节日习俗等。当地人将三七视为神仙的恩赐,对其非常尊重和珍视。三七在农业生产中具有重要地位,在农历七月初七举办的"三七花节"上,人们会聚集在一起,欣赏三七花的美丽,表达对丰收和生命的感恩之情。农民会挖掘每棵三七的根茎,将其清洗、晒干、提取,再进行加工。此外,文山还制作了许多有特色的三七产品,如三七糯米饭、三七花茶、三七酒等,这些美食和特产都蕴含着文山的历史文化和生态价值。三七不仅在文山当地广受欢迎,而且得到了国内外市场的青睐。当地政府积极推动三七产业的发展,打造了文山三七市场商圈,以更好地宣传文山三七的历史文化和生态价值。

总之,文山的三七种植历史文化和习俗丰富多彩,具有重要的生态和文化价值。三七不仅是一种经济作物,而且还是当地文化的体现。

2.3　云南农业文化遗产的起源及历史演变

2.3.1　云南红河哈尼稻作梯田系统

有学者认为,红河哈尼稻作梯田文化实际上是古老农耕和平坝农耕文化的移植。学者指出,在公元前 3 世纪左右,秦朝势力扩张,大规模征服了临近部落,生活在青藏高原附近的古羌族游牧群体被迫迁移,其中一支"和夷",即哈尼族先民,迁移到今天的四川大渡河南岸及雅砻江以东的连三海、海子等沼泽平坝地区,开始了农耕生活。

哈尼族先民定居后,又因战争等原因离开定居地,几度迁徙。隋唐时期,哈尼族迁入今天云南哀牢山中,当时这里还是一片未经开发的地区。初期哈尼族使用"刀耕火种"进行农业生产,凭借平坝农耕定居的经验,他们开始选取坡度较缓的向阳坡地,砍去树木,焚烧荒草,垦殖土地;先播种旱地作物,待生地变熟,再筑台搭埂,将坡地变为台地,后又开沟成渠,引森林里的山水浇灌梯田,使其变为水田,形成今天所见的梯田[①]。

经过哈尼族先民的辛苦劳作和技术创新,晚唐《蛮书·云南管内物产》指出"蛮治山田,殊为精好"。明代时,徐光启在《农政全书》中将梯田与区田、圃田、围田、柜田、架田、涂田一起并称为我国的七种耕田技术。在《农政全书》卷五《田制·农桑诀田制篇》中,徐光启除用散文叙述梯田外,还特以诗体表述。清朝中期嘉庆《临安府志·土司志》中也曾描绘哀牢山区哈尼族的梯田耕作情景[②]。

2.3.2 云南普洱古茶园与茶文化系统

远古时期,西双版纳各民族的先民们在采集食物的过程中逐渐认识并食用原生茶树叶。据考证,布朗族是最早认识、种植和食用茶叶的民族。茶叶的食用价值和药用价值促使先民有意识地驯化、栽培和利用茶树。为了便于储藏和对外交换,先民们利用阳光来晒干茶叶,开启了普洱茶生产的历史。有学者认为"普"是"朴""蒲""濮"等来自不同民族称谓的同音异写,所以"普茶"便是"濮茶"。《华阳国志·巴志》记载:"周武王伐纣,实得巴蜀之师……丹漆茶蜜……皆纳贡之。"由此可见,商周时期,西南夷中的濮人已经开始种茶了。晋朝傅巽《七海》叙述了当时各地的土特产,其中有"南中茶子"的记载,"茶子"即成团的紧茶,这说明汉晋时期云南的紧茶已经是与齐柿、燕栗等齐名的土特产了[③]。

有学者将唐宋以前的时期称为普洱茶的萌芽时期,将唐宋时期称为普洱茶的早期发展时期。唐宋时期,西双版纳的普洱茶生产逐渐兴起并与外界进行贸易。樊绰的《蛮书》中有对西双版纳一带茶叶的记载:"茶出银生城(思茅市景东县)界诸山。散收,无采造法。蒙舍蛮以椒、姜、桂和烹而饮之。"南宋李石的《续博物志》中也有"茶出银生诸山,采无时"的记载。这一时期,虽然茶叶采制方法原始、落后,还略显粗糙,但茶叶已作为一种土特产开始对外贸易了。在清代史籍中有"西蕃(西藏)之用普茶,已自唐时"的记载。明、清则是普洱茶的创新与繁荣时期。唐宋时期,内地的团茶、饼茶等加工技术已经发展成熟。明洪武十四年(1381年),朱元璋派军入滇,进攻元朝在云南的残余势力,并于次年结束了元朝对云南的统治,还在西双版纳地区设了车里军民宣慰司。明朝为巩固其对云南的统治,还对云南进行了大规模移民。随着汉民进入云南,团茶、饼茶的加工技术也传至滇南的普洱、思茅一带,并结合当地独特的大叶茶树生产环境条件不断创新。在日益扩大的对外

① 王清华.梯田文化论:哈尼族生态农业[M].昆明:云南大学出版社,1999:32-53.
② 毛佑全.哈尼族文化初探[M].昆明:云南民族出版社,1991:28-32.
③ 张明春,蒋文中.中华普洱茶文化百科[M].昆明:云南科技出版社,2011:194-195.

贸易中,为了方便运输等,茶叶加工技术不断变革发展,最终形成了以云南大叶种茶树晒青毛茶为原料的团茶、饼茶等各种普洱茶的紧压茶加工方法。

清代是普洱茶的繁荣兴盛时期。雍正年间,普洱茶被列为贡茶,阮福的《普洱茶记》便描述道:"普洱茶名遍天下,味最浓,京师尤重之"。清代及民国时期,西双版纳的普洱茶还经越南或缅甸销往香港及东南亚地区。清末时期,由于战争、疾病等因素,西双版纳茶马古道运输不便,普洱茶的内销开始出现衰落,民国前期才有所恢复发展。1935 年,法国人禁止普洱茶运往老挝、越南,普洱茶因此无法销往香港地区及东南亚国家。1941 年太平洋战争爆发,西双版纳普洱茶途经缅甸、印度的销路几乎完全中断,普洱茶销量跌入低谷。抗日战争胜利后,普洱茶的销售才逐渐恢复[①]。

2.3.3 云南漾濞核桃-作物复合系统

1980 年,在漾濞彝族自治县平坡(镇)高发村的核桃林中发现了埋藏在地下的一吨核桃古木。中国社会科学院于 1986 年进行的碳-14 同位素树龄测定显示其是一棵有 3 300 多年历史的古核桃木,这说明早在 3 300 多年前漾濞就有核桃分布了。此外,漾濞还有悠久的核桃栽培历史,明人的著作《南诏通记》中有段思平"获商人遗以核桃一笼"的记载,由此可知,在唐朝南诏时期,大理一带已经将核桃作为商品了。而且,在今天的漾濞境内,树龄达几百年,至今依然枝繁叶茂、硕果累累的古核桃树比比皆是。在平坡乡高发村有一株核桃树,树冠覆盖地面 0.8 亩(1 亩≈666 平方米)。太平乡构皮村的一株泡核桃古树,树冠覆盖地面达 1.1 亩,据当地老人回忆,40 多年前这株树可以结果 3 万多个,如今一年仍然可以结果 1 万多个[②]。

彝族人民在长期的林业生产实践中,总结出了丰富的核桃栽培改良技术,促进了核桃生产的发展。而核桃也在彝族人民的生产生活中占有重要地位,历史上,彝族人民曾以核桃树的数量作为衡量家庭财产多寡的依据,从彝族的谚语"核桃树,万年桩,世世代代敲不光""家有核桃树,不愁吃穿住"中可以反映出来[③]。百里漾江峡谷中,广袤的彝山里,核桃树、核桃园、核桃林无处不在。数千年来,世代生活在漾濞这一区域的不同民族的人们,在栽种、培育、经营核桃的实践中共同创造出了漾濞彝族自治县独特的核桃文化。在这里,各族群众以核桃思源,以核桃为食,以核桃待客,以核桃会友,以核桃联谊,以核桃健身,以核桃入药,以核桃祭祀,以核桃作诗,以核桃入艺,以核桃作画,以核桃雕刻,以核桃起舞,以核桃歌吟,以核桃兴

① 黄桂枢.普洱茶文化[M].昆明:云南大学出版社,2016:4-15.
② 《漾濞彝族自治县概况》编写组.漾濞彝族自治县概况[M].昆明:云南民族出版社,1992:62.
③ 漾濞彝族自治县民族宗教事务局.漾濞彝族自治县民族宗教志[M].昆明:云南民族出版社,2005:71.

文,以核桃取名,以核桃作礼,以核桃兴农,以核桃促商,以核桃致富。漾濞的核桃文化涉及历史考古、文化艺术等多个领域,包含历史记载、考古发现、传说故事、谚语掌故等多方面内容,如漾濞谚语"做人要学核桃,不求华丽的外表,要有丰富的内涵""人不受挫不成器,核桃减枝多结果""核桃手中转,健康身上来"等。

2.3.4　云南广南八宝稻作生态系统

壮族侬支系的宗教典籍《摩荷泰》记载:"狗追赶水牛回来,对着主人摇尾巴,尾巴上藏着稻种,带来给咱们的主人,咱们才兴用水牛犁田,兴在水牛耕过的田里撒谷种……"这便是广安稻谷的起源,即动物带来说。我国稻作的起源与百越密切相关,有学者指出,稻作起源于我国南方,南方口语称稻谷为"谷"或"禾",而根据历史语言和地理研究,南方语言中的"谷"和"禾"都来自一个更为原始的共同母语"khau",而壮族语族中"稻"最早的形式就是"khau",后来又分化为 k 系(谷系)和 h系(禾系),这种稻作文化的母语一直在朝鲜语、日语、越南语、泰国语、英语等多个有稻作文化的国外民族的语言中传承。"khau"语音的起始年代已无法考定,有学者认为有 3 700 年以上的历史。与稻相关的另一个词"田":在壮族侗族语言中称"田"为 na,即"那"[①]。因此,壮族的水稻种植时间早,历史悠久。

明朝万历年间的《云南通志》记载:"侬人、沙人男女同事耕锄……"明朝正德年间的《云南通志》记载:"沙人善治田。"清朝康熙年间的《广西府志》记载:"土僚善耕……"清朝乾隆年间的《开化府志》记载:"黑土僚,喜种水田。"《云南少数民族》中也记载了:"解放前,壮族人民的水田耕作技术已比较进步,尤其是侬人、沙人、土人各支系,水田的耕作有的比附近汉族地区更为精细……"[②]在长期的以"那"为本的传统生产和生活模式下,壮族人崇尚"那"。许多壮族乡村的名字都带有"那"字,壮族据"那"而作,凭"那"而居,赖"那"而生,以"那"为本,壮族独特的稻作文化得以形成。

在长期栽培水稻的过程中,广南壮族培育出闻名于世的优质贡米——八宝稻。八宝稻并不是由八种稻米组成的,而是一种稻米,其颗粒秀长,清香软甜,油润白腻,糯而不粘,冷不回硬。最优质的八宝稻只有八宝和一侧的老堵坝才能栽种出来。所以在广南有个美丽的传说——这片地是被仙女用泪水和乳汁浇灌过的,所以才能生长出这样奇特的香米。1981 年,八宝米被列为国家级名贵米种。2001 年,广南县被授予"中国八宝贡米之乡"的称号。

---

　　①　游修龄,曾雄生.中国稻作文化史[M].上海:上海人民出版社,2010:46-47.
　　②　文山壮族苗族自治州民族宗教事务委员会.文山壮族苗族自治州民族志[M].昆明:云南民族出版社,2005:38.

2.3.5　云南剑川稻麦复种系统

经过鉴定得知,剑川海门口遗址出土的碳化谷物,"稻的谷粒短圆,款壳有稃毛,款免有整齐的方格,款尖有芒,并有完整而清晰的护款,应属于粳稻。"[①]此外,还出土了石、陶、骨、角、铜质料器物 1 000 多件。可见,远在 3 000 年前,剑川的先民们就已经开始使用青铜、铁等器物,并学会了种植稻、麦等农作物。从大理大展屯出土的东汉时期的水田模型及粮仓模型可知,在东汉时期的洱海区域已经开始用池塘水灌溉农田。东汉以后,中原的二牛三夫耕作技术传入洱海地区。而《蛮书·云南管内物产第七》记载:"水田每年一熟,从八月获稻,至十一月十二月之交,便于稻田种大麦,三月四月即熟。收大麦后,还种粳稻。"从中可知,在大理南诏时期,稻麦复种制度已在剑川地区实行。

稻麦复种技术在宋朝被极大地推广。北宋初期,有人呈文宋太宗:"江北之民杂植诸谷,江南专种粳稻……至于参植以防水旱,亦古之制。"因此,宋太宗下令推行复种制度,可惜成效不佳。宋朝南渡后,开始全面推广稻麦复种技术。[②] 元末明初,大理地区战乱不断,农业生产一度凋敝。明朝实行军屯后,大量汉人迁入白族区域实行屯种,他们从内地带去了水碾、水磨、水车等先进耕作用具。据万历年间的《云南通志》卷二记载,大理的物产有:"稻之属二十五,糯之属十四,黍秫之属就,来麰之属五,荞稗之属六,菽之属十二……"由此可以看出,此时期云南的粮食种类颇为丰富。到了清朝咸丰年间,稻麦复种技术依然在使用,并增加了农作物种植的品种,形成了一整套精细的耕作制度。在坝区"二月布种,三月收豆,四月收麦,五月插秧,六、七月耘,凡耘必三遍,否则荼蓼滋蔓,九、十月获稻、种豆,十一月种麦"。[③] 时至今日,一年两熟的稻麦复种仍然是剑川县的主要耕作方式。这种耕作方式不仅能提高复种指数,还能减轻病虫害,促进土壤内的养分循环,对于当地的生态循环、水土保持等具有重要意义,而且它还是传统农业生产发展的历史见证。

2.3.6　云南双江勐库古茶园与茶文化系统

根据现存史料,明成化二十年(1484 年),勐库土司始祖罕廷法派勐库冰岛村傣族岩庄等四人送礼物到悉博,在悉博集市上发现加工过的茶叶比野生茶叶更好。所以罕廷法派岩庄等四人进入来弄村学习茶叶栽培和加工技术。四人归来后,罕廷法命勐库大圈官在冰岛村建佛寺,并命岩庄等四人在新建的佛寺周围尝试培育茶苗,第一代培育成功 150 多株,是为勐库大叶茶的母树。1980 年,双江拉祜族佤

① 汪宁生.云南考古[M].昆明:云南人民出版社,1992:14-15.
② 周方高.宋代农业管理若干问题研究[M].湘潭:湘潭大学出版社,2012:179-185.
③ 杨镇圭.白族文化史[M].昆明:云南民族出版社,2002:158-160.

族布朗族傣族自治县人民政府派员对勐库尚存的几株母树进行测量考证,最大一株母树的树冠覆盖面积约 9 平方米,树龄鉴定为 500 年,大约种植于 1485 年左右,可见岩庄等四人移植茶树的历史真实可信[①]。

根据现在的研究,勐库大叶种茶多酚类和儿茶素含量较高,但一百多年前的云南人并不了解什么是茶多酚,他们只知道勐库引来的茶树长得快、不生病且产量高,所以云南的某个县如果想发展茶叶,首先就会去勐库引茶种。如临沧《人文简编》第一辑记载,清乾隆二十六年(1761 年)勐库土司与顺宁土司联姻,勐库土司罕木庄送给顺宁土司茶籽数百斤作女儿的陪嫁礼品,顺宁府将这些茶籽分发给当地百姓种植。《云县志》记载,清光绪二十二年(1896 年),茶房村绅士石峻从勐库采购茶籽 30 驮,由茶房村的农民种植。《耿马县志》中也有栽培茶叶是从勐库引进的记载。《保宁地区农业志》也记载民国十二年(1923 年),封维德集资万元,从勐库引进茶种百驮,运到腾冲县窜龙、蒲荚两乡种植。1923 年,中茶公司调勐库茶籽 46 驮送往昆明宜良茶场。1955 年大理引种勐库大叶茶籽。1958 年,勐海引种勐库大叶茶籽。1958 年,广东、广西两省到勐库采购茶籽[②]。

至今,已经有 9 个省份引入勐库茶种。而且勐库优良的茶种,也引来很多仁人志士到此地开设茶庄。1938 年,毕业于法国巴黎大学的范和钧和毕业于清华大学的张石城带人到勐库兴建茶厂,于 1940 年正式成立茶厂,后在 1989 年注册了"大益"商标[③]。从清朝晚期开始,勐库大叶茶开始被广泛认知并行销海内外,勐库茶在国内经博尚街到云县、下关、昆明、成都直至上海;或经下关、丽江到拉萨。国外从缅甸的腊戌经火车到仰光,再从仰光坐轮船销往伦敦、巴黎等地。1937 年卢沟桥事变后,勐库茶的价格逐年下降。1952 年下半年,在勐库建立了茶叶收购站,勐库的茶叶产业开始复苏。

2.3.7 云南腾冲槟榔江水牛养殖系统

家养水牛属于亚洲水牛种,种下又分沼泽型与河流型两个亚种。沼泽型水牛一般为役用,河流型水牛多为乳用。过去一直报道我国水牛均为沼泽型水牛,传统概念的云南水牛也是沼泽型水牛,但由于地缘因素及边境贸易等因素的影响,云南西部有少量的河流型水牛,主要分布在腾冲县的槟榔江水牛就属于这一类。

据考证,河流型水牛在腾冲已有 460 年的饲养历史。乾隆时期编著的《腾越州志》记载,明代"嘉靖末年家温饱者,养洋牛,赠牛种,力耕,办乡余者,未尝无人。"洋牛是水牛的一种,毛周身通黑,也称嘎拉牛。《阳温暾乡水利述》碑文记述:"鸿胪寺

① 詹英佩.茶祖居住的地方——云南双江[M].昆明:云南科技出版社,2010:122-125.
② 詹英佩.茶祖居住的地方——云南双江[M].昆明:云南科技出版社,2010:122-125.
③ 许岸高,许运兴.涤除玄鉴普洱茶[M].北京:中国言实出版社,2015:247.

序班寸玉辞官回邑,治理陷河,除洪涝,开垦农田,所用之牛乃洋牛、嘎拉牛也。"阳温暾乡即今日腾冲之和顺镇,寸玉为明朝正德年侍佐郎。《腾冲县志》记载,光绪二十八年(1902 年)由腾越海关进口的货物中,有缅甸、印度进口牛 1 029 头的记录,计关银 30 879 两。据商人侯斋称,进口牛多为"嘎拉水牛"。

20 世纪 70 年代末,腾冲全县尚存栏嘎拉水牛 5 000 余头,以役肉兼用为主,春夏耕田,秋冬宰杀晒制牛肉干巴,自食或销售。20 世纪 80 年代初期实行农村家庭承包责任制,农村集体所养牛群被分配到各农户,后由于农村逐渐实行机械化耕作以及该水牛的习性问题,其逐渐被淘汰。至 2000 年,腾冲县畜牧局在开展摩杂水牛挤奶试验中发现槟榔江水牛具有较高的产奶性能,便开始组建核心群体,并在农户中推广挤奶技术。由于挤奶增加了农户的经济收益,并且得到了当地政府的政策及资金扶持,槟榔江水牛的数量又开始增加了。现有 200 余头槟榔江水牛作为乳用,鲜奶交售艾爱乳业公司。由于该水牛群体主要分布于腾冲槟榔江流域,并且形成了适应当地气候环境条件的一个地方类群,故被命名为槟榔江水牛。[1]

2.3.8　云南文山三七种植系统

关于三七的记载,最早见于明代李时珍的《本草纲目》,文中记载三七"味微甘而苦,颇似人参之味……金不换,贵重之称也。……凡杖扑伤损,淤血淋漓者,随即嚼烂,罨之即止,轻肿者即消散,……南人军中用为金疮要药,云有奇功"。此后,人们不断研究三七的药用价值,清朝时赵学敏在《本草纲目拾遗》中记载"人参补气第一,三七补血第一"。此外,《本草从新》《本草备要》《本草逢原》等医书中均强调三七的止血、散血、定痛功效[2]。可见,三七至少在明代时就已经被人们广泛利用了。

关于三七的原产地,很多文献均有记载,《本草纲目》引《宦游笔记》言三七"出广西南丹诸州番峒深山中",《识药辨微》记载三七"出右江土司,最为上品",《本草纲目拾遗》载"按人参三七,出右江土司边境"[3]。可见三七的原产地应该是我国西南部以云南文山州、广西百色为中心的地区。虽然文山地区关于三七的最早可查的记载是清朝康熙、乾隆年间写成的《广南府志》,但文山州的各族人民中,很早就流传着关于三七的传说,民族语中也有关于三七的称谓。在三七主产地,苗族是人口最多的民族之一,也是流传有关三七的传说最多的民族。苗语中把"三七"叫作"猜(chei)",和山上的一种叫"山漆"树的叫法相同。关于为什么把"三七"叫作"chei",据三七主产地的苗族老人口述,他们的祖先很早便发现了可以用来漆东

① 屈在久,李大林,苗永旺,等.槟榔江水牛种质资源调查与评价[J].云南农业大学学报,2008(2):265-269.

② 苏豹,赵仁,王京昆,等.南国神草——三七[M].昆明:云南科技出版社,2016:2-4.

③ 黄鑫.十大名中药丛书——三七[M].天津:天津科学技术出版社,2005:7.

西、黏住物体裂痕的山漆。后来,他们在山上发现了一种草,它能医刀伤,伤口流血了,就放上这种草,它能像山漆的漆一样黏住伤口,因此他们把它叫成了同名的"chei"。后来因为苗族的现实需求,但野生三七又不易得,所以苗族先人开始尝试种植三七。因药效良好,该药渐渐被汉人使用,根据苗族的叫法,汉族人把该药音译为"san qi"。由此推论"三七"之名,应该是由苗药"chei"翻译而来。①

从苗族老人的口述中我们可以发现,三七栽培来源于野生种,且在很久之前,苗族先民们就开始栽培三七了,但关于三七最早是什么时候栽培成功的,至今尚无史料可考。但清道光年间,官至云南巡抚的吴其濬在《植物名实图考》一书中记载三七"盖皆种生,非野卉也……",由此可见,清初或清中期便有人工栽培的三七,也就是说,三七的栽培至少已经有一二百年的历史。② 但三七从被发现到被社会承认,到最后传入中原地区进而被广泛应用,是一个长期的演变过程。所以,三七被人们发现和使用的年代应比清初更加久远。

---

① 崔秀明,詹华强,董婷霞.印象三七[M].昆明:云南科技出版社,2009:12-13.
② 黄鑫.十大名中药丛书——三七[M].天津:天津科学技术出版社,2005:9.

第 3 章

兴边富民与农业文化遗产
保护利用的内在逻辑关系

云南农业文化遗产是中华文明重要的组成部分,更是传承弘扬灿烂多姿的中华文化的主要载体。做好云南农业文化遗产发掘保护和传承利用,对于促进云南农业可持续发展、带动遗产地农民就业增收、推进兴边富民具有关键作用。

其一,农业文化遗产是自然资源和文化资源的结合体,合理保护与利用这些遗产可以实现经济与环境的双重效益,也与国家可持续发展战略契合,尤其从理论层面与边疆视角看,可持续发展理论的公平性、持续性、共同性三大基本原则,在边疆地区可得到充分践行。公平性与共同性践行体现在,共同富裕就蕴含了公平与共同的核心范畴;持续性是指其在传统的农业技术、农作物品种和耕作方式方面具有较强的生态适应性和可持续性。

其二,农业文化遗产蕴含的文化、历史和艺术基因,可以转化为文化产业与文化事业的核心资源。传统农耕技术、地方特色农产品、民间艺术等都可以通过规模化、产业化、标准化、品牌化等模式推动经济发展,助力兴边富民。

其三,农业文化遗产的保护利用是乡村振兴战略的重要路径。乡村振兴不仅是经济上的富裕,更是思想文化的振兴。云南农业文化遗产的保护与利用正是一种推动乡村振兴的文化引擎与资源支撑,是解决城乡发展不平衡、农村发展不充分矛盾的战略决策,是实现兴边、富民、强国、睦邻的边疆治理方略。

基于此,本章着重从兴边富民与云南农业文化遗产保护利用的逻辑关系角度来阐释二者的联系与互动,为更好地推进农业文化遗产保护与利用工作做好理论梳理与逻辑阐述。

3.1 云南农业文化遗产保护利用是实现兴边富民的重要条件

云南是一个拥有多元民族、多样文化的省份,也拥有灿烂的农业文化遗产,如农耕文化、茶文化等。这些农业文化遗产是云南世代农民智慧与勤劳的结晶,具有重要的历史、文化、生态和景观价值。注重对云南农业文化遗产的保护利用,既能推进兴边富民的进程,又能加快云南农业农村现代化的步伐及产业模式转型升级,促进云南农业绿色可持续发展。

3.1.1 农业文化遗产保护利用是实现兴边富民的生产要素保障

农业文化遗产是我国流传至今的各类农业种植和养殖技术、耕作工具、加工方法等的文化积累,是重要的生产要素。这些生产要素既包含各类传统技艺、各类工具,也关联着体现非物质文化遗产特征的农耕传统节日、农俗民俗等。充分发挥这些要素的驱动效能,是推进云南边疆地区经济社会快速发展,促使边疆民众实现共同富裕,建设繁荣和谐边疆,巩固祖国边防安全的重要措施。

1. 农业文化遗产保护利用中的直接生产要素保障

云南农业文化遗产包含的直接生产要素包括诸多方面。它既包含传统种植技术、种质与养殖资源,也包含农具与设备等方面。这些要素都直接关系到云南农业生产效率和产品质量,保护和利用好这些生产要素有助于提升农民的种植技能和农业创新创造能力,也能促进农业可持续发展,更是重点培育边疆县域经济增长点以及提高当地百姓生活水平的基础。

首先,种植和养殖技术。云南农业文化遗产中的传统种植养殖技术是直接影响农作物及家畜家禽生长和品质的关键因素之一,也是提高农民生产技能与生产效率,促进粮食、果蔬及家畜家禽等种植养殖类型多样化发展的根本所在。比如,云南普洱古茶园与茶文化系统,是世界茶树原产地的中心区域和普洱茶的原产地,孕育了古朴实用的茶树栽培技术体系。还有,具备 1 000 多年历史的剑川稻麦复种系统,这一系统下水旱轮作的耕作方式延续至今,一年两熟的稻麦复种方式是目前剑川县最为基础的耕作模式,是我国云南地区传统农业生产生活发展的历史见证和时代缩影。此外,云南漾濞核桃-作物复合系统下的核桃栽培技术,是从先民的生产经验中总结形成的传统核桃栽培技术,再经各代农民的更新优化,最终成为稳定的核桃丰产栽培技术。漾濞目前已经形成了农作物种植技术、水土资源管理协调技术、病虫害与自然灾害防控技术等一系列技术,特别是相对系统完备的核桃栽培管理技术体系,并细化为核桃良种选取、土壤条件改善、栽植密度数值、土肥水养护、嫁接繁殖技能、栽培管理技艺、病虫害管理等多个流程。同时,还形成了核桃树与蚕豆、马铃薯、小麦、玉米、大麦、荞麦、蔬菜、花生、中药材等农作物间的套作;核桃林下养殖鸡、鸭等家禽,增加了有机质,改善了土壤条件,充分践行了多元生态循环农业生产模式,发挥了绿肥的保育效能,促进了多种农业生产良性循环,打造了农业可持续绿色发展。

其次,农业文化遗产中内含的种质资源。农业文化遗产中留存的种质资源,主要类别是农作物和家禽家畜等。这些种质与养殖资源直接影响农业生产,尤其是在增加农产品品种的多样性与产品质量方面发挥着至关重要的作用。比如,云南漾濞核桃-作物复合系统下的大泡核桃、小泡核桃、拉乌核桃、娘青核桃、桐子果核桃、圆菠萝核桃等种类,既丰富了核桃种类,不断优化核桃品质,还能与小麦、大麦、荞麦、蚕豆、大豆等作物进行复合种植,实现了云南农业生产的绿色循环和可持续发展。又如,云南广南八宝稻作生态系统下的籼型稻作物,又名"八宝贡米",其外白里透青、色泽鲜亮,其内香味浓郁、蛋白质含量较高,是质量上乘的大米。再如,云南红河哈尼稻作梯田系统下的"一些传统水稻品种种植 100 多年遗传特性不变,可以适应不同的种植环境。不同的水稻品种间种,还可达到抑制病虫害的效果"[1]。另外,稻田鱼、稻田鸭种质资源,都是元阳县大力做好"土特产"文章的根本资源。而腾冲槟榔江水牛是我国目前发现的唯一本地河流型水牛类群,其产奶性能较好,种质特性优良,养殖方式以传统放牧为主,而建成水牛育种场是改良我国南方地区的水牛品种、推进水牛奶业发展的前提。

最后,农具和农业设备。云南农业文化遗产中留存了大量的农具和设备,如犁、镰刀、打谷机、渔篓等,它们是现代农业装备发展的重要渊源。在现代种植生产中依然使用这些农具和设备,既是传承农业技艺,也有助于保护生产生态环境和提高农业生产效率。云南普洱古茶园与茶文化系统,有专门的晒青毛茶的制作工艺,其杀青环节中常使用传统铁锅,后又发展为电炒锅与铁锅均可使用。西双版纳农业文化遗产中使用的传统水利灌溉设备有"梅洼"(竹测量仪)、"龙竹渡槽"、"木马竹坝"及"凸把南"(水轮车)等。芒市德昂酸茶作为重要的农业文化遗产,其制作工艺有四道,第一道是采摘元茶摊晾在竹篾簸箕中,第二道是木桶蒸茶,第三道是土坑发酵,第四道是用石质脚碓舂压成饼。

因此,云南农业文化遗产中涵盖的直接生产要素主要是传统种植技术、种质资源、农具和农业设备等,这些要素直接关系到当地农业生产生活的效率以及农产品的品质,充分保护和利用这些要素,有助于提高农民生产生活的积极性、参与性与创新性,有利于大力推动农业生产向绿色循环低碳发展。

2. 农业文化遗产保护包含的间接生产要素保障

云南农业文化遗产包含的间接生产要素包括土地资源、植物资源、水资源,以及非物质文化资源的传承等。

① 土地资源。云南地区地貌类型复杂,气候多样,不同地区的土地资源特征各异。如,云南红河哈尼稻作梯田系统就是多样地貌的集合,当地践行的生态文明理念是"山水林田湖草是生命共同体",也与地貌气候息息相关,这些都是在落实习近平总书记的"人的命脉在田、田的命脉在水、水的命脉在山、山的命脉在土、土的命脉在草与树"的理念。这一系统充分利用山地资源,形成了"林-寨-田-河"多要素同构的自然之道,将森林、村落、梯田、水源等多元要素融合,打造了生态农业系统。而云南漾濞核桃-作物复合系统,"坐落于云南省大理白族自治州漾濞彝族自治县苍山西镇,属于山区地貌特征,土壤肥沃,属残坡积母质发育形成的棕壤、黄棕壤、黄红壤、紫色土等类型"[2]。

② 植物资源。云南地区植被丰富,不同区域特色作物各异,如普洱茶、红河

① 李大庆.闵庆文:农业文化遗产不应被现代农业取代[EB/OL].(2010-02-24)[2023-11-10].https://www.cas.cn/xw/zjsd/201002/t20100224_2783309.shtml.

② 闵庆文,袁正,何露.澜沧江流域农业文化遗产考察报告[M].北京:科学出版社,2018:20.

稻、漾濞核桃等。西双版纳农业文化遗产体系下的"生态环境系统 95% 的土地是山地,其中分布着热带雨林、热带季雨林、热带山地雨林、南亚热带常绿阔叶林、落叶阔叶林、暖性针叶林、灌木林和竹林等森林植被"[①]。云南普洱古茶园与茶文化系统、云南双江勐库古茶园与茶文化系统等分布有数量庞大的古茶树资源以及古茶树系统下多样化的植物资源,特别是双江勐库古茶园内"27 万亩野生古茶树群落,是目前国内外已发现的海拔最高、密度最大、分布最广、原生植被保存最为完整的野生古茶树群落,是茶树种质资源和生物多样性的基因库"[②]。尤其是"勐库大叶种茶发源地勐库镇冰岛村,尚存百年以上栽培古茶母树约 300 余亩近 8 万株,500 年以上茶树约 5 000 株";[③]云南红河哈尼稻作梯田系统的特色稻米、豆类、玉米、蕨类植物、水果、橡胶等,都是云南农业文化植物资源的重要组成部分。此外,云南漾濞核桃-作物复合系统下的各类核桃、小麦、大麦及豆类复合种植,以及多种畜禽在核桃树下养殖的生态生产模式,充分发挥了植物资源的作用,推动了农业生产的良性循环。

③ 水资源。云南地区河流众多,水资源极其丰富,为农业生产提供了充足的水源。例如,滇南元江-红河水系为哈尼梯田农耕生产提供了根本的水环境基础,再与哀牢山的地形地貌与立体气候结合,形成了优越的自然条件。在繁茂的高山中,孕育出的溪流、清泉、水潭,造就了"水随山高"的水资源循环体系。森林与山沟中流淌的诸多溪流,流入并灌溉了梯田之后,最后又汇流到红河和藤条江水系之中。再如,云南剑川稻麦复种系统,支撑其水源的主要河流有金龙河——黑潓江水系、白石江——弥沙河水系等,这些水系均属澜沧江流域,特别是其中的剑湖被誉为"高原上的明珠",这些水资源是保障当地农业发展壮大的根本。西双版纳农业文化遗产也与水密切相关,当地的傣族就是一个"跟着水走"的民族,其所居之地江河纵横、水源充沛。西双版纳国土经济考察报告资料显示:"傣族聚居的西双版纳州有大小河流 2 762 条,河网总长度 12 177 千米,河网密度为每平方千米 0.633 千米,是云南省河流最多的地区之一。"[④]还有,云南双江勐库古茶园所处的双江,是因地处澜沧江与小黑江交汇处而得名,此外,这里还有冰岛湖、清平水库、大浪坝水库等

---

① 王战强,熊云翔. 西双版纳国家级自然保护区[M].昆明:云南教育出版社,2006:395-455.

② 农业部农产品加工局. 云南双江勐库古茶园与茶文化系统[EB/OL].(2015-09-28)[2023-11-10]. http://www.moa.gov.cn/ztzl/zywhycsl/dsp/201509/t20150928_4847253. htm.

③ 联合国粮农组织. 当农业文化遗产遇上"国际茶日"｜云南双江勐库古茶园与茶文化系统[EB/OL].(2020-05-14)[2023-11-10]. https://mp. weixin. qq. com/s? __ biz = MzAwNDA1MzIwNQ = = & mid = 2649909746&idx = 1&sn = c9cf57d4279c3102dec3a0c0f900de1e&chksm = 83370848b440815ef6c05b6e475c-8834b75674c6e2613fc939551f0cd751c506680a189eabc1&scene = 27.

④ 西双版纳国土经济考察报告编写组. 西双版纳国土经济考察报告[M].昆明:云南人民出版社,1990,40.

十余个水库、湖泊点缀其中。[①]

④ 云南农业文化遗产的非物质文化遗产特征。云南农业文化遗产中留存了大量的非物质文化遗产,如土地神、祖传技艺、民间传说等,虽然这些要素与农业生产并非有密切联系,但它们存在的基础是农民对土地的感情和对农业文明的认知,蕴含着重要的文化内涵和文化保护价值。例如,哈尼族崇拜信仰"寨神林",注重对生态资源的保护,使得当地自然环境优越,为梯田提供了根本的资源保障;当地举办的捉蚂蚱节,哈尼语叫"阿包念",是为了驱除和避免病虫害,保障水稻的增质增产增收。又如,槟榔江水牛养殖系统也蕴含了与牛相关的非物质文化要素。根据史料记载,水牛在腾冲饲养的历史可追溯到明代弘治年间。对历史文化的传承形成了腾冲极具特色的农耕文化,如寸玉辞官治河垦田、赛牛节、牛丛会、牛踩河、开秧门、祭牛神等,它们都是深厚的农耕文化的充分体现。赛牛节在每年栽秧后进行,名次排在前三的水牛能免费在公共牧场放牧;牛丛会是每年春耕后召开的会议,以牧场管理与养殖经验交流为主要议题;"牛踩河"是为了解决淤泥堵塞河道的问题,"上百头水牛在专人管理下,在河中不断往返踩踏水草、淤泥,实现河道畅通,以排除田中积水"。[②] 此外,在西双版纳农业文化遗产中,也蕴含着神灵崇拜、祖先崇拜、森林崇拜等文化。

3. 生物多样性是农业文化遗产的核心要素保障

云南农业文化遗产是我国重要的生态文化财富之一。云南的文化类型多样且独特,其根源在于区域内的生物多种多样。通过保护生物多样性,能保护各种珍稀濒危物种,维护生态系统平衡,促进农业生态系统的健康发展。

云南普洱古茶园与茶文化系统下的景迈古茶园内,万木丛生、古木参天。这里生长生活着数百种珍贵动植物,是西南地区重要的物种基因库,仅"澜沧景迈山地区的古茶园生态系统就有125科489属943种植物"[③]。云南漾濞核桃-作物复合系统的核心种植区在苍山西坡光明村,这一区域植被丰富,据中英联合进行的苍山科学考察,此地生存着的植物可能有6 000多种。西双版纳傣族"寨神林"作为农业文化遗产保护的重要地区,"其大勐龙小街乡的曼养广'寨神林',其海拔高度是670米,面积约800亩,它属于热带季节性雨林,该区域中分布了311种植物,属于108科266属,其中包括维管束植物283种"[④]。中国科学院在景迈山古茶林的抽样调查显示,"古茶林内有着丰富多样的生物,种子植物记录有125科、489属、

---

① 杨源禾,李秀珊.云南古茶园生态保护研究——以云南双江勐库古茶园与茶文化系统为例[J].农村经济与科技,2022,33(2):153-155.

② 王金梅,杨远,苗永旺.论槟榔江水牛养殖系统的现代价值[J].农学学报,2022,12(11):88-93.

③ 闵庆文,袁正,何露.澜沧江流域农业文化遗产考察报告[M].北京:科学出版社,2018:39.

④ 刘宏茂,许再富.西双版纳傣族神山林和植物多样性保护[J].林业与社会,1994(4):9-10.

943 种;观赏昆虫 16 种,陆生脊椎动物 187 种;列入国家重点野生动物保护名录的物种有红瘰、黑鸢、疣螈和蛇雕等 15 种;列入濒危野生动植物物种名单的有眼镜蛇、蛇雕和黑鸢等 13 种;被《中国濒危动物红皮书》列入受威胁物种的有黑眉锦蛇、原鸡和蛇雕等 14 种"。[①] 还有,双江勐库古茶园与茶文化系统内共有植物资源 62 科 145 属 288 种,野生动物 87 种,从动物到植物,它们相互利用,相互依存,物种的多样性使这些动植物又形成了错综复杂的生态系统[②]。

4. 完善农业文化遗产的生产要素统一大市场,促进兴边富民

将云南农业文化遗产的生产要素统一于大市场,可以促进农产品的规模化生产、统一的品牌宣传与品质保证,以此全面增强产品的优势与市场竞争力。同时,通过建立云南农产品的电商运营平台,可将云南农产品推广给更广泛的消费者,提升产品的销售额,从而带动当地农业经济发展。

云南剑川稻麦复种系统在优化乡村特色景观、保护生物多样性、传承传统农耕文明、促进区域协调发展及可持续发展等方面发挥着重要作用。当地旅游部门引导群众因地制宜、因势利导、因时制宜,在剑湖周边开展以生态旅游为主的农家乐休闲娱乐度假服务项目。这些项目的开展,不仅加强了稻麦复种系统在本地的保护和可持续利用,也提高了民众对农业传统文化重要性的认知与理解,同时也优化了当地生产生活生态环境。更重要的是稻麦复种系统还促进了当地农业的增产增收增效,为全县甚至滇西北地区人民的粮食安全和生计安全做好了基础保障,"产生了非常好的经济、社会和生态效益,为新农村建设,以及现代农业的发展都起到了很好的示范作用"。[③] 另一方面,云南农业文化遗产的完善与统一管理以及现代化技术的应用,也是促进兴边富民的重要路径。尤其是推动农村现代化、技术技能创新和产业转型升级,可以大幅度提高农村的繁荣发展水平、农业的生产效率并减轻云南农村的经济压力,实现兴边富民的目标。

云南双江勐库古茶园与茶文化系统中既有中外驰名的农产品茶叶,又有与茶树套种的花生、龙眼、杜仲、黄花梨等作物。系统中最有竞争力的产品是勐库大叶茶,其被我国茶叶界的诸多专家肯定,并称其为"云南大叶种的代表"。当地为了促进茶叶贸易发展,建立了双江茶产业,其为当地人民的生活提供了物质保障,也成为地方经济的重要支柱,实现了以产业促进地区农业增质增产增效、农民就业增

---

① 曹茂.农业文化遗产传承在云南绿色农业发展中的生态价值[EB/OL].(2021-10-18)[2023-11-10]. https://article. xuexi. cn/articles/index. html? art _ id = 18709828928845478472&item _ id = 18709828928 45478472&study_style_id=feeds_opaque&ptype=-1&source=share&share_to=wx_single.

② 杨源禾,李秀珊.云南古茶园生态保护研究——以云南双江勐库古茶园与茶文化系统为例[J].农村经济与科技,2022,33(2):153-155.

③ 闵庆文,袁正,何露.澜沧江流域农业文化遗产考察报告[M].北京:科学出版社,2018:24.

收、农村生活富裕的目标。古茶园是西双版纳的优质资源。当地政府为了提高农民收入水平、加快农业模式转型、促进产业多元融合，"打造以普文—大渡岗—勐养；景洪—勐仑—磨憨；勐满—勐遮—勐海—格朗和等 3 个生态农业景观带和休闲农业、都市农业、民族农业农耕示范区"①。

　　总之，完善云南农业遗产的生产要素，使其统一于大市场，是促进云南农业农村现代化、经济转型发展和兴边富民的重要举措。

3.1.2　农业文化遗产保护利用可满足兴边富民的生产力要求

　　做好云南农业文化遗产保护利用可满足兴边富民的生产力要求——以云南农业产业升级、促进旅游业发展、加强生态保护、电商平台建设等方面为重点，来实现农业现代化和兴边富民。

1. 发挥特色产业优势

　　云南农业文化遗产保护利用与发挥特色产业优势紧密相连。云南优越的自然环境和深厚的历史文化底蕴，造就了其农业文化遗产的多元性和独特性。通过对云南农业文化遗产的保护和利用，可以把云南独具一格的文化资源转化为具有市场竞争力的特色产业与产品，以特色产业优势为抓手，提高农民的经济收益和农村的生产力。

　　云南有着多样的农业文化遗产，如普洱茶、红河哈尼梯田等。这些都是云南农业文化中的特色产品。通过保护与利用这些文化遗产，培育和发展一批以特色农产品为核心的产业企业，提高品牌知名度，可以带动农业农村向现代化推进。尤其是要充分利用高原品牌，因为"山区"与"高原"本就是云南农业的一体两面。云南省委、省政府提出要大力推进高原特色农业，落实云南的高原特色之路，重点践行"传统农业之道，走好这条道，就是云南的特色之道"。故此，云南的高原特色农业，以"山区（特色）"为方向，从云南的实际出发，充分发挥云南优越的传统农业发展基础优势。如，云南广南八宝稻作生态系统、云南漾濞核桃-作物复合系统、云南剑川稻麦复种系统、云南红河哈尼稻作梯田系统等都注重做强做大特色农业。近年来，云南文山三七种植系统也发挥了重要的特色产业优势，当地政府大力推动以三七为主的生物医药产业，引导农民标准化、规模化、精细化种植，通过与当地药企合作提升三七的附加值。"2022 年，文山州三七种植面积超 230 万亩，以三七为主的生物医药产业综合总产值达 310 余亿元"②。

---

　　①　西双版纳州人民政府.西双版纳州人民政府关于印发西双版纳州农业和农村经济"十三五"发展规划的通知[EB/OL].(2021-12-28)[2023-11-10].https://www.xsbn.gov.cn/znyj/110417.news.detail.dhtml? news_id=2835404.

　　②　新华社.云南文山:发展三七种植　助力乡村振兴[EB/OL].(2023-06-02)[2023-11-10].https://wenshan.yunnan.cn/system/2023/06/02/032613393.shtml.

注重拓展销售市场。以云南双江勐库古茶园与茶文化系统为例,政府支持鼓励茶叶产业在国内外销售重点城市建立营销网点,形成完整的服务链与物流链,呼吁茶企通过参加国内外展销会和产品评选活动,增加茶叶知名度并不断拓宽销售市场;同时,还重视市场推广,以"政府搭台,企业唱戏"的方式,每年定期举办茶叶宣传推介会,组织双江茶叶企业到国内大中城市和茶叶销售重点城市开展宣传推介活动。另外,漾濞县也以拓展市场与做好推广为主线,大力布局"一园四中心一区",全力提升漾濞核桃产业链与价值链,打造核桃产业制造机械化、研发科技化、加工精深化以及推进交易集散中心,另外,还通过大力招引龙头企业入驻科技园区,加快对核桃叶花、壳皮、分心木等的开发和利用,打造出核桃乳、核桃油等二十多种精深加工产品,并建成集核桃脱青、清洗、烘干、分选、包装于一体的初加工机械生产线 17 条。目前,漾濞县共有核桃加工企业 76 家,其中省级以上龙头企业 14 家。

总之,发挥特色产业优势需要紧密结合云南农业文化遗产的保护和利用工作,需要政府、茶企、农户等多方合作,不断整合与优化云南特有的文化、自然、农业等各类资源,打造新业态、新价值,提高云南农村旅游和农产品营销的市场竞争力,推动云南特色产业发展壮大。

2. 产业链一体化发展

云南是中国农业文明的主要发祥地之一,拥有丰富多元的农业遗产资源。协调好保护与利用云南农业文化遗产的关系,实现云南农业产业链一体化发展,已成为当前云南农业农村发展的重要课题。

把云南农业文化遗产的保护利用与产业链一体化发展相结合,以用促保,并将云南的农业文化遗产与现代农业产业相结合,形成现代农业文化产业链,可以提升云南农业产品的市场竞争力、品牌知名度和美誉度。例如,槟榔江水牛养殖系统是以水牛养殖为核心,综合种源培育、产品研发、文化传承等方面,形成独特文化体系。这一体系已经形成了集种源基地、养殖基地、加工企业于一体的完整产业链,但"目前第二、第三产业对第一产业的带动提升作用还不太明显,仍需加强和完善,以进一步推动一二三产业融合发展"。[1] 又如,云南红河哈尼稻作梯田系统盛产的红米,是当地政府依托农业文化遗产地,以产品增值驱动乡村振兴的根本。当地政府、企业、组织和农户形成合力,重视收集、复壮和推广品种资源,保护优势种源,"通过体现遗产地产品自然特色、地域特色、加工工艺特色、文化特色、民族特色的品牌和营销规划,塑造具有一定影响力的遗产地品牌;同时探索相关农产品的资源整合以及后续加工产品的开发,延伸产业链"。[2]

---

① 王金梅,杨远,苗永旺.槟榔江水牛养殖系统动态保护调查[J].中国农学通报,2021,37 (11):137-142.

② 刘某承,苏伯儒,闵庆文,等.农业文化遗产助力乡村振兴:运行机制与实施路径[J].农业现代化研究,2022,43(4):551-558.

3. 形成规模经济效应

做好云南农业文化遗产保护利用与促进当地农业与旅游经济的发展,是形成规模经济效应的基础。规模经济的增长,主要是依托旅游业与附加深加工产业的增长,在云南尤其要依靠众多的农业文化遗产,如梯田文化、茶马古道、哈尼文化等,吸引大量游客前来观光旅游,从而推动当地旅游业的发展。

云南哈尼梯田旅游文化开发运营有限公司发挥文旅企业的区位优势,着力打造"哈尼梯田旅游"品牌,推进哈尼梯田文旅标准系统体系建设,开启了以旅游带动云南民族地区乡村振兴的新路径。云南普洱古茶园与茶文化系统被联合国粮农组织认定为全球重要农业文化遗产,双江勐库古茶园与茶文化系统也是中国重要农业文化遗产。为了更好地推动茶乡文旅发展,促进茶叶产区产业深度融合,云南省打造了普洱"帝泊洱生物茶谷"线路、"世界茶源·养生养心"、"腾冲高黎贡山茶旅走廊"等多条茶文化旅游特色线路。同时,将茶企、茶商和茶农们集聚于"互联网+"领域,创新茶产业"互联网+云茶"销售模式,推进茶业做大做强,并注重培育龙头企业,推进茶产业规模化经济发展。

因此,云南农业文化遗产保护利用具有广泛的文化内涵、经济价值和发展潜力,是当地经济发展的一个重要支柱产业,要形成规模经济效应。

4. 打造生态农业与绿色产品

云南农业文化遗产保护利用背景下的生态农业与绿色产品,主要包括:恢复与加大传统农业方法,推进有机农业与绿色农业的融合发展。

① 传统农业生产方法的恢复与应用。云南拥有丰富的农业文化遗产,传统农业方法在农业生产中发挥着举足轻重的作用。在保护和利用云南农业文化遗产的过程中,一些古老的耕作方法、育种技术、种植技能及加工方式等的恢复与应用,能更好地实现健康、绿色、可持续的农业发展目标。云南广南八宝稻作生态系统下的八宝稻的种植过程,就彰显着我国千年流传的精耕细作农耕技术,并与时俱进地与现代标准化与绿色化生产技术相结合,既保证了八宝米的品质,也传承了优秀的农耕文明。八宝稻从选种、育苗、播种、抽芽、施肥,到病虫害防治、收割、加工等流程,都是当地民众靠世代积累的传统经验,使用人力、畜力、传统工具等进行系统管理的体现。

② 有机农业和绿色农业的发展。云南的生态环境优越,非常适宜发展有机农业和绿色农业。在农业文化遗产的保护和利用中,可以引入有机耕作方式、绿色生态肥料、生态科学管控技术,培养出更为健康、绿色的生态产品,从而满足人们养生的追求。云南普洱古茶园与茶文化系统下的景迈山有着大量的古茶园,在对这些茶园的管护中,以维护生物多样性为根本理念,实施种植乔木、灌木等不同植物层次的多样精准管理,同时在培育中使用农家有机肥,提升茶叶品质。云南腾冲槟榔

江当地政府从政策和措施入手,做好精准施策,建立利益联结机制,打造"一村一场一基地"布局,让"腾冲生态肉牛"发展势头向好。截至 2022 年 5 月,全市共有国家级肉牛示范场 1 个、省级肉牛示范场 2 个。此外,"东山云岭牛"被列入 2021 年云南省"绿色食品牌"品牌目录名单、"槟榔江水牛"被列入 2021 年云南省"绿色食品牌"区域公共品牌名单。①

③ 生态旅游和乡村旅游的发展。拥有秀丽自然风光和多样文化资源的云南,是发展生态旅游和乡村旅游的重点区域。云南省在保护利用农业文化遗产的过程中,以打造生态、文化、休闲、娱乐一体化的旅游服务为重点,吸引了大量国内外游客前来体验与游玩,促进了云南农村经济的发展。大理州以农耕文化为魂,以田园风光为韵,以生态农业为基,以创新发展为径,以打造园区为形,大力调整农业产业结构,发展休闲农业与乡村旅游。此外,勐海县也大步迈出了乡村旅游的步伐,推动茶加工园区建设,打造"以老班章为核心的七子饼"旅游环线,并以勐腊县五大茶山为核心,优化普洱茶"古六大茶山"的旅游线路,建设云南秀美茶山茶寨。通过将茶文化、茶产业、茶技术、茶科技等充分融合,以空间与时间结合,"充分体现'展示、交易、仓储、体验、科研、康旅'六大功能,全方位彰显西双版纳悠久厚重的茶文化和非遗传承展示的主阵地"②作用。

3.1.3　农业文化遗产保护利用可满足兴边富民的生产关系要求

云南农业文化遗产的保护利用可以满足兴边富民的生产关系要求。作为一种传承人类生产生活智慧的文化资源,农业文化遗产可以提供多样化的农业生产知识、技术和方法,为当地居民发展现代化农业提供宝贵的经验与借鉴,提高农村居民的生活水平,从而满足兴边富民的生产关系要求。特别是从传承人类农业智慧、提升农民生产生活技能、促进云南农村经济发展与品牌建设等方面出发,都是满足兴边富民的生产关系要求,有助于推进当地农村农业现代化和乡村振兴。

1. 通过提高组织化程度来提升产品竞争力

云南农业文化遗产具有强劲的市场竞争力,可以通过加强市场组织化程度、推进生产模式创新、加强专业生产培训力度及推广合作社等方式来促进产品发展。

加强组织化程度,关键在于建立相关的协会、联盟等组织,促进生产、销售、宣传等方面的统一规划和管理,全面推进云南农业文化遗产的市场化发展。云南省

① 徐丽,张成权."牛"产业拓宽致富路　乡村振兴有"犇"头[EB/OL].(2022-06-15)[2023-11-10].https://www.sohu.com/a/557464901_609915.

② 西双版纳州人民政府办公室.西双版纳州人民政府关于印发西双版纳州"十四五"农业农村现代化发展规划的通知[EB/OL].(2022-03-25)[2023-11-10].https://www.xsbn.gov.cn/116.news.detail.phtml?news_id=2853437.

为了做好农业文化遗产保护利用工作,成立了专门的农业文化遗产保护利用机构/组织,负责协调、指导、推广农业文化遗产保护利用工作。例如:云南省农业博物馆,是国内最早以农业为主题的博物馆之一,也是我国重点农业文化遗产保护单位之一。云南省农业文化遗产保护协会由云南省内的农业文化遗产保护机构、高校、企事业单位和个人共同组成,致力于保护和传承云南的农业文化遗产。云南省非物质文化遗产保护中心负责非物质文化遗产保护工作的专业机构,涵盖了云南省不同民族的各种传统文化形态,其中包括农业文化遗产保护。云南省文化遗产保护中心是云南省负责文化遗产保护工作的专门机构,负责云南省全境的文化遗产保护工作,其中包括农业文化遗产的保护。同时,还有云南省旅游行业协会、云南省农业技术推广协会、云南省文化旅游产业协会等与农业、文化、旅游等相关的协会和组织,以及地方协会联盟,如漾濞彝族自治县创建的由核桃研究院、专业合作社、加工企业、营销团体等组成的核桃产业协会联盟。此外,为了推进对古茶树资源的保护和研究,普洱市的陈升茶业投入大量人力物力财力,成立了跨地区的学术组织"西双版纳老班章茶研究会",聘请了业内五十多名专家学者担任顾问,研究会成员曾联合云南省农科院茶叶科学研究所、中国科学院西双版纳热带植物园、勐海县茶叶技术服务中心开展了"老班章茶生境调查与品质风味的研究""老班章古茶园与生态环境建设"课题研究,并取得了令人瞩目的成绩,很多建议和意见已成为当地茶厂的环保规范。[①] 又如朱苦拉古咖啡林,当地为了更好地保护利用咖啡林,开启了以政府、协会与茶农合力运作的管理模式,明确古咖啡林所有权归农户,使用权与管理责任主体为有机咖啡协会,确保各项保护措施准确到位。

云南省加强开展云南农业文化遗产保护利用方面的培训与宣传,提高茶农、组织等参与保护利用的积极性;同时,重视对农业生产、有机农业、绿色农业和生态旅游等方面的培训。2022—2023 年度,漾濞彝族自治县为了推进"一县一业"示范基地建设,在龙潭乡龙潭村举办了"漾濞核桃"技术培训会,培训中邀请了来自农科院所及农业局等不同单位的专家,对当地 100 多名核桃种植户进行了核桃科学化管护培训。培训中,专家对核桃种植的修枝压条、肥料管控、病虫害防治等环节进行了系统讲解和现场示范指导,并现场回答了核桃种植户的疑难问题,纠正了核桃种植户过去的错误种植方法,全面提升了核桃的管理技术与种植水平。此外,为了提升云南广南铁皮石斛文化系统下种植户的技能水平[②],当地以技能共培、引育本土人才为基准,常态化地开展石斛种植技能培训活动,并搭建村级技能共享平台,形成

---

① 勐海陈升茶业有限公司.促进普洱茶产业高质量发展 助推茶区乡村振兴[EB/OL]. (2022-03-08) [2023-11-10]. https://www.toutiao.com/article/7072619037070492160/.

② 徐前,岑桦.文山广南:延伸石斛产业链 拓宽群众致富路[EB/OL]. (2023-04-27)[2023-11-10]. https://wenshan.yunnan.cn/system/2023/04/27/032566787.shtml.

种植技术、深度加工、产品研发一体化的知识共享体系,定期邀请业内专家开设"石斛讲堂"。

推广新型合作组织,是强化云南农业文化遗产保护利用的重点。在云南农业文化遗产保护利用中,推广新型合作组织,如农民合作社、家庭农场、农村电商组织等,可以有效地提高组织化程度。借助这些组织为合作社成员提供一系列的农村产业服务,提供统一的生产资料、销售渠道和技术支持以及资金支撑等方面的支持。云南红河哈尼稻作梯田系统中,烤烟是当地近年培育的新产业,其组织化程度提升,有效提高了烟农种烟的积极性,增加了村集体经济收入,也让农民增收的渠道增多了。漾濞彝族自治县政府为了更好地推进当地核桃产业,依托核桃管护项目,大力推进农民专业合作社与企业、市场经营主体形成产业发展共同体,以着力解决核桃管护标准不统一、品质不稳定等问题,做优做特做大做强产业,全面提升了漾濞核桃产品的竞争力。

2. 市场竞争力与规模生产方式革新

云南农业文化遗产的保护利用要与规模化生产的方式相结合,实现相互促进,提高农业生产效益,推动当地农业现代化发展。

① 文化保护与品牌打造相结合。打造品牌,提升产业知名度与影响力,引领云南农业规模化发展,同时对当地的农业文化遗产进行甄选、加强研究并落实保护,发挥其品牌效应,推动当地农产品市场占有率大幅上升。红河哈尼梯田世界文化遗产管理局,为提升产品知名度和保护农业文化遗产发挥了重要作用,从传承非遗项目、传统农耕技艺、节日文化,到修复荒废梯田、优化水系设施、修缮传统民居,再到保护森林生物多样性等方面,全力补齐短板弱项,并利用南博会、农交会、农业文化遗产大会等国内知名会展平台,加强产品宣传推介,提高产品认知度,真正做到了立足特色资源优势,培育特色农业,塑造哈尼梯田品牌影响力,不断增强内生动力,持续推进哈尼梯田保护区的乡村振兴工作。云南西畴乌骨鸡养殖系统在2023年兴边富民工作推进中发挥了重要作用。西畴县聚焦"一高地一基地一示范"的方向,以工作与业务为两翼,以繁荣乌骨鸡经济为手段,打造"一县一业"特色农业。目前,西畴县已发展养殖专业合作社 28 个、养殖场 31 个、养殖大户 110 户,全产业链产值达 5.84 亿元,带动 3 万余户群众户均增收 6 500 元。"西畴乌骨鸡"已获地理标志证明商标证书等 6 项认证,申请注册"爽得基""康寿基""八角飘香鸡"3 个商标①。

提升产业竞争力与促进创新,离不开《云南农业文化遗产保护条例》及开发利

---

① 郑舒予.党建引领乌骨鸡产业"孵"出振兴致富路[EB/OL].(2023-05-18)[2023-11-10].http://szjj.china.com.cn/2023-05/18/content_42372722.html.

用规划办法等制度保障。针对云南普洱古茶园与茶文化系统,《县古茶树资源保护管理暂行办法》《普洱市古茶树资源保护条例》等正式颁布实施,指导县级部门及乡镇认真做好古茶树调研工作,加强古茶树保护宣传和专业培训,既提升农户的种植技能,也减少和杜绝涉及古茶树的违法行为。例如,为了有效保护困鹿山古茶园及其生态环境,在宁洱镇困鹿山古茶园实施了生态移民搬迁项目,把之前居住在古茶园里的居民搬迁安置到距此约 1 公里的山神庙林子。还在困鹿山、扎罗山古茶园内完成了茶林混种 2 000 多亩,生态放养大树茶 2 000 多亩,形成了林中有茶、茶中有林的栽培模式,既让农户重视对古茶树的保护与可持续发展,也增加了农民的经济收益,避免了过度采摘的风险。同时,当地还加强了栽培型古茶树的生产管理、初制加工等方面的技术技能培训。云南西畴乌骨鸡养殖系统是当地的重要产业,当地政府把乌骨鸡产业作为"一县一业"的示范产业,及时制定了《西畴县乌骨鸡产业发展规划》,出台了《西畴县主导产业扶持政策实施办法(试行)》。朱苦拉古咖啡林系统在发挥产业价值的同时,根据《中华人民共和国森林法》及全国绿化委员会《关于加强保护古树名木的决定》等法律法规和文件规定,因地制宜地制定了朱苦拉古咖啡林保护规章制度,建立了信息反馈系统和监督管理机制,对破坏古咖啡树的行为按照有关规定严肃查处,形成了较好的保护氛围①。这些举措的实施都在很大程度上保障了农业文化遗产的保护,也促进了其经济效能的发挥。

　　② 人才与农业文化遗产保护利用相结合。文化遗产的保护利用离不开农业人才的支撑与参与。云南的各类生产活动都需要积极发挥人才的力量,依托人才充分发掘和利用云南农业文化遗产的价值与意蕴,推动云南农业的现代化和技术创新。例如,广南县八宝米承载着红色基因记忆,是重点示范区乡村振兴项目,当地广纳各类英才,着力建设人才振兴实训基地,以人才振兴作为示范区建设的根本内容,引进"外才",用好"内才",培育"新才",广聚英才而用之,让各类人才在乡村振兴中大显身手,建设现代化富裕美丽乡村。为了传承和保护好酸茶制作技艺,助力德昂山乡的乡村振兴与共同富裕事业,三台山乡政府积极组织芒市德昂酸茶制作技艺培训,在全乡范围内培育酸茶制作人才并组建人才队伍。广南县以助力石斛产业为导向,以培育人才为目的,充分发挥党组织功能,积极培育"技术过硬、善于经营、科学管理"的现代化新型农民人才,将致富带头人、科技创新人送入车间,送到地头,使其充分系统地了解石斛饮食制品、化妆品等产品的深度加工,并对石斛的生长过程有系统全面的把握。为了提升石斛产业的科研水平,还邀请国家中医药协会、重庆中医药研究院、南京农业大学、文山学院等单位的石斛栽培专家就

---

　　① 张晓芳,李亚男,刘航秀,等.朱苦拉古咖啡林保护面临的问题及对策[J].热带农业科学,2017,37(9):101-104.

铁皮石斛种苗培育、繁育、施肥、病虫害管理等开展培训,不断提升农户的科学种植水平,培养出了一大批产业带头人和科技示范户。

通过将农业文化遗产保护利用与规模生产相结合,推动了当地农业现代化和可持续发展,提升了经济效益,增加了农民收入,同时也做好了农业文化遗产保护与传承的协调。

3. 促进社会化分工与提升就业率

云南农业文化遗产的保护与利用,需要增加研究机构组织,并鼓励企业承担社会责任,以更好地促进农村发展、农业振兴及农民富裕。

传承和保护云南农业文化遗产,需强化研究组织建设。科研机构的人才,可加强文化遗产保护学、农业历史文化等方面的研究和教育,为云南农业文化遗产的保护和利用提供技术支撑和人才支持。云南省文化遗产研究院主要承担云南文化遗产的系统研究开发工作;云南民族大学拥有大量研究云南各个民族文化的专业人才;云南农业大学农业历史文化等相关专业可以进行云南农业文化遗产的专业研究和保护措施;昆明理工大学文化产业研究所主要从事文化遗产保护、文化产业发展等方面的研究工作;昆明市文化博物馆收藏和展示了诸多云南各地文化遗产和民俗文化遗产;云南省农业科学院不仅推广传统的农业技艺和文化活动,还与云南师范大学历史文化学院联合开展了文化遗产与旅游管理等方面的专业化、系统化研究。这些都有利于促进云南农业文化遗产的保护和传承,有利于发展产业化农业,有利于将传统的原生态生产方式与现代管理技术相结合,提高生产效率和产品品质,带动多元产业发展。在科研推进的过程中,要注重现代技术与传统农业手艺结合,实现数字化保护,完成数字化模型建设,以便保存、复制、传承和记忆。在农业管理中使用机器人、智能灌溉系统、土壤和水传感器、无人机及 GPS 等技术可改进与提升农业生产,提高农业生产效率和产品品质,同时也能保护云南传统农业文化。建立合作社或组织农业集体化生产,可提高社会分工效益,使农民在生产中更加专业化、集约化及规模化。例如,朱苦拉古咖啡林是当地重要的经济来源,为了加强对朱苦拉古咖啡林的保护开发和利用,县政府成立了朱苦拉古咖啡林专门研究团队,聘请国内外著名咖啡专家,对古咖啡林潜在的历史文化价值、经济价值、生态价值、养分供应及品质改善等科研利用价值进行了深入研究与系统化的挖掘利用。

发挥政府的引导作用,鼓励企业参与云南农业文化遗产的保护和利用。中央与云南省政府出台相关政策,扶持有关企业积极参与云南农业文化遗产的保护和利用,使其成为相关行业的龙头。一是加强立法保障,《中华人民共和国文物保护法》《中华人民共和国非物质文化遗产法》等有效地保障了云南农业文化遗产的保护与传承工作。二是建立大数据平台,收集和整理云南农业文化遗产相关的文物资料、研究成果等,让更多人了解和认识云南农业文化遗产。三是政府将云南农业文化遗产的教育引导纳入学校基础教育、社会全面教育等体系中,通过学校的通识教育和社会教育活动等,让更多人认识到云南农业文化遗产的重要性,从而逐步实现全民保护的目标。富宁县推进八角种植加工、交易一体化项目,这一项目建成投产后,能直接解决当地 200 人就业,间接带动 5 000 人就业。①

总之,保护利用云南农业文化遗产,不仅能传承历史文化,而且能大力促进社会分工和就业。政府出台相关政策,积极引导有关机构和行业参与其中,并鼓励民间组织与个人积极了解和广泛参与到文化遗产继承中,将有利于保护和传承农业文化遗产。

3.2 兴边富民是农业文化遗产保护利用的终极目标之一

兴边富民是云南农业文化遗产保护利用的终极目标之一,即通过保护和利用云南农业文化遗产,促进云南地区的经济发展,提高农民的生活水平和文化素质。实现这一目标的关键在于保护利用好云南农业文化遗产,以推进建设富庶的云南农村,优化农村生态环境。

3.2.1 建设富庶的云南农村是实现兴边富民的根本性目标

建设富庶的云南农村不仅可以提高农村居民的生活水平和社会福利,还可以促进乡村经济发展,增强农村经济的活力和竞争力。只有加强农村发展,提高农民的生产水平和生活质量,才能实现兴边富民的根本目标。

1. 促进兴边富民最艰巨的任务在农村

在兴边富民的目标背景下,云南农业文化遗产保护利用最艰巨的任务是如何平衡好农村文化遗产保护与开发的关系,实现经济效益和社会效益的双赢。保护和利用云南农业文化遗产需要在保护文化遗产的基础上,注重市场营销、管理创新、技术升级及产业链拓展等多个方面。

① 注重市场营销与管理创新。云南农业文化遗产的系统开发,既要借助古代茶马文化的原始基础,利用茶马古道重要节点的建设与规划,打造独具特色的产品营销路线,大力推广普洱茶及其他农产品,还要着力发展乡村民宿和其他支持性服务业,实现云南农村旅游产业与当地经济的发展。同时,也要优化之前的管理模式,以创新的科学理念来落实农业管理。勐海陈升茶业有限公司②是一家专门经

① 何昕霖,余红蕊.团结兴边看文山　延长产业链打响"富宁八角"品牌[EB/OL].(2023-06-05)[2023-11-10].https://news.qq.com/rain/a/20230605A03PUY00.
② 勐海陈升茶业有限公司.促进普洱茶产业高质量发展助推茶区乡村振兴[EB/OL].(2022-03-08)[2023-11-10].https://www.toutiao.com/article/7072619037070492160/.

营普洱茶的企业。为了助力乡村振兴,推进普洱茶产业改造升级及发展壮大,该公司带领云南省西双版纳州勐海县布朗山乡那卡村、半坡老寨、曼马村等村发展普洱茶产业,创新管理模式,以企业-基地-农户的模式既提升了普洱茶的品质,也让茶农收入突飞猛涨,共同走向乡村振兴之路。

② 注重技术升级和继续强化产业链。技术要全方位、多角度深入到播种、耕田、管护、收割各个环节,以此改变以往不科学的农业生产经营方式,加快向现代农业的转变。云南漾濞核桃-作物复合系统拥有深厚的历史文化底蕴和广阔的开发利用前景,但是它却面临诸多问题,如漾濞核桃的科学种植和深度加工水平相对较低,又缺乏现代农业技术创新的支持,导致其生产效率低,无法充分发挥农业文化遗产的经济价值与文化价值,特色产品品牌建设也相对滞后。所以,针对漾濞核桃,还需要加强品牌创意、设计、推广和宣传等工作。

③ 注重延长农业产业链,促进农业多元化发展。延长农业产业链是从产品研发、生产管控、精细加工、储运物流、品牌建设、销售体验、消费服务等各个环节紧密推进、有效衔接,既要发展劳动密集型农产品加工企业,吸纳更多劳动力就业,又要打造能提高效益的优势农产品,达到提高农民收入、促进农村经济增长、吸纳农村剩余劳动力的目的,为产业结构的优化和非农产业的发展创造条件。此外,还可以优化产业结构与产业要素的多元化发展,加强产业面对经济低迷时期的应激能力,提高保险系数。例如,师宗县践行全链条发展中药材,"形成以滇重楼为引领,以薏仁、药用生姜等大宗药材为支撑,以三七、黄精、白及为补充,以当归、金铁锁为调剂的产业格局,在 2024 年,全县中药材种植面积发展到 20 万亩、产量 5 万吨、产值 15 亿元。"①这充分发挥了师宗薏米种植系统、师宗药用生姜栽培系统的农业文化遗产价值。云南西畴乌骨鸡养殖系统,完善产业链条,注重多元化发展载体,专注精品打造。西畴县落实真抓实干的精神,从优质种源选育和产品精深加工,到持续完善优化产业链条,已从过去的零星、分散和粗放的养殖方式逐步过渡到系统化、规模化、科学化的养殖模式。为进一步加大规模效益和品牌效益,西畴县与云南农业大学等专业科研院所签订了《西畴乌骨鸡开发科技合作协议》,组建了乌骨鸡产业科技服务团队,推进西畴乌骨鸡产业科技领域的全面合作,实现以"孵化、饲养、屠宰、加工、销售'一条龙'推进为重点的全产业链绿色发展目标,把'西畴乌骨鸡'培育为全省知名品牌。"②

---

① 师宗:全链发展中药材[EB/OL].(2023-05-25)[2023-11-10].https://society.yunnan.cn/system/2023/05/25/032601056.shtml.

② 郑舒予.党建引领乌骨鸡产业"孵"出振兴致富路[EB/OL].(2023-05-18)[2023-11-10].http://szjj.china.com.cn/2023-05/18/content_42372722.html.

2. 农业文化遗产保护利用以新发展理念为理论指引

云南是一个地域广阔、民族众多、文化底蕴深厚的省份,拥有丰富的农业文化遗产资源。为了更好地保护和利用这些文化遗产,云南提出了一系列新发展理念。

① 云南农业文化遗产保护利用,以生态优先为主。绿色生态发展是实施乡村振兴战略的重要引领,以转变农业发展方式来促进农业绿色发展是关键。但从总体上看,云南农业绿色发展仍处于发展阶段,还面临不少困难和挑战,生态发展理念践行不到位、激励约束机制尚未健全,还需要加大工作力度,以生态优先为主,推进云南农业文化遗产发展的全面绿色转型。以生态优先的理念为出发点,就要切实保护好云南的生态环境,避免过度开发与污染,确保农业文化遗产的有序与可持续发展。红河梯田是云南农业文化遗产中具有代表性的农耕文化景观,也是全国重点文物保护单位。为了更好地保护和利用红河梯田,采取了各项生态优先的做法,不仅积极开展植树造林活动,保持梯田周围植被的多样性与生态系统的强大调节功能,强化森林系统与梯田相互作用的调节功能,还采用了"水土保持—梯田改造—生态修复"综合治理技术,保持红河梯田的水土资源协调,杜绝各种程度的损坏,保护和提升土地的生产能力。另外,还大力推广了有机农业和绿色耕种技术,鼓励农民采用生态农业模式,以降低对梯田环境的直接损害,保持梯田生态环境的健康状态。

② 云南农业文化遗产保护利用,创新发展最重要。在保护和利用农业文化遗产的过程中,要积极推动科技创新,引入先进的现代技术和设备,将文化传承性、环境适应性、要素活态性、功能复合性等综合起来,全面提高遗产的生产效率和产业附加值,增强其竞争力以及在国内外市场的影响力。云南普洱古茶园与茶文化系统在品牌管理方面采取了多样化的创新管理模式,包括创新营销手段,借助大数据及信息化,举办线上和线下的茶文化与技能交流活动,吸引消费者,增强品牌影响力。在品牌建设创新方面,还举办了"普洱章华奖"评选活动,鼓励和培养了诸多优秀的生产企业和农民积极参加,促进产业与茶园成长、壮大,提高产品质量和知名度。在产业链创新方面,普洱古茶园发挥了其多元资源和地理优势,通过与旅游业和文化教育行业的深度融合,多向发展及多元化创新。此外,还注重制度创新,普洱古茶园建立了系统化的企业管理制度和生产标准,倡导可持续发展的企业理念,推动了普洱茶产业的健康发展。

③ 云南农业文化遗产保护利用,文化传承是根本。云南农业文化遗产的保护和利用不仅是经济问题,更应该注重文化传承。文化传承是推动文化繁荣、建设文化强国、建设中华民族现代文明,是担当新时代新文化使命的根本。保护和利用云南农业文化遗产要大力推进文化传承,通过开展各类文化活动和宣传,挖掘遗产背后蕴含的深厚历史、文化和艺术内涵,综合考量云南农业文化遗产的优势与短板,

让文化遗产得到更广泛的传承和发扬。同时,普洱古茶园还通过实施与旅游、文化、教育、经济等领域的广泛联合,扩大了茶文化的影响力,建立长效发展机制。红河哈尼稻作梯田系统具有丰富多彩的稻作文化,为了做好文化传承,当地积极开展各类种植体验、农事参与、文化交流等活动,以促进文化的传承和弘扬传统文化,增强当地民众对农耕文化的自信和对稻作系统的热爱。朱苦拉古咖啡林保护区以朱苦拉咖啡为依托,培育具有自主知识产权的高端咖啡产品,发展中国自己的精品咖啡品牌,以文化带动品牌,以品牌带动销售,以销售带动加工,以加工带动种植,从而促进宾川咖啡产业可持续发展。

④ 农业文化遗产保护和利用需要广泛的社会参与和支持,要以合作共赢的理念为出发点,积极开展政府、社会组织、企业和居民等各方面的合作,形成保护和利用的协作共同体,以全面推动云南农业文化遗产的可持续发展。

3. 兴边富民是云南农业农村现代化的核心目标

兴边富民是云南农业农村现代化的核心目标。云南作为一个农业大省,核心是要推动乡村振兴和农民增产增收,最终实现农业农村现代化。

加强基础设施建设水平是推进云南农村现代化的基础。云南农村是巩固拓展脱贫攻坚成果、畅通城乡经济循环、构建新发展格局及实现农业现代化的重要区域。而大力推进基础设施建设,保障乡村道路畅通、完善供水系统、优化生态环境是推进云南兴边富民的前提与基础。云南在基础设施建设方面,要扩大普查范围,做好专项摸底调查工程,按照整体与系统规划以及项目推进时间表,完善基础设施建设,紧抓"滇中崛起、沿边开放、滇东北开发、滇西一体化"的区域发展战略,以"新五网""新基建"建设为重点内容,主动联结各个市区的路网、电网、互联网、物联网,落实好区块链应用,全力推进"两新一重"项目的规划、建设、管护等工作。尤其是要加快推进高速公路、公路、水利工程和火车站配套的物流、仓储等基础设施建设,积极推动与其他市区共同规划和建设城际轨道交通,提升交通、能源、水利、信息等基础设施的互联互通水平。明确基础设施的公共产品定位,构建事权清晰、市县统筹、乡镇负责的基础设施一体化建设机制,并谋划实施骨干电网、成品油应急储备中心、5G 设施、新能源汽车充电桩等一批项目。如朱苦拉古咖啡林为充分发展咖啡产业及咖啡科学保护力度,在咖啡保护区设置防护栏和标识,架设滴灌、喷灌等水利设施,进一步合理改进园区道路,建立智能化朱苦拉古咖啡林管理系统。

提高农业生产和管理水平,是推进云南农业农村现代化的前提。为了发挥云南普洱古茶园与茶文化系统在乡村振兴中的积极带动作用,政府层面将茶产业列为"一把手工程",明确工作目标、落实部门职责、加强资本合作机制、建立健全工作落实机制等,协调解决农业文化遗产保护与利用中出现的问题与挑战。通过加强组织领导,成立农业文化遗产保护利用领导小组,各级部门在其指导下开展各项工作,同时做好监督管理,注重推动行业组织建设,强化普洱茶协会和有机茶联合会组织职能的密切交流,加强县(区)茶叶行业组织建设,支持和完善云南茶叶行业的社会服务体系建设。支持专业协会组织、联合会、产业联盟、合作社及产业园建设,调动好协会组织在政策咨询、信息服务、科技推广、行业自律及监督管理中的作用,为企业、茶农和茶叶经营者提供方便快捷的服务。

推广现代农业技术和模式,加快云南农业农村现代化进程,实现农村农业有特色、有活力、有发展、有效率与有质量的现代化,以提高云南农村经济发展水平,全面改善广大云南地区农村人口的生活水平,落实"水陆空"科技助力云南农业文化遗产保护利用。例如,普洱古茶园与茶文化系统,加快技术推广,普及先进技术,在全市狠抓有机化、机械化、绿色化、标准化、数字化、规模化等现代化生产技术推广,加快创新技术的推行力度,提升茶园集约化生产水平,大力推进科学化与规模化种植、标准化与系统化生产、组织化与高效化运营,全面提升茶区基础生产环境,综合提高茶叶生产力与行业竞争力,有效带动全市茶产业蓬勃发展。广南县为了全面推进铁皮石斛产业与科技的充分结合,实施科技共赋,拓宽了产业融合"新赛道"①,通过积极邀请高校农业专家和国家中药材产业技术专家来答疑解惑,为广南县石斛产业发展创新出谋划策、攻坚克难,既激活了铁皮石斛产业效能,又提升了产品附加值,跨产业融合发展也得到了极大拓展。尤其是云南大学研究员高江云老师的"铁皮石斛真菌＋种子共生直播育苗技术",在国内位列前沿,是现代科技与传统农业的深度融合,是仿野生栽培种植技术取得的巨大突破,提高了仿野生栽培的成活率,全面提升了生产率与品质,降低了种植成本。这一技术在广南地区得以实施,对于推进当地石斛产业的发展有着至关重要的作用,也是将云南产区林下药材种植产业推向新的高度与发展模式,利用科技助力乡村振兴。

3.2.2　农业文化遗产保护利用是实现兴边富民的阶段性目标

农业文化遗产是农耕地区历史和文化的重要组成部分,在保护和传承这些遗产的过程中,可以增强地方特色,拉动地方经济的发展。因此,农业文化遗产保护利用是实现兴边富民的阶段性目标不可或缺的一个方面。

1. 兴边富民是物质富裕和精神富有的有机整体

保护和利用云南农业文化遗产,不仅可以实现物质富裕,还能够带来精神富有和文化振兴。

从物质层面上来说,云南农业文化遗产包含多种资源要素,有传统的农业技

---

① 徐前,岑桦.文山广南:延伸石斛产业链　拓宽群众致富路[EB/OL].(2023-04-27)[2023-11-10].https://wenshan.yunnan.cn/system/2023/04/27/032566787.shtml.

术、水利工程、农村建筑、手工艺品等,这些资源要素如果能充分应用于农业生产、工艺制造、旅游业、文化产业等领域,必能带来更多的财富和经济收益。云南腾冲槟榔江水牛养殖系统因地制宜、因时制宜,紧跟乡村振兴与兴边富民的政策导向,大力推行"牛产业"发展。自 2019 年以来,腾冲市从地方实际出发,发挥特色优势、统筹协调各方资源、落实管理创新机制等,全力推进肉牛产业,特别是以创新为理念,推行"1+3+6"模式发展牛产业,即具备条件的行政村至少建设 1 个标准化肉牛养殖场,每个养殖场存栏数量不低于 300 头,同时配套 600 亩饲草饲料生产基地,有序推进肉牛产业规模化发展。截至目前,"腾冲市 220 个村(社区),建成标准化肉牛养殖场 177 个,新增肉牛 3.83 万头。到 2022 年,全市新增肉牛存栏 6 万头以上,新增产值 15 亿元以上。"①此外,云南大姚蜂蜜不仅是云南潜在的重要农业文化遗产之一,也是著名的蜂蜜品牌。2004 年,大姚汇源蜂业食品有限公司创建,这是一家专门进行农产品深度加工的企业,其加工的农产品主要是核桃、蜂蜜、花粉、蜂胶等,企业通过完整、科学、系统的质量管理体系,数十年来都以质量作为产业发展的根本,以信誉求生存发展,以实力和产品品质获得消费者及行业内的高度认可。

农业文化遗产的真正价值在于其蕴含的文化、历史和民俗价值。通过保护和利用这些遗产,我们可以让民众了解、重视历史文化,加强对文化的认同感和自豪感,从而带来精神上的满足感和归属感。从稻鱼共生、旱作梯田、古茶种植的耕作实践,到村落民宅、古树深巷、炊烟人家的乡村景观;从"取之有度,用之有节"的生态理念,到耕读为本、邻里守望、物种保护、美丽乡村、村规民约……各个民族在数千年间孕育出了"因时制宜、因地制宜、守则和谐"的农耕文化。例如,剑川白族农业技术、生态保护理念——在生产生活过程中,尊重自然规律,顺应发展,对于当地的生态环境与种植条件都产生了一定的保护作用,特别是以农业为主的地区,对于作物本身的崇拜与爱惜,也是重要的文化,比如"五谷"(稻谷、荞麦、青稞、大麦、黄豆)为人一生"衣禄"的象征。②

因此,农业文化遗产保护利用须把经济发展与文化保护结合起来,实现两者的有机统一。

2. 农业文化遗产蕴含着实现兴边富民的文化底蕴

云南农业文化遗产中蕴含着实现兴边富民的文化底蕴,是多元民族文化交流、交往与交融的重要内容,也是促进云南特色山地文化守正创新的前提,更是云南生态农业文化发展的体现。

---

① 杨艳鹏,徐丽,张成权.云南腾冲:养好"致富牛"走实乡村振兴路[EB/OL].(2022-06-16)[2024-01-11].http://www.moa.gov.cn/xw/qg/202206/t20220616_6402589.htm.

② 闵庆文,袁正,何露.澜沧江流域农业文化遗产考察报告[M].北京:科学出版社,2018:29.

① 多元民族文化融合的意蕴体现。云南自古就是多民族聚居的区域,各民族之间在农业方面的交往交流交融中形成了多元包容的农业文化。云南红河哈尼稻作梯田是哈尼族农业文化的灵魂,哈尼族人民的生产生活围绕梯田,处处是梯田文化的彰显。哈尼族的十月年、祭寨神、开秧门、捉蚂蚱节、六月节、尝新谷等重要节日,都与梯田农耕生产生活紧密联系,这些都是梯田稻作农耕文化绵延传承的见证。云南普洱古茶园是茶马古道的起点,是我国茶文化的中心,居住在这里的少数民族传承了系统的与生态环境相适应的茶树栽培方式、发酵加工工艺。

② 山地文化意蕴的展示。云南地势复杂,地域广阔,因而形成了多样的农业山地文化。山地文化体现了云南山水特有的风情,蕴含了人与自然和谐共处的理念。红河哈尼族山地文化是指红河哈尼族彝族自治州境内哈尼族在山地地区形成的特有文化,他们居住在梯田之间,日常修建的建筑都是独具一格的梯田造型和回廊式的民居风格,是红河哈尼族山地文化的特色与典型。这种建筑风格与周边的山峦起伏、梯田错落有致地完美结合,形成了独特的美感。因此,哈尼族山地自然文化也成了该地区文化的重要组成部分。

③ 生态农业文化意蕴的彰显。云南自古就是"天然的有机农业区",处处体现了对自然生态系统的保护和对农作物的科学种植管理。云南漾濞核桃-作物复合系统的生态农业模式基于绿色环保理念和自然生态循环原则,采用了生态农业技术,这一技术具备种植、养殖、观光、娱乐等多种功能,实现了种养一体化与多种产业链融合,其核心特点是多种农作物和畜牧业共生共养,与生态旅游、乡村休闲度假等多种业态共荣共存,是一种可持续的、绿色生态循环的复合种植养殖系统。云南双江勐库古茶园是以生态文明理念为指导,以有机生态农业生产方式为核心,通过标准化、规范化和可持续性发展建设,保护野生生态和传统茶树资源,实现生态、经济、社会和文化的和谐发展。

3. 农业文化遗产保护助推兴边富民的内在逻辑

云南是一个拥有多元民族文化遗产的省份。这些文化遗产不仅代表各个民族特有的历史、文化和艺术,也涵盖了这个地区的生产方式、生态保护和生活方式等方面。保护和利用这些文化遗产具有重要的历史、文化、经济和社会意义,可以促进云南地区的文化传承、旅游开发、经济发展和民生改善。

传承历史文化是助推乡村富裕的关键。云南漾濞核桃-作物复合系统以核桃果为核心产品,销售核桃果是当地群众的主要收入来源,再叠加其他作物收益,全村经济总收入可观。2007年以来,咖啡行业的专家学者们先后多次前往迄今已有100多年历史的云南宾川朱苦拉古咖啡林考证,证实了朱苦拉咖啡属于云南小粒波邦蒂皮卡品种,这一品种十分稀有且品质优良,堪称中国咖啡的"活化石"。特别是云南宾川朱苦拉现存的13亩咖啡林是中国最古老的咖啡林,这深厚的历史底蕴、鲜明的特色文化和永恒的民族风情,充分体现了咖啡的历史价值、文化价值与生态价值的统一,是云南咖啡生产和发展的历史见证与缩影,是中国咖啡产业发展的典型代表。

注重生产发展是云南农业文化遗产保护利用的重点。通过保护和利用这些文化遗产,改变生产方式、增加农产品销售渠道、促进农产品增值,可提高农业生产效率和质量,进而推动乡村振兴和农民增收,实现兴边富民。云南双江勐库古茶园与茶文化系统在我国社会主义新农村建设中发挥了重要作用。我国新农村建设方针"生产发展、生活宽裕、乡风文明、村容整洁、管理民主"的第一条就是生产发展,这是新农村建设的基础,只有通过扩大农产品的生产规模、依靠政策支撑、深化产品加工,才能促进云南农业文化产品等向休闲食品、健康营养食品、有机食品等的多样化发展,才能与消费者的需求契合,更好地推进新农村产业发展,增加农民收入,改善农村生活状况,进而逐步实现农民"生活富裕"。可以说,"生产发展"是新农村建设的首要任务。

综上所述,保护和利用云南农业文化遗产既是推进兴边富民的内在逻辑,又是对云南文化的保护和传承,也是促进当地经济发展、改善民生的有效途径。

3.2.3　打造优越的生态环境是实现兴边富民的长期性目标

打造优良的生态环境是实现兴边富民的长期目标之一。良好的生态环境,能有效地促进云南农村经济的发展以及民众生活质量的提高。反之,生态环境的破坏会导致各类资源枯竭、水土流失加剧、生物多样性减少等问题,对当地经济生产和居民生活造成不良影响。因此,提高保护云南生态环境的意识,加强环境保护工作,促进生态旅游和绿色经济等方面的发展,是实现兴边富民长期目标的重要途径。

1. 农业生物资源保护促进兴边富民

云南农业生物资源保护与兴边富民研究旨在保护云南丰富的农业生物资源,提高农民的收入和生活质量,推动农业产业升级,促进乡村振兴和农民致富。

① 日常习俗对于生物资源的保护。澜沧江中下游地区的很多少数民族都拥有独特的饮食习俗,有些少数民族喜食糯米制品,还有少数民族喜食辛辣食物,各异的饮食喜好形成了多种民族特色菜肴,也保障了持续使用这些资源制作各种风格的民族菜,保障了生物资源更好地保留与传承下来。例如,哈尼族、傣族、德昂族喜食糯米制的食物,不仅喜欢食用糯米和酒类,还用这些制品待客、庆祝节日和祭祀等,因此他们用以烹制糯米饭、酒酿等食物的糙稻、糯玉米、小米等粮食作物的地方品种得以长期保存。又如,拉祜族喜用鸡肉、软米或糯米煮成稀饭,再添加胡椒粉、草果面、辣椒面、茎菜根和盐等,制成鸡肉稀饭,因而符合他们饮食喜好的作物

传统品种得到了保护。

② 制度条例对生物资源的保护。为了加强古茶树资源保护,维护法制统一,普洱市人民政府颁布了《普洱市古茶树资源保护条例》《普洱市古茶树资源保护条例实施细则》。普洱市在全省率先落实名山普洱茶品牌质量追溯体系建设工作,成立企业诚信联盟,制定了比普洱茶国家标准更高的联盟企业标准,并实施《普洱市古茶树资源保护条例》,以加强对茶树资源的保护;还制定发布了"普洱茶十项标准",以提升普洱茶质量,全面提升云南普洱茶的口碑与知名度。同时,云南还将区块链技术与产品追溯体系深度融合,按照"源头可溯、去向可追、风险可控、责任可究、公众可查、社会共治"目标,建成云南省第一个普洱茶品质区块链追溯平台。"①云南双江勐库古茶园与茶文化系统是勐库大叶种茶资源的核心,双江拉祜族佤族布朗族傣族自治县为了保护这些资源,出台了《云南省双江拉祜族佤族布朗族傣族自治县古茶树保护管理条例》,对分布于县境内的野生古茶树、野生近缘型古茶树、栽培型古茶树的管理及开发利用从法律角度给予保护。

2. 建设美丽宜居乡村联动兴边富民

建设美丽乡村与兴边富民是当前中国特色社会主义建设的重要目标之一。建设美丽乡村与兴边富民的实现,需要政府、企业、组织和社会各界民众的多方努力,需要提高农业、旅游业的发展水平,加强人才培养和引进,推进生态文明建设,注重文化传承和保护,鼓励乡村旅游和民俗文化的发展。

① 提高产业发展水平。全面落实强主体、抓项目、精准发力,推动云南农业文化遗产保护利用,加大对经营主体的政策支持力度,有效激发农业发展活力,聚焦产业化项目建设与规模化发展,夯实产业发展根基等,保障产业高质量发展。普洱市为了扶持天士力帝泊洱、澜沧古茶、龙生茶业、祖祥茶业等龙头企业做优做强,引进香港新华集团、云南农垦集团、中国茶叶有限公司等在普洱投资,加快产业融资,促进茶叶产业发展。同时,融合发展也呈现新格局,当地政府与企业,通过建基地、拓市场、抓经营、做示范、促融合等措施,全面推进茶产业融合发展,实施"思茅区国家现代农业(茶叶)产业园""一县一业"示范县、普洱茶小镇、景迈古树茶小镇等重大建设项目,实现了产业链的深度延长。漾濞彝族自治县为提升核桃产业的绿色化、规模化、集群化、信息化、标准化及产业品牌的知名度与影响力,出台了《关于加快核桃产业发展的实施意见》,依托"核十条"的实施,力争全县核桃总产值达到80亿元。

② 加强人才培养和引进。通过"产学研融合＋新农科"模式,促进云南农业文

---

① 张红波.普洱茶品质区块链追溯平台启动,"茶脸识别"全程溯源[EB/OL].(2020-06-04)[2024-01-11].https://txpe.yunnan.cn/system/2020/06/04/030697514.shtml.

化遗产保护利用的专业人才培养模式创新与强化实践,化解学生返乡涉农就业意愿不高、专业人员实践能力与水平较低、农学专业课程设置不合理等问题,针对性地制定人才培养方案,保障农业保护与利用人才的质量。目前,普洱市人才培育取得了新进展,对茶企及新型职业农民培训达 2 万人次,在原有普洱学院、云南农业大学的基础上,新增省部共建的滇西应用技术大学普洱茶学院,三校均开设茶学本科教育,在校学生达 800 余名,为茶叶发展奠定了人才基础。同时,当地为了提升茶产业科技支撑体系,成立了国家级普洱茶产品质量监督中心、茶叶科学研究所、普洱茶研究院,共同为茶叶品质升级与品牌打造打牢了体系与制度基础。此外,漾濞地方政府为了加大对核桃产品的开发研究与推广力度,对始建于 1963 年的云南省林业科学院漾濞核桃研究院加大了支持与重视的力度。该研究院是目前国内唯一专门从事核桃科研推广的机构,主要研究云南核桃和美国山核桃的良种选育、丰产栽培及病虫害防治,并对研究成果进行推广[1]。

③ 推进生态文明建设,优化生产环境。随着规模农业、设施农业、观光农业与生态农业背景下新技术、新方法及新模式的运用,各种绿色要素实现了充分结合,沿着低碳循环路径,全面推进了云南的乡村振兴与新型城镇化建设。云南勐海古茶园与茶文化系统地处勐海县,是世界茶树原产地的中心地带,其境内生长着 1 700 多年的巴达野生茶树王和 800 多年的栽培型南山茶王,这些古茶树资源是实施生态保护工作的重中之重。近年来,剑川县狠抓生态治理与环境修复工作,从保护与治理共抓出发,促进生态治理工程涉及的一项项工作在剑川落地生根。截至目前,剑川县持续推进"森林剑川"建设步伐,实施森林管护 262.74 万亩。槟榔江水牛养殖系统作为农业文化遗产,对腾冲农业农村"转型创新"、"提质增绿"、"稳量增优"与"优势增效"发挥着积极影响,其长期以来践行"天人合一,与自然和谐共生"的生态发展理念,必将为促进当地农业高质量发展和推进乡村振兴发挥重要作用。

3. 深化农村改革,拉动兴边富民

农村改革是中国现代化进程的重要一环,也是实现兴边富民的重要途径之一。在深化农村改革的过程中,可以通过以下几个方面的努力来促进兴边富民。

首先,深化农村改革,要处理好农民与土地的关系。坚持处理好农民与土地的关系是农村改革发展的主线。农村改革,要扎实推进农村土地各项改革,在保障农民土地权益的根本前提下,推进土地流转和经营权市场化,鼓励农业产业模式创新,加快农村产业转型升级,提高农民的收入水平。云南红河哈尼稻作梯田系统下的元阳县坚持以耕作为主,加大土地流转制度建设,保护与传承好传统农耕技术,

---

① 贾枭.贾枭谈农产品区域公用品牌建设[M].北京:中国农业出版社,2022.

大力发展梯田优质米和特色农副产品,并为种粮农户积极争取良种、农资补贴等,提高其生产积极性,实现了综合效益的提高。云南漾濞核桃-作物复合系统,不仅充分发挥了自身优势,还通过漾濞县连接东南亚、南亚的重要通道优势,大力发展漾濞核桃专业合作社的品牌战略,拓宽销售渠道,促进漾濞核桃走出云南,走向国际,从而提高漾濞核桃与内陆地区核桃的市场竞争力。① 此外,在云南元阳古茶园系统中,小新街乡政府紧抓乡村振兴契机,大力推进土地流转,盘活土地资源,扩大茶叶种植规模,加大对农户种茶的帮扶力度,引导更多农户积极参与茶叶种植,带动全民就业增收。蒙自盛产的甜石榴已成为当地农民群众创业增收的支柱产业,曾经的贫困户通过土地流转、基地务工、包装物流等方式直接或间接受益,实现了增收脱贫。

其次,加强对特色产业和乡村旅游的支持。云南发展山区特色产业和乡村旅游的基础很好,这是创造更多就业机会、带动村民致富的关键。普洱市加大了茶叶深加工的力度,进一步优化了茶产品结构,开发出新的茶饮品,还对生茶、熟茶等进行了细分,通过采用不同的制作工艺,让各类茶叶发挥不同的功效,既体现了产业的精深加工布局,也是对茶叶多种方式的利用与开发。当地还依托"天士力帝泊洱生物茶谷""普洱有机茶产业示范园""中茶普洱茶庄园"等项目,在普洱布局了精深加工茶叶园区。为了实施茶叶产业发展项目,推动融合发展,普洱市政府创建了澜沧景迈茶产业融合发展示范园、思茅区"一县一业"示范县,大力推进千家寨爷号普洱茶产业园、百里普洱茶道、普洱茶博物馆等重大项目的落地,打造中国茶园综合体和茶主题健康生活目的地,全方位、多区域地促进茶产业融合发展。

最后,注重云南农村教育、文化和卫生健康事业。加大对云南农村基层医疗卫生、教育、文化、就业、住房、交通等公共服务的投入,提升农民的文化素质和整体生活水平。基层发展,就要借助县域城乡融合发展,尤其是要高质量推进以县城为重要载体的城镇化建设,加快沿边城镇带和兴边富民行动中心城镇建设。同时,深入推进云南县域农民工市民化,做好农民工的基本社会保障工作,推进金融与就业服务的支撑力度。做好县乡村公共资源梯度配置,推动城乡学校共同体、紧密型县域医共体、养老服务联合体建设,推动县域供电、供水、供气、电信、邮政、物流等服务类设施的建设和管护,有规划、有条件的地区应推动市政管网、乡村微管网等的延伸。

总之,深化农村改革是云南农村发展的重要保证,也是实现兴边富民的必由之路。通过实施一系列改革措施,可以促进云南农村经济的快速发展,推进农民增产增收,提升农民物质生活水平,推动乡村振兴战略的顺利实施。

---

① 崔艳慧,杨映礼,尹芳,等.基于SWOT分析的漾濞县核桃专业合作社发展战略研究[J].农业与技术,2016,36(24):177-179+234.

3.3　农业文化遗产保护利用与实现兴边富民相互促进

农业文化遗产保护利用与实现兴边富民统一于我国的根本奋斗目标。要不断发展生产力,坚持以人民为中心的根本立场,落实集中力量进行社会主义现代化建设的根本任务。在此基础上,逐步提高人民的生活水平,让人民群众过上美好富裕的日子。

3.3.1　农业文化遗产保护利用与兴边富民统一于我国的根本奋斗目标

农业文化遗产保护利用与实现兴边富民是相互促进的,只有通过有计划、有序地保护和利用农业文化遗产,才能够实现云南农业和乡村的繁荣发展,实现农民的幸福生活,同时也能够有效地传承和弘扬中华优秀农业文化遗产。

1. 农业文化遗产保护利用的多重意蕴都统一于兴边富民的根本目标

云南农业历史文化遗产的多重意蕴都可以统一于兴边富民的根本目标。云南农业历史文化遗产是重要的文化资源,对它的保护、传承和利用,对于实现兴边富民的目标有着重要作用。

首先,保护、传承和利用农业历史文化遗产,是保护中华农业文明的关键举措,是深化各民族对中华民族历史文化的认识、增强各民族的自豪感和文化认同感、强化各民族的爱国热情和责任感的基础,更是实现兴边富民目标的有力精神支持。普洱茶产区居住的民族多元,仅普洱市境内就有汉族、哈尼族、彝族、拉祜族、佤族、傣族等 26 个民族,其中世居民族 14 个,民族文化多样。多元民族与多样文化孕育出了风格各异的民族茶道、茶艺、茶礼、茶俗、茶医、茶歌、茶舞、茶膳等,丰富了茶文化和饮茶习俗。不同民族的茶加工和饮用方式各具特色,傣族的“竹筒茶”、哈尼族的“土锅茶”、布朗族的“青竹茶”、德昂族的“酸茶”、基诺族的“凉拌茶”、拉祜族的“烤茶”、彝族的“土罐茶”、白族的“三道茶”等已成为传统的饮茶习俗,代代相传。在各民族的婚丧、节庆、祭祀等场合,茶已然成为必需的饮品、礼品和祭品。同时,茶还发挥了提神解乏、消炎解毒等药用功效。所以,茶对当地各民族的影响已经渗透到生活、生产与精神的方方面面。

“漾濞核桃甲天下,独领风骚三千年”,这是漾濞打出的响亮口号。核桃使漾濞在国内外享有盛名,人们通过核桃进一步了解了漾濞的风土人情。核桃作为漾濞的致富源泉,也是令漾濞民众自豪的精神支柱,核桃文化自然成了漾濞的特色产业文化,这一文化源远流长。每年 9 月会在漾濞光明村举行庄严而隆重的核桃节请神祭祀活动,这一活动有着严格的流程与组织秩序,当地民众庄严肃穆地进行祭拜庆典,期盼核桃神保护村庄安宁康泰、六畜兴旺、核桃丰收、消灾除病,这既是中华民族文化的体现,又蕴含着对美好生活的期许与珍视。

其次,云南农业历史文化遗产的保护、传承和利用可以促进当地农业的可持续发展。传承和发扬各民族的传统农业技术、栽培方法以及农业文化活动,可以促进当地农作物绿色可持续发展,让农民享受更大收益,助力乡村振兴。云南双江勐库古茶园与茶文化系统的技术体系,从地块选择开始就包含了传统生态理念和方法:要在向阳坡地上土质肥厚、日照充足、雾露较多、湿度较大的地块种植——如此才有"高山云雾出好茶"的说法;茶叶品种与种植模式的选择,都是为了促进品种的优化;在茶园的日常管理中,不依赖农药,不施化肥;整理树冠时,仅进行轻微的人工修整与处理,多让古茶树自然生长;[①]在茶叶采摘方面,严格按照节气与植物生长规律,只采春、夏茶,并选在天气晴朗时采摘;在灾害防御技术方面,遵循"预防为主、综合防治"的茶树保护原则,以保护茶园生态环境、平衡茶园微环境为基础,加强合理管控、科学施肥、及时采摘等农业栽培管理措施;在保护和利用天敌方面,积极发展生物防治技术,全面推行茶园病虫害防治。同时,"采用茶园覆盖、茶园灌溉、茶园间作和肥塘管理建设茶、林、果复合生态茶园,提高茶树抗旱防冻能力;生态环境保护技术方面,采用高大乔木-茶树-绿肥立体复合的模式种植生态茶园,根据所处地块的生态环境因地制宜,中间种植茶树,尽量保护茶园中的树木、植被,使茶园遮阴达 30%,地表种植绿肥或有根瘤菌的植物以保水保肥。最终建成林中有茶,茶中有林的生态茶园"。[②]

最后,保护、传承和利用云南农业历史文化遗产,可以推动云南农村地区旅游与文化产业的融合发展,带动当地经济振兴,促进当地民众增收,实现兴边富民的目标。作为 GIAHS 和首批 China-NIAHS 的云南红河哈尼稻作梯田系统因其"森林—村庄—梯田—水系"四素同构的农业生态系统,具有显著的旅游产业发展潜力[③]。红河哈尼族彝族自治州政府设立了水稻种植专项补贴,建立了水稻作物种植合作社,大力进行招商,引进红米精细化加工企业,提升了农户的生产和参与积极性。同时,与旅游开发公司积极合作,在基础设施建设、旅游品牌推广、资金贷款等方面加大投入力度,加快当地产业发展壮大,并引导和鼓励农户适度参与旅游接待,再结合"种植+加工+旅游"的三产融合发展,使农户的农业生产得以维持,家庭收入也显著提升[④]。

　　① 闵庆文.澜沧江流域农业文化遗产考察报告[M].北京:科学出版社,2018:35.
　　② 闵庆文.澜沧江流域农业文化遗产考察报告[M].北京:科学出版社,2018:36.
　　③ 杨伦,刘某承,闵庆文,等.哈尼梯田地区农户粮食作物种植结构及驱动力分析[J].自然资源学报,2017,32(1):26-39.
　　④ 红河哈尼梯田世界文化遗产管理局.2018 年云南红河哈尼稻作梯田系统保护发展工作报告[C]//农业农村部国际交流服务中心.乡村振兴与农业文化遗产:中国全球重要农业文化遗产保护发展报告 2019.北京:中国农业出版社,2019:91-97.

云南双江勐库古茶园与茶文化系统,开启了双江的文旅融合发展之路。以"冰岛"为核心品牌,以"溯茶源、拜茶祖、谈茶史、学茶识、游茶山、品茶香、吃茶餐、浴茶汤、观茶艺"为主题,①从过去的"食、住、行、游",拓展到"购、娱、网、厕"等八大要素旅游,并和"商、养、学、闲、情、奇"等多样化需求紧密结合,来激活新业态发展的新动能,构建以普洱茶文化体验为主的旅游文化 IP,培育以多元民族风情体验为特色的文旅 IP 产品,努力实现"以茶带旅,以旅促茶",把双江建设成集茶观光、茶休闲、茶体验、茶养生、茶娱乐为一体的茶旅融合发展示范区。

综上所述,农业历史文化遗产的多重意蕴都可以统一于兴边富民的根本目标。通过保护、传承和利用农业历史文化遗产,可以增强文化认同感和归属感,促进农业可持续发展,促进经济发展和创造就业机会,使人们过上更加美好的生活。

2. 农业文化遗产保护利用的多措并举都统一于兴边富民的根本目标

农业文化遗产保护利用的多措并举可以统一于兴边富民的根本目标。扩大就业、强化教育宣传及促进文化守正创新等,都是推进乡村振兴与云南民众富裕的主要举措。

首先,扩大就业是做好云南农业文化遗产保护利用的重要举措。通过开展云南特色文化旅游,促进各类产业融合,在很大程度上会增加就业机会与岗位。云南红河哈尼稻作梯田系统下的元阳县为了提高生产效率做大做强产业,大力延伸哈尼梯田农产品的产业链,延伸产业链的同时也增加产品的附加值,扩大了产业的规模与企业的数量,无形之中也带动了当地的就业与民众收入的增加。目前,元阳县注册了"阿波红呢"、"元阳红梯田红米"和"梯田印象"等系列商标②,形成了哈尼梯田红米产品的系列品牌,这些品牌的发展离不开多个产业、各类企业、多元主体的综合支撑,其背后有着大量人力资源的保障。当地的企业坚持绿色、创新、发展理念,开发哈尼梯田红米、梯田茶、稻鸭蛋等生态农产品,还成功推出了红米糊、红米茶、红米酒等系列加工产品,目前在积极研发红米牙膏、红米洗发露与红米沐浴露等日用品,人力资源需求再次上升。随着互联网与特色农业相结合的销售模式的大力推行,当地政府通过"请进来"与"走出去"相结合的方式,打造了电商县域平台、商城平台、微信公众平台、天猫店铺、淘宝店铺、京东店铺及民众网店等分销代理渠道,来销售梯田红米、梯田鱼、梯田鸭蛋等稻鱼综合种养相关农产品。这些不同类型的产业、产品是推进就业的前提,为当地及外地的民众提供了更多的就业与创业机会,也使得个人的价值得以发挥,是实现云南农村发展的基础。

其次,教育和宣传是加强云南农业文化遗产保护利用的核心手段。将农业文

---

① 杨莹彪,彭连清,赵晓晨,等.调整生产结构　促进茶产业绿色发展[J].云南农业,2021(10):39-41.

② 云南省红河哈尼族彝族自治州.千年梯田哈尼 绽放生态活力　一产助推旅游　二产服从生态　三产激活全局[J].中国生态文明,2019(2):64-68.

化遗产融入普通中小学、幼儿园、特殊教育学校、专门学校、高等院校的课程体系之中,增强不同层级学生对农业历史文化的认识,为保护农业文化遗产和振兴农业提供人力与思想支撑。一些机构与学校也发挥了很好的宣传作用,比如云南省茶文化博物馆。作为省级茶文化专项博物馆,云南省茶文化博物馆是向国内外宣传云南茶文化的重要公益窗口,场馆内展藏有云南普洱茶、茶具等,同时还为参观博物馆的游客提供云南普洱茶茶艺体验,从润杯、落茶、洗茶、冲茶、倒茶、点茶等方面,为来访的游客提供免费品茗、茶艺演出及茶文化知识交流学习,增加游客对普洱茶文化知识的了解和互动体验。同时,也为到访云南、有品茗或送礼需求的游客满足购买需求。

最后,守正创新是提升云南农业文化遗产保护利用水平的主要方式。相比其他文化遗产,云南农业文化遗产在利用方面相当特殊,也极具特别价值,更要利用现代科学技术对传统农业模式与理念进行创新和变革,将其发展成为更具市场竞争力的新产品或个性化服务,增加云南地区民众的经济收入。以云南普洱古茶园与茶文化系统为例,为了提升普洱茶区域公共品牌,建立了"一个公共品牌、一套管理制度、一套标准体系、多个经营主体"的公共品牌管控体系,争取注册地理标志产品证明商标。积极支持申报、创建地理标志产品,申请注册古茶山地理标志产品证明商标。① 同时,还着力打造绿色有机茶"区域公用品牌+企业品牌+产品品牌"三位一体的品牌体系,利用各方媒体媒介做好形象公关,讲好有机茶品牌故事,凸显产品优势,传播品牌价值,扩大品牌的影响力和传播力,尤其是巧妙借助漾濞核桃表面的"黑斑",科学阐释其并非病变或变质,原因在于漾濞是山区,核桃树多长在山坡或地势陡峭的地方,采核桃时用竹竿敲打,核桃掉到地上,青皮砸进地面,核桃凹陷的部分氧化后变黑,因此外壳带斑。农业经济学者贾枭认为,黑斑并非病变或变质,而是生态产品的"标签",是重新定义"好核桃"的标准,是漾濞核桃品牌创意的切入口,创建了"漾濞核桃,仁好"的价值主张。

综上所述,农业文化遗产保护利用的多种措施都以兴边富民为根本目标。通过保护和传承文化遗产能够激发人们的文化自信,促进当地经济发展,改善人民生活,实现兴边富民目标。

3. 农业文化遗产保护利用的理念方针都统一于兴边富民的根本目标

农业文化遗产保护利用的理念方针:保护为主、继承创新、开放共享及经济效益,都统一于兴边富民的根本目标。

① 保护为主是重要前提。保护是基础,保护云南历史文化遗产的完整性、真实性、原始性及多样性,防止遗产被各类因素破坏或流失,保证云南历史信息的真

---

① 周晓红,许金伟,张星海.浙江省茶产业传承发展现状与对策建议[J].中国茶叶,2018,40(8):41-45.

实可信,是推动云南文化发展、经济繁荣的基础,同时也有利于保护云南的环境、生态和民族文化的传承。在 21 世纪之初,联合国粮农组织就提出了对"全球重要农业文化遗产"进行保护的倡议,在其颁布的文件中,强调要以"保护传统农业系统的景观、在地知识和文化以及生物多样性"为主导,来推动农业的可持续发展。2015 年,我国发布了《重要农业文化遗产管理办法》,确立了"在发掘中保护,在利用中传承"的农业文化遗产保护方针,并提出了"动态保护、协调发展、多方参与、利益共享"的基本原则。各地在农业文化遗产保护中也都采取了许多行之有效的举措。比如,云南省元阳县成立了"哈尼梯田保护管理委员会",配备了专职人员,拨付了专项经费,并颁布了《哈尼梯田保护管理办法》。

② 继承与创新是核心途径。在保护云南农业文化遗产的同时,也要不断更新和变革,以全新的方式展现出云南农业文化遗产的价值和魅力。创新应重视与优秀历史文化的内核结合,更要协调传统与现代的对接与联结,只有这样才能让传统与现代互促互融、互补互进,实现云南农业文化遗产的鲜活久远。云南农耕文化源远流长、底蕴深厚、内容多样,是中华文明的重要体现之一,也是传承中华文化价值的根基,挖掘、保护和传承优秀农耕文化的意义重大。为挖掘、保护、传承和利用好我国数千年传统农耕文化,2012 年,农业农村部启动了"中国重要农业文化遗产"发掘工作,对保护与传承云南传统农耕文化起到了重要作用。

③ 开放共享是关键途径。促进云南文化遗产开放共享,提高各族民众的文化认同和品位,为更多省内外、国内外的游客提供了解云南农业文化遗产的机会,真正实现大众对云南农业文化遗产广泛接触、积极参与、强化展示,全面推进人类文明多元化、长足化发展,对于文化遗产保护以及对外传播是极其重要的。云南农业文化遗产地蕴含着原生型民间文化,这些文化具有多样性、民间性、差异性和分散性等特征,是中华文化多元一体的体现,更是中华文化博大精深的见证。这些文化是云南农业文化遗产地世代居住的农民在精耕细作的生产中的经验总结,是一代代人延续下来的充满智慧的农业生产技术,更传承着巧用自然规律的农业理念和农耕模式,承载着遗产地居民这一群体的集体记忆。这是属于这一特定人群共同体的表述、认同与传承,有很强的稳定性、延续性,其所包含的精神价值体系是民间社会的重要精神纽带和支柱。所以,云南农业文化遗产是中华农耕文明蓬勃发展的物质和文化基础之一。云南历史悠久、地域特色鲜明,也烙刻着独特、丰富的农业文化基因。

④ 经济效益是重要考量。农业文化遗产保护利用的前提之一是更好地服务经济。因此,云南农业文化遗产的保护利用无法脱离经济的底色,要充分发掘农业文化遗产的实用性和经济价值。要将文化与农业资源转化为潜在经济能量,需要协调好经济利益与保护利用云南农业文化遗产的关系,要在坚守本原的同时,推动

云南地区经济转型发展,增加当地民众收入,实现兴边富民目标。同时,要将农业文化遗产下的各类特色产品与云南农业文化遗产地的地域文化、地理特征和历史沿革进行有效结合,通过"绿色商标"、"历史商标"、"人文商标"、"地域商标"和"文化商标"等赋予云南农产品丰富多样的文化内涵,如此必能产生巨大的经济效益和社会价值,使云南农业文化遗产地的农业和农产品形成独具特色且有影响力的整体优势,增强综合市场竞争力。此外,还要发挥农产品的品牌效应,优化其包装与宣传,利用现代市场营销方式,不断扩大农产品的影响力。漾濞县就以创建"一县一业"为契机,按照"抓有机、创名牌、育龙头、占市场、建平台、解难题"的产业发展思路,努力提升漾濞核桃产业的规模化、专业化、绿色化、组织化、市场化水平,以大理漾濞核桃产业园为核心,加强交易市场体系建设,大力推进核桃相关一二三产业的融合发展,打造世界一流核桃"绿色食品牌"①。

因此,云南农业文化遗产保护利用的理念和方针都以兴边富民为根本目标。要从保护、创新和经济效益等几个方向来提升农业文化的综合价值和应用效益,实现文化遗产的传承、利用和多元化发展。

3.3.2　农业文化遗产保护利用与实现兴边富民统一于我国的根本立场

农业文化遗产保护利用与实现兴边富民都是以人民为中心的,这是实现中国特色社会主义的本质要求之一。既要保护文化遗产,又要满足人民群众的需求,同时还要促进经济社会的可持续发展和人民群众获益。

1. 以人为本,让农业文化遗产绽放光芒

以人为本是农业文化遗产绽放异彩的前提。以人为本是指把云南地区各族人民的利益放在中心位置,关注他们的需求,依据人本主义思想做出科学合理的决策和行动。在云南农业文化遗产保护利用中,以人为本的理念尤为重要。

首先,以人为本能够增强云南农业文化遗产的内在价值和吸引力。众所周知,云南农业文化遗产是历史文化的珍贵遗物,具有独特的价值和意义。但是云南农业文化遗产的生命性,在于其与人产生联系才能得到有效的保护和利用,才能充分发挥其内在的价值。因此,以人为本的理念可以让人们重新认识和关注文化遗产,提高其内在价值和吸引力,凸显云南农业文化遗产保护利用的各层价值。一是文化价值。云南农业文化遗产承载了云南特有的多种民族文化和价值观念,是云南农耕文化最好的见证。二是艺术价值。云南农业文化遗产中蕴含着许多独具特色的制造技艺和工艺品,具有较高的文化、艺术品位和收藏研究价值。三是经济价

---

① 漾濞:打造世界一流核桃"绿色食品牌"[EB/OL]. (2021-06-18)[2024-01-10]. https://lcj.yn.gov.cn/html/2021/guonei_0618/63002.html.

值。云南农业文化遗产中的很多物品和文化元素都可以被开发成为旅游资产，形成文化符号，成为吸引游客的 IP。四是科技价值。云南农业文化遗产展现了我国古代农民的农业技术和技艺，包含了各类种植、养殖、加工方法等，可以让我们深入了解先民智慧和技术的发展历程。五是历史价值。云南农业文化遗产反映了历史上云南乃至全国的农业发展历程，对于了解中国农业的发展历史和文化演变特别有价值。

其次，以人为本能够促进云南农业文化遗产的传承和发展。文化遗产的保护和利用是一个需要广泛参与、集聚力量、综合推进的过程，需要全民的协同努力。以人为本的理念可以激发民众对云南历史文化遗产的兴趣和热情，促进文化遗产的传承和发展。云南农业文化遗产保护利用以人为本体现在以下几个方面：一是保护与传承传统习俗。云南地处边陲，蕴含着多元的少数民族文化，其中很多习俗、传统技艺及农业模式都与当地民众息息相关，保护这些文化内容，促进它们的传承和发展，就是从根本上保护民众的利益与文化要素。二是挖掘农业文化的历史价值。云南拥有悠久的农业历史文明，很多农业文化遗产价值深厚。积极挖掘农业文化遗产价值，通过展览、教育及宣传等多种方式，让更多人了解到中国传统农业文化的重要性，赓续农耕文明，同时提高民众的文化素养和认同感，也是从人的发展层面做好农业文化遗产的保护利用。三是云南的农业特色旅游。在传承和利用农业特色文化的同时，拓展了文化旅游资源，提升了旅游业的质量和形象，对云南的旅游经济发展起到了积极作用，也为当地民众带来了更多的收益与机会。四是吸引人才，推动农业技术发展。云南的农业文化遗产是当地农业文化的重要组成部分，也是当地农业技术发展的根基。云南在保护和利用农业文化遗产的同时，也为各类科技人才提供了良好的平台。科技人员通过研究农业文化遗产，可以推动当地农业技术的发展创新。

最后，以人为本可以促进文化遗产和农业生产的有机结合。云南农业文化遗产不仅是历史文化遗产，也是农业生产的重要资源。以人为本的理念可以促进云南农业文化遗产和农业生产的有机结合，推动农业文化遗产的保护和利用，促进云南农村经济的发展，提升人民群众的收益。云南"稻麦复种"农耕文化的发源地，是从人的基本需求出发，在日积月累中形成的。剑川地处横断山脉末端与云贵高原交界处的大理洱海地区，立体垂直分布的气候生态系统，这里气候温和，阳光充足，土质肥沃，无霜期长，适于发展农耕和畜牧业，稻作文化历史悠久。

因此，以人为本是农业文化遗产绽放异彩的前提，必须充分考虑人民群众的需求和利益，促进文化遗产的传承和发展，为农村经济发展注入新的活力。

2. 以农民为本是云南农村农业发展之本

以农民为本是发展云南农村农业的根本，这是因为农民是农业生产的主体，农村农业的发展离不开农民自身的积极性、创造力和参与性。农民是农业生产的直接受益者,农村农业的发展要想根本性地解决农民的经济问题,必须以农民为本。

以农民为本的理念强调的是发挥农民在农村农业中的重要作用。这就要求政府和相关职能部门在农村农业的发展过程中积极倾听农民的意见和建议,为农民提供必要的帮助和支持,协助和引导农民在生产、管理、经营、科技创新等方面取得更好的成效。同时,也需要改变农民与政府、市场、组织、科研机构等之间的传统关系,真正把农民放在经济发展的核心地位。剑川县在开展经济工作方面,就是坚持以当地农民利益为根本,抓住"一带一路"和孟中印经济走廊建设的重大机遇,着力围绕城镇化建设、项目开展、发展特色产业、促进文化旅游、强化生态文明等各项工作,主动适应经济新常态,谋求剑川新发展,真抓实干,全县经济社会发展保持了健康平稳的势头,为全县人民建设美丽幸福新剑川打下了坚实的基础。

以农民为本的理念还需要以更高的农业发展目标为导向,围绕农业发展质量提升、效益提高、生态环境保护等方面加强农业发展。倡导农村科教兴农、文化繁荣、社会和谐等方面的发展,才能为农民和社会各方面提供更好的农产品和财富,才能把农业发展推向另一个高峰。云南省广南县八宝镇在 2020 年获评国家 3A 级旅游景区"中国农业公园",当地为深入推进"十百千万"工程建设,进一步培育优质八宝米,打造八宝世界稻作文化品牌,扩大文化影响力,切实推进田园综合体项目建设,实现一二三产业深度融合发展,助力乡村振兴,真正为农村农民办实事。八宝镇八宝米核心区位于皇家御田景区,当地围绕八宝米和壮乡文化,打造集农业生产、稻田文旅、特色手工艺、农特产品深加工及生物多样性保护等于一体的乡村振兴示范园,并新建高标准农田万亩、有机林下种植区万亩,还新建了农产品加工园、冷链物流园,配套田园综合体智慧管理平台;按照 5A 级景区标准,打造 13 个"农业＋文旅"融合发展组团,新建游客综合服务中心、八宝稻香主题体验街、籼米和壮族稻作文化展示区及生物多样性博物馆等,全面提升八宝河沿河景观,丰富八宝稻作文化,这些都是从农民的根本利益出发,为当地产业发展作出了巨大贡献。

3. 促进兴边富民要以人为本

促进兴边富民要坚持以人为本。因为人是云南农业文化遗产发展的主体和农业生产的关键,只有把人的需求和利益放在首位,才能真正做到兴边富民。

科教兴农,弘扬农耕文明。科教兴农是以科技创新、高质量发展为目标,推动现代农业发展的战略。一是促进云南农村文化建设,开展各类技术培训和科研合作,提高农民基本素质和农业技能,激发农民的生产积极性、创新精神和热情。二是通过宣传教育,普及与农业文化遗产相关的法律知识和科技成果,提高农民的思想认知,推进农村文明发展。三是利用现代科技手段对云南农业文化遗产进行保护和利用。通过数字化技术对传统农具及种植、养殖方法等进行存档、记录和保存,利用虚拟现实技术、数字化技术生动地展示云南农业文化遗产。四是通过科学研究揭示云南农业文化遗产的历史变迁、文化传承和技术革新,让更多的民众了解、关注和认识云南农业文化遗产,从而增强保护意识。五是在云南的农业保护与技能培训课程中添加文化遗产方面的内容,让学习者更好地了解、传承和利用云南农业文化遗产。六是在云南的重要节日、文化活动中,将云南农业文化遗产作为主题,举办展览、课程教学、体验活动等,让更多的人了解和认识云南农业文化遗产。

利用云南农业文化遗产推动农业产业发展。通过传统农业文化的传承和创新,发展特色农业产业,结合云南的文化历史和自然资源,进行生态农业产品推广等。以云南省林业科学院漾濞核桃研究院为例,其成立于 1963 年,是专门从事核桃科研推广的机构,主要开展核桃、山核桃生物学生态学基础研究,种质资源、良种选育与丰产技术研究,以及鲜果储藏保鲜,核桃油脂、蛋白、硬壳、青皮等成分分析与综合利用技术研究,核桃专用机械开发研究等,筛选出了云南核桃主栽良种,为生产明确了方向,确立了云南核桃良优品种的地位。诸多科研成果对云南乃至全国核桃产业发展起到了重要的科技支撑作用,培养了一批高层次的核桃研究科技人才,取得了显著的社会效益和经济效益。

为了推进云南西畴乌骨鸡养殖系统发挥重大效能,西畴县依托各级各类培训,定期或不定期地开展乌骨鸡产业科技培训。先组织党员干部学习知识、技术与专业能力,发挥党建引领作用,落实"双培养"机制,把党员干部培养成产业致富带头人,再引导农户向干部看、跟党员学。近年来,全县 9 个乡(镇)分管产业工作的干部、农业综合服务中心负责人、养殖专业合作社社员、家庭农场骨干、乌骨鸡养殖大户等,均已通过参加培训提升了养殖技能。当地的各类培训采用"集中授课＋外出观摩"的形式,以通俗易懂的语言向养殖户详细讲解乌骨鸡的养殖现状、饲养管理、常见畜禽疾病的防控等内容,进一步引导养殖户转变养殖观念,提倡科学健康饲养理念,为西畴县乌骨鸡产业的发展提供了技术支撑。①

加快发展农村经济,落实各项农业增效、农村富民政策,依托农村特色优势,提高农村经济效益和发展质量。云南省"十四五"规划提出,充分发挥元阳哈尼梯田世界文化遗产的自然和人文资源优势,推进元阳哈尼梯田世界文化遗产旅游区等一批重大重点项目,以建水—元阳为核心,辐射带动滇南城市群和滇东南旅游区,形成沿边跨境文化旅游带和大滇西旅游环线拓展区。

云南双江勐库古茶园与茶文化系统下的双江自治县茶产业在社会主义新农村建设中也发挥了重要作用。

要进一步健全现代农业体系,以农村产业融合为重点,发挥特色农产品的优

---

① 郑舒予.党建引领乌骨鸡产业"孵"出振兴致富路[EB/OL].(2023-05-18)[2024-01-10].http://szjj. china.com.cn/2023-05/18/content_42372722.html.

势。结合产业体系、生产体系、经营体系"三位一体"的理念来健全现代农业体系，加强旅游业产业体系建设，加强乡村旅游、文化旅游规划，推动区域旅游产业快速发展，打造出具有较强影响力和吸引力的特色旅游品牌，并注重生产体系建设，积极调整农业生产结构，优化农业产业布局，实现农业区域专业化，延长农业产业链条，促进农村地区一二三产业融合发展。此外，强化经营体系，从生产手段、专业技术、劳动者、组织管理、基础设施等方面实现经营体系的现代化建设。云南双江勐库古茶园与茶文化系统，为了发挥特色产业优势，全力提升区域公共品牌，加快对品牌的整合力度，针对勐库大叶种茶农产品地理标志认证、中国重要农业文化遗产等公共品牌，制定了品牌管理和使用办法，还围绕云南双江勐库古茶园与茶文化系统开展申报全球重要农业文化遗产工作，积极打造"双江茶、勐库牌、冰岛魂"，进一步强化品牌形象，强化品牌管理，提升冰岛茶品牌效应，培育"云茶"顶端品牌，积极创建勐库大叶种茶知名品牌示范区和国家有机产品示范区。

总之，要以云南人民为根本，通过兴边富民来提高人民的生活水平和幸福感，努力实现共同繁荣和可持续发展。

3.3.3 农业文化遗产保护利用与实现兴边富民统一于我国的根本任务

云南农业文化遗产保护利用和实现兴边富民与我国社会主义现代化建设的目标是统一的。云南农业文化遗产保护利用是促进农业发展的有效途径，是提升旅游发展的有力手段，是助力文化传承的必要条件以及推动品牌建设的重要手段。总之，云南农业文化遗产保护利用和实现兴边富民都是为我国社会主义现代化建设服务的，需要多方面的合作，共同推动云南农业文化遗产的保护、传承和利用。

1. 农业文化遗产保护利用"活"起来是农业现代化的重要组成部分

云南农业文化遗产保护利用"活"起来，是促进农业现代化的重要路径，要从增加农业科技含量、提升农业生产质量、加强农业产业升级等方面实现对其更好的保护利用和农业农村现代化。

增加农业科技含量。云南的农业文化源远流长、根基深厚，其中蕴含了大量先民的农业经验和智慧。利用这些农业文化遗产，可以为农业现代化注入新的思想和方法，提高农业科技含量，推动农业产业的创新发展。普洱市就将现代化技术与农业技能结合，落实"互联网＋"行动计划。一是利用互联网、大数据、云计算为企业调整发展规模、产品方向和创新内容提供更科学的数据依据。二是通过互联网、大数据、人工智能，进行目标客户的精准定位，并为客户提供精准服务，与客户保持及时密切的互动，真正做到了在实践中不断改进产品质量、推动产品创新。三是互联网促进了商流、物流、信息流、资金流等多方面的融合，极大地压缩了中间环节，降低了生产成本，提高了流通效率，重构了新的流通渠道和方式，改变了茶叶行业的竞争格局,开启了茶叶产业发展的新时代。同时,还建立了农科教产学研联盟,围绕全产业链的科技需求,突出品种创新、良种良法优化、农机农艺提升、资源环境可持续发展、农产品质量安全、农产品深加工、冷链物流、防灾减灾等关键领域,组织开展联合攻关,提高技术创新能力。

提升农业生产质量。云南的农业文化丰富多彩,当地农产品的品质和口感因此独具特色。通过保护和利用这些农业文化遗产,既能提升农业生产质量,又可推动农产品的升级换代,提高农产品的附加值和市场竞争力。普洱市以建设设施化、数字化、规模化、有机化的优质基地为出发点,提高生态茶园建设质量,加强茶园水利基础设施建设,全面推行茶园有机化管理,推广有机茶园建设技术,逐步实现全域茶园绿色有机管理,新增有机认证及有机转化茶园到 2025 年达到 100 万亩。此外,普洱市还支持科技攻关和产品研发,尤其是重点支持有机茶生产技术和物联网技术在绿色有机茶生产中的合理运用,大力推广应用绿色有机茶园生产管理集成技术;注重对外合作与人才培养,建立专家工作站,鼓励支持全产业链融合发展,并开展绿色有机茶园智能管理培训,实现绿色有机茶园生产、管理人员培训全覆盖。

推动农业产业升级。云南的农业文化遗产涵盖了种植、养殖、加工等多方面的技术和知识,这些都是现代化农业产业发展的基础。通过利用和传承这些文化遗产,可以推动农业产业升级,实现从传统农业向现代化农业的转型。普洱市就以抓龙头、做加工来做强第二产业。例如,扶持和培育澜沧古茶、天士力帝泊洱、龙生茶业、祖祥茶业等一批本土优势企业成为"云南十强企业",支持澜沧古茶、天士力帝泊洱上市,到 2025 年,新增 13 家规模茶企。同时,普洱市也注重优化营商环境,大力宣传并用活招商引资奖励政策措施,强化投资与产业精准对接,真正落实了引进大企业、落地大项目、带动大发展。此外,为了加快推进与云南农垦、中茶集团合作,加快普洱有机茶产业示范园、中茶普洱有机庄园项目建设,不仅重视转变服务方式、提升服务质量,还积极实施一企一策、政企一对一亲人式联系服务保障机制,确保各项政策措施宣传落实到位。

综上所述,云南农业文化遗产保护利用"活"起来,对推动农业现代化、提高农业科技含量、提升农业生产质量、推动农业产业升级以及增加农民收入等方面,都有着重要的作用和意义。

2. 实现农业农村现代化是全面建设社会主义现代化国家的重大任务

实现农业农村现代化是全面建设社会主义现代化国家的重大任务之一,关系到国家现代化建设全局。

第一,坚持农业农村优先发展,全面实施乡村振兴战略,以改革创新为根本动力,以促进农民增收为主线,以满足人民对美好生活的需要为根本目的,牢牢守住粮食安全和不发生规模性返贫的两条底线。云南省对农业文化遗产的保护利用,严守耕地红线,节约集约用地,加大保护力度,树立"大食物观",保障重要农产品的有效供给,推动特色农业高质量、现代化发展,完善城乡一体的农村基础设施,健全普惠共享的农村公共服务体系,持续改善农村人居环境,不断推进乡村治理体系和治理能力现代化,走出了一条具有云南特点的乡村振兴道路,开启了全省农业农村现代化建设的新征程,为与全国同步实现农业农村现代化开好局、起好步。同时,强化制度性供给和政策设计,从顶层设计上破除阻碍农业与各类产业要素自由流动、平等交换的体制机制壁垒,改变各类资源要素向城市单向流动,构建城乡互补、全面融合、共享共赢的互利互惠互享机制,让土地、资金、技术、人才等各类发展要素更多地流向农业与农村地区。

第二,把保障粮食安全作为农业现代化的首要任务,深入实施藏粮于地、藏粮于技的战略。首先,粮食安全是"国之大者",全面落实粮食安全党政同责,牢牢守住十八亿亩耕地红线,坚决遏制耕地"非农化"、基本农田"非粮化",做到永久基本农田要重点用于发展粮食生产,要保障高标准农田全部用于粮食生产。云南省要加强粮食生产功能区建设,以永久基本农田保护区、粮食生产功能区、重要农产品生产保护区为重点,强化农田水利设施与配套建设,大力推进建设高标准农田,采用工程、农艺、生物措施综合治理,夯实粮食生产基础。其次,为了进一步提升粮食产量与质量,要大力实施科技增粮措施,加大粮食作物新品种的研发力度,积极研发高产、优质、抗旱、抗逆、适应性广、适宜机械化耕作的粮食新品种,推进良种良法配套,推广精细播种、科学施肥、病虫害综合防治、杂交稻旱作等关键农业技术,全面提高粮食单产。再次,云南全面实施三大粮食作物完全成本保险和种植收入保险政策,积极争取国家早稻生产补贴等政策,适时出台省级稻谷种植专项补贴政策、晚秋粮食奖励政策和产粮大县、产粮大户奖励等政策,完善农作物最低收购价政策,着力保护和调动各级党委、政府重农抓粮、农民务农种粮的积极性。最后,要努力挖掘粮食生产潜能,大力发展鲜品粮食、杂交稻旱种和晚秋粮食生产,扩大各类粮食作物种植面积,并支持规模经营主体开展优质粮加工,配套收粮储粮设施,推进品牌化营销,延伸产业链。各个部门要强化粮食安全责任制考核,严格落实粮食安全党政同责的要求。开展粮食节约行动,反对食物浪费。

第三,深入打造"绿色食品牌"。聚焦粮食、核桃、茶叶、水牛和乡村旅游等重点特色产业,加快加工业和服务业增值,构建现代农业产业体系、生产体系、经营体系,全面提高重点产业质量效益和综合竞争力,加快推动云南省由特色农业大省向现代农业强省迈进。到 2025 年,云南"绿色食品牌"重点产业综合产值将达到 1.6 万亿元以上,国家农业绿色发展先行区和全国绿色农产品生产基地建设取得重大进展。云南省大力发展现代种业,坚决打好种业翻身仗,以构建云南高原特色现代种业体系、提高农业良种化水平为目标,聚焦"保、育、测、繁"四个环节,统筹推进农作物、畜禽、水产种业创新发展。云南新平古茶园与茶文化系统所处的新平县哀牢山片区生态环境优越,分布有大量古茶树,但因科学管理不足,茶产量低,且缺乏市场竞争力,后茶园流转,企业严格按照有机茶的种植技术与标准,经过认证机构为期3 年的监管,2021 年这片茶园获得了"有机茶产品"认证,2024 年开始大量生产有机茶,经济价值比认证之前至少翻了一番。所以,绿色品牌的打造是促进云南农业遗产发挥效能的重要措施。

3. 中国式现代化进程中加快推进兴边富民稳边固边

中国式现代化进程中加快推进兴边富民与稳边固边,是实现全面建设社会主义现代化国家的重要举措。兴边富民主要体现在经济、文化、社会等各个领域,发展边疆地区,建设公共基础设施、优质教育、医疗卫生服务体系,增加农民和牧民的收入,改善人民生产生活条件。稳边固边是指加强对边疆地区的综合治理和管理,保障边境安全,维护社会稳定,同时增强边疆居民的幸福感和归属感。这不仅有利于国内稳定,还能加强与邻国的友好关系,为推进"一带一路"倡议奠定良好基础。

实施农业市场主体倍增计划。激发云南农业文化遗产的活力,关键在于加快培育壮大以农业企业和农民专业合作社为重点的新型农业经营主体,鼓励农村创新与创业,建立一批绿色化、标准化、数字化的农业生产、加工、流通、服务企业,培育发展农业加工企业。此外,更要加大招商引资力度与政策扶持,强化企业管理服务,培育"绿色食品牌"重点产业链"链住"企业、做强农业产业化国家和省级重点龙头企业、壮大农业产业化州市和县级重点龙头企业,形成一批国家、省、州市、县级龙头企业,形成"四级联动"发展格局。深入推进农民专业合作社规范提升行动,持续开展农民专业合作社质量提升整县推进试点,加大示范社创建力度,加强社企合作,强化指导扶持服务,着力提升农民专业合作社的服务带动能力。蒙自甜石榴栽培系统下的蒙自市新安所街道小红寨村在 2008 年成立了蒙生石榴产销专业合作社,注重石榴种植技术和品质提升,十多年过去了,当地民众仍旧在坚持自己的初心。蒙生石榴产销专业合作社走向了新的高度,下辖 25 个分社和 8 个营销组,拥有社员 1 125 人,石榴种植面积达 1 万余亩,并且合资组建了云南蒙生农业开发有限公司,形成了产、供、销与加工一体化服务。[①] "十四五"期间,云南省农业企业数量年均增长 15.3%,到 2025 年达到 14.2 万户,其中农业产业化龙头企业数量达到9 000 户以上,实现双倍增目标。

扩大农业开放,融入国家发展新格局。云南要发挥面向南亚、东南亚辐射中心的区位优势和特色农产品产地优势,积极主动服务和融入国家战略,扩大农业开放

---

① 郜晋亮."蒙自石榴"赋能产业振兴[EB/OL].(2022-09-22)[2024-01-10]. https://nync.yn.gov.cn/html/2022/zhoushilianbo-new_0922/390810.html.

领域,统筹推动农业"走出去""引进来",加快形成高原特色现代农业的更广范围、更宽领域、更深层次的双向开放新高地。同时,深化省际农业交流与合作,立足省际区域间的资源禀赋、产业特色和环境关联,促进产业互补互促、科技平台共建共享、资源要素对接对流。此外,积极承接中部、东部农业产业转移,优化完善财税、金融、投资、土地等产业转移政策,吸引产业链条整体转移和关联产业协同,全面提高承接产业转移的质量和效益。加强与北京市、上海市、广东省、浙江省等地农业领域的沟通交流与合作,建立省际农业产业合作互促机制。加强与北京市、上海市、深圳市等科技创新资源丰富的区域的深度合作,建设区域农业科技创新合作联盟,推动区域内农业科技人才向西南流动,促进优势科技资源及要素向云南辐射和扩散,科技成果在云南孵化转化。积极引进国内涉农龙头企业、商贸供应链体系进入云南,参与绿色食品开发、加工、新技术推广及标准化生产基地建设等,并深化同泛珠三角区域的农业产业合作,构建开放、畅通、共享、高效的要素资源平台,建立工作、项目、投资与资源的对接机制,建立省际品种试验数据共享互认机制。

建设面向南亚、东南亚的农业开放合作试验区。推进与周边国家农业政策对接和标准互认,加强农业基础设施、产业园、农产品质量安全监测中心和重要农产品追溯体系建设,积极完善进口商品风险预警和快速反应机制,支持建设境外农业经贸合作区,稳步解决跨境农业合作返销农产品的检验检疫准入问题。云南省还积极引导企业熟悉和应用有关国际规则,为跨国农业企业提供政策支持、信息咨询、产业对接、项目推介等综合服务。云南农业文化遗产的深度发展,要依托中国(云南)自由贸易试验区昆明、红河、德宏 3 个片区,推进通关便利化,推动开通各类农副产品快速通关"绿色通道",加强农产品质量检验检测、仓储设施、冷链物流、销售网络体系等配套建设,着力打造"一带一路"和长江经济带互联互通的重要通道,建设连接南亚、东南亚大通道的重要节点,推动形成内联国内,外接南亚、东南亚市场的特色农产品交易枢纽。云南省的农业文化产业发展,还要充分发挥澜湄合作及大湄公河次区域农业科技交流合作组、中国-南亚农业科技交流合作组等平台的作用,协同相关科研机构,建设中国-南亚、东南亚农业科技创新中心,加快优势与先进农业技术的转移和扩散。蒙自甜石榴栽培系统内生产的甜石榴就是经过挑选分装及时外运供应市场的,这些产品除了供应南宁、广州、深圳、上海、北京等国内的 20 多个城市外,还远销越南、泰国、俄罗斯等国家。昆明海关的统计数据显示,截至 2015 年 10 月底,云南河口口岸出口蒙自甜石榴 3.84 万吨,货值 5.97 亿元。近年来,蒙自甜石榴的出口量不断增长,并逐步打入国际中高端市场,已成为畅销东南亚国家市场的云南高原特色优质果品。统计显示,"目前在蒙自 0.8 万公顷石榴种植面积中,出口基地备案已达 0.67 万公顷,每年销往越南、泰国、缅甸等东南亚国家市场的蒙自甜石榴有近 7 万吨"①。

拓展多边领域农业合作,拓宽合作渠道,深化同联合国粮农组织、联合国世界粮食计划署、国际农业发展基金、世界动物卫生组织等国际组织在乡村振兴、农业综合开发、应对气候变化、跨境动植物疫病疫情联防联控等领域的广泛合作。同时,大力推荐符合条件的农业技术人才进入农业农村部专家库,执行农业农村部对外农业援助项目,分享云南农村脱贫和乡村发展的经验,深化国内外对于云南农业文化遗产的了解与认知,吸引更多的资源来云南投资与合作。深化现代农业示范园区建设合作,推动区域农业技术合作研究,围绕共同关心的产业转型、资源配置、技术支撑等问题,开展联合研究、技术研发。云南省还积极打造国际化农业产业链,鼓励企业应用先进适用的农业科技,探索境外合作,建设农业产业带及重要农产品生产、科技合作高地。

延伸产业链及构建多元产业链融合发展。顺应产业发展规律,开发农业文化遗产的多种功能并挖掘乡村多元价值,推动农业从种养环节向农产品加工流通等二三产业延伸,健全产业链、打造供应链、提升价值链,提高云南农业文化遗产的综合效益。发掘云南农业文化遗产相关乡土特色产业,坚持走规模化、组织化、市场化路径,因地制宜发展小宗类、多样性特色种养业,加强地方小品种种质资源保护和开发,创建"一村一品"示范村镇,建设云南乡土特色产业品牌化、集群化平台,推进整村开发、一村带多村、多村连成片,厚植区域经济发展新优势。建立传统工艺工作站,培育具有民族和地域特色的传统工艺产品品牌,促进传统工艺提高品质、形成品牌、带动就业。八角树是富宁县的"县树",为做大做强八角产业,让八角产业成为富民产业、助力乡村振兴,富宁县将八角产业作为"一县一业"重点培育打造,引进企业建设运营富宁八角种植加工交易一体化项目,延链补链,打响"富宁八角"品牌。这个项目集八角种植、加工和交易于一体,已开工建设。据云南众木农林发展有限公司董事长介绍,项目自开工建设以来,已建成八角加工区、仓储物流区、晾晒场、八角烘干区等,已开始对八角文化展示区、检测中心及办公生活区等配套设施进行装修。在巍山县境内,因过去信息闭塞,又缺乏人才,许多优秀的农业文化遗产还没有被发掘出来。巍山县委、县政府积极挖掘本地肉牛养殖资源禀赋和优势,加快发展肉牛"一县一业"主导产业,探索推出了"金牛贷"扶持政策。截至2022 年 7 月底,全县共放贷和金融支持"一县一业"肉牛产业资金 25 885.33 万元,惠及 2 720 户,通过三年的扶持与努力,使全县肉牛存栏达 17 万头,肉牛出栏达10 万头,肉牛产量达 1.25 万吨,肉牛产值达 20 亿元,加工产值达 5 亿元。此外,在有效发挥现有可利用的 106.03 万亩天然草地作用的基础上,每年种植人工牧草

---

① 杨峥.蒙自甜石榴俏销东南亚市场[J].云南农业,2016(1):23.

5 000亩,制作青贮饲料10万吨左右,稳步提升每年约15万吨农作物秸秆的综合利用率。与此同时,当地还重点培育了绿色牛肉产品品牌,引导企业积极开展"三品一标"认证,重点扶持肉牛企业品牌,着力打造"巍山黄牛"国家地理标志品牌,提高巍山肉牛的品牌竞争力。

壮大农产品加工业。云南农产品深加工的推进,离不开民众的齐心协力以及技术与装备层面的支撑。一是支持农民专业合作社和家庭农场,集合民众的力量,全面改善储藏、保鲜、烘干、预冷、清选分级、包装等设施装备条件,实施农产品加工提升工程,推动原料集聚区挑选整理、清洗烘干、冷藏保鲜等设施设备全面普及,提高农产品产地初加工率,夯实农产品初加工基础。二是支持加工企业以食品生产、药用开发、功能性产品开发等为重点,注重在技术研发层面的支持,为发展特色农产品精深加工业打下基础。三是统筹推进农产品精深加工和初加工协调发展,支持企业加快技术改造和装备升级,促进产业链从低端向中高端延伸,提升加工转化增值能力。在粮食加工方面以增加专用米、专用粉、功能性蛋白等食品为重点;茶叶产业以普洱茶、滇红茶等传统茶为重点,适度开发其他各类衍生产品;坚果产业重点开发果仁类休闲食品;咖啡产业重点发展浓缩液、冻干粉、焙炒豆(粉)等深加工产品;中药材产业重点发展天然药物提取、大健康产品、中药材畜禽饲料及畜禽药物等的研发及产业化应用;畜牧业在标准化布局建设生猪、肉牛等的大型屠宰及精深加工项目的基础上,加大火腿、腊肠、腊肉、牛干巴等特色肉制品的开发。综合以上方面,从种植产品、养殖产品等涉及的多个产品、多种价值、多个渠道层面,提升云南农业文化遗产下的产品综合利用水平与效益。

发展乡村休闲旅游业,促进农旅、村旅多元融合,丰富乡村旅游新业态。在城市周边、特色农区、民族地区,打造旅游环线,充分利用农村田园风光、特色文化村落、农业生产活动和特色农产品等乡村休闲旅游典型素材,开发田园游、林果游、花卉游、牧业游等不同主题的旅游景区。鼓励发展一批特色化、差异化、品质化的休闲农业和乡村旅游路线,满足城市人群以及省内外、国内外各地游客对体验云南农耕生活、回归自然生活的需求。此外,还要用好茶叶、咖啡、水果、坚果、油菜等的景观优势,培育具有乡村特色和产业特色的休闲农庄、特色小镇、山间民宿、田园酒店,挖掘云南乡村农业文化遗产的内涵,突出乡村产业特色元素,办好乡村产业节庆活动,把乡村风貌、产业基地、生态环境和文化底蕴结合起来,打造推广一批精而美、特而强、新而活的田旅、茶旅、花旅、果旅等融合发展的精品路线。还要积极践行健康中国战略,支持中医药养生、森林康养等产业发展,建设一批集旅游观光、康复疗养、休闲度假、绿色人居于一体的田园养生养老休闲农业区。聚力推进美丽乡村建设,将少数民族特色民居、民俗、农耕文化、传统美食结合起来,建设一批全国乡村旅游重点村,盘活乡村休闲旅游业发展潜能,全面提升乡村旅游服务水平。

　　提升乡村新型服务业,促进生产性服务业,鼓励供销、邮政、新型农业经营主体及企业等开展生产托管、统防统治、烘干收储、技术培训等农业生产性服务。云南省各地的农业文化遗产所在地,要充分利用乡村闲置农房、田园、湖泊、草地、森林资源等,建设一批集产品认养、托管代种、农舍租赁等多种功能于一体的现代化共享农场。同时,拓展生活性服务业,改造提升乡村住宿、商超零售等乡村生活服务业的水平,并大力发展农村电子商务,构建农村购物销售网络平台,完善农村电商末端网点。特别是要培育农村电子商务主体,不仅要引导各类电商到乡村布局,支持农业龙头企业、农民合作社、家庭农场等新型经营主体开设网上直销店,还要加大培养本土主播,筛选熟悉本地产品优势、有高度职业热情的人选,以"直播＋网红＋电商"等形式开展农产品线上展销,带动各类产品的销售。同时,利用分享农业、众筹农业等基于互联网的新型农业产业模式,吸引和汇集更多线上线下资源,推动生产者、消费者、服务者多维度深层次对接。例如,在京东集团的关心和帮助下,巍山彝族回族自治县乡村振兴暨京喜农场直采"巍山红雪梨"首发仪式举行——"共聚梨花源,为进一步拓宽合作领域,巩固深化双方合作成果,京东集团将用大渠道帮助巍山特色产业转型升级、建立品牌,助力巍山县全面推进乡村振兴,通过京喜农场直采'巍山红雪梨'进行线上销售。红雪梨产业将迎来跨越式发展,成为推动巍山乡村振兴的地域名品、绿色水果、富民产业"①。

---

① 巍山微视.巍山县着力推动"红雪梨"产业发展 打造世界一流红雪梨"绿色食品牌"[EB/OL].(2022-10-25)[2024-01-10].https://m.thepaper.cn/baijiahao_20457745.

第 4 章

云南农业文化遗产保护利用的
现状及存在的问题

4.1 云南农业文化遗产保护利用的现状和进展

4.1.1 农业文化遗产调查发掘工作全面展开

"中国重要农业文化遗产"的调查、发掘与评选工作在保护和传承我国优秀农业文化、促进农业文化遗产多功能价值开发利用,以及促进农业农村可持续发展等方面发挥了积极作用。自 2012 年申报和评选活动正式启动以来,云南省十分重视农业文化遗产的调查、发掘、认定和申报工作,把非物质文化遗产资源调查与农业文化遗产资源调查结合起来,将资源调查作为农业文化遗产保护的基础性工作来抓。省级层面统一部署遗产普查工作,要求各级采用科学的调查方法,综合运用民族学、民俗学、文化人类学、社会学等学科的调查方法和手段,对各地农业文化遗产资源的存续状态、生存环境、传承情况和存在的问题进行广泛、深入、系统的调查记录,及时掌握各地农业文化遗产的动态变化,为保护工作提供决策依据①。云南省还开展了多种形式的文化遗产资源调查培训,不断提高各级农业文化遗产保护机构工作人员的田野调查能力和水平。云南省已成功申报"中国重要农业文化遗产(CIAHS)"9 项,成功申报"世界重要农业文化遗产(GIAHS)"2 项,在全国名列前茅。未来,云南省还将进一步抓好抓实农业文化遗产的调查发掘工作,如积极拓展"重要农业文化遗产"项目申报的领域和范围,除继续发掘农耕文明范畴内的遗产外,还注重发挥云南省的高原、山地、热带雨林,以及少数民族农业生产方式等资源优势,积极发掘采集、狩猎、游耕等其他农业文明类型。同时,进一步激发各市州和基层政府对农业文化遗产的"价值觉醒",综合运用多种政策工具,积极引导、适当鞭策,提升各市州和基层政府做好农业文化遗产调查发掘、申报评审、保护利用的主观能动性,切实掌握本地农业文化遗产数量和质量状况的底数,为更好地保护、传承和开发利用农业文化遗产奠定基础。

4.1.2 农业文化遗产保护名录体系不断健全

文化遗产名录体系是对文化遗产进行确认、立档、研究、保存、保护、宣传、弘扬、传承和振兴等工作的基础。文化遗产名录体系是在政府主导下,由国家级、省级、市级和县级构成的四级体系,它采用自下而上的申报制度,即由县级申报市级,

---

① 云南省人民政府.云南省人民政府关于进一步加强非物质文化遗产保护工作的意见[EB/OL].(2018-01-23)[2024-02-08].https://www.yn.gov.cn/zwgk/zfgb/2018/2018ndsq_1418/szfwj_1419/201801/t20180130_145845.html.

市级申报省级,省级申报国家级。这种名录体系和逐级申报制度的优点在于:首先,申报主体或群体可以从自身文化中选择有代表性的项目进行申报,遗产进入名录的过程,是将地方或族群有代表性的文化放置于全社会关注的视域和国家认可的文化体系中的过程,由此保证众多民族文化能得到相对平衡的申报与保护。其次,通过申报、评审、公示、申诉、复议、公布等一系列规范的程序,很大程度上保证了申报的规范性、科学性、公正性,这样的制度安排,也正是对传统文化的再研究、再认识、再理解,并最终实现文化自觉的过程,对文化遗产保护起到了重要作用,被证明是值得大力提倡的[①]。近年来,云南省以"重要农业文化遗产"评选工作为抓手,借鉴"地名文化遗产名录体系"和"非物质文化遗产名录体系"的工作方法,不断健全"农业文化遗产名录体系"建设。比如,不断调整和完善各级农业文化遗产保护名录的类别构成、民族构成和地域构成,逐步扩大各级农业文化遗产保护名录,努力形成以国家级和省级名录为重点、州市级名录分布合理、县级名录基础良好的"金字塔形"结构。同时,不断加强评审管理,将符合保护条件的项目分别纳入省、州市、县三级农业文化遗产保护名录体系,积极推荐具有重大保护价值的农业文化遗产申报"中国重要农业文化遗产(CIAHS)"和联合国"全球重要农业文化遗产(GIAHS)"。除 8 项中国重要农业文化遗产项目外,云南省农业文化遗产保护名录体系中还有各级各类农业文化遗产 63 项,如蒙自甜石榴、云南腾冲银杏栽培系统、云龙黑山羊、云龙仔猪养殖系统、腾冲古茶园与茶文化系统、宾川核桃作物复合系统、云龙沟渠灌溉农业系统等。

4.1.3　农业文化遗产保护法规制度逐渐完善

加强农业文化遗产保护法规制度建设,制定相关工作规范和标准体系,实现农业文化遗产保护和管理工作的法治化、规范化,是近年来云南省开展农业文化遗产保护利用工作的重要思路。自 2012 年首次启动农业文化遗产申报和评选工作以来,云南省加强了相关规则的制定和实施,法规制度体系逐渐完善。2013 年,云南省人大常委会通过并实施了《云南省非物质文化遗产保护条例》,将农业文化遗产保护管理纳入非物质文化遗产保护管理之中,以地方立法的形式予以保障。在这之前,地方州市和民族自治县已经开始通过立法的方式对当地特色农业文化遗产资源进行专门的保护,如澜沧拉祜族自治县于 2009 年通过了《云南省澜沧拉祜族自治县古茶树保护条例》、漾濞彝族自治县人大常委会于 2011 年制定了《云南省漾濞彝族自治县漾濞核桃产业发展条例》。2012 年评选工作开始以后,省市县通过

---

① 田宇,梁宏章.广西非物质文化遗产名录体系建设中的问题与对策[J].广西民族大学学报(自然科学版),2020,26(2):36-41.

相关法律制度进行规范化法治化保护的意识更加强烈,例如:云南省人大常委会于 2012 年和 2022 年先后通过了《云南省红河哈尼族彝族自治州哈尼梯田保护管理条例》《云南省古茶树保护条例》;文山州于 2015 年和 2020 年先后出台了《关于进一步加强文山三七种质资源和种植技术保护管理工作的通知》《云南省文山壮族苗族自治州文山三七发展条例》(2020 年修订);临沧市人大常委会于 2016 年通过了《临沧市古茶树保护条例》;红河州人民政府于 2017 年印发了《云南省红河哈尼族彝族自治州哈尼梯田保护管理条例实施办法》;普洱市人大常委会分别于 2018 年和 2022 年通过了《普洱市古茶树资源保护条例》《普洱市景迈山古茶林文化景观保护条例》;普洱市宁洱县制定了《困鹿山古茶树原生境保护区管理规定》《普洱市古茶树资源保护条例实施细则》;双江拉祜族佤族布朗族傣族自治县人大常委会于 2021 年通过了《云南省双江拉祜族佤族布朗族傣族自治县古茶树保护管理条例》等。除了不断健全法规制度体系之外,云南省还不断完善相关工作规范和标准,例如:进一步规范农业文化遗产资源的调查、申报、评审等程序;积极探索农业文化遗产保护名录体系建设规范;完善农业文化遗产项目代表性传承人的认定与管理规范,以及农业文化遗产保护名录和代表性传承人的退出机制等。

4.1.4 农业文化遗产保护科学研究持续深化

通过"中国学术期刊(网络版)"数据库检索,以"主题＝云南农业文化遗产"或者"题名＝云南农业文化遗产"或者"关键词＝云南梯田"或者"关键词＝云南茶"或者"关键词＝云南核桃"为检索条件,截至 2022 年 12 月 15 日,共检索到 2 971 篇,并且自 2006 年以来,年成果产出量都在 100 篇以上。由此可以看出,以云南省农业文化遗产整体和各类具体的遗产项目为研究对象,所产出的研究成果在近 17 年以来呈逐渐增多的趋势。云南省自然科学基金、云南省教育厅科学技术项目、云南省科技计划项目、云南省中青年学术技术项目、云南省哲学社会科学规划、云南省科技攻关计划、云南省技术创新人才培养计划等基金项目也对云南省农业文化遗产保护利用的科学研究给予了支持。云南本土聚焦于农业文化遗产研究的学术机构主要有云南农业大学、云南省农业科学院、昆明理工大学、西南林业大学、云南大学、云南省林业科学院、普洱学院、中科院昆明植物研究所、云南中医学院、云南热带作物职业学院、昆明学院、云南师范大学、昆明医学院等。在学术刊物建设上,云南省本土创立了一些聚焦云南省农业发展的刊物,以及在一些学术刊物上开设了有关高原生态农业、农业文化遗产的专栏,如《云南农业》《云南农业大学学报》《西南农业学报》《云南林业》《普洱学院学报》《农村实用技术》《云南科技管理》《今日民族》等。从研究内容上看,有关农业文化遗产的研究从最初的概念辨析、特征分析向跨生态学、农学、社会学、地理学、环境科学、农业经济管理、历史、法律等多学科的广度和深度拓展。比如农业文化遗产的起源与演化及其对现代农业发展的启示是农史研究关注的重点;农业文化遗产系统内部的可持续机制不断被现代科学理论与实验所验证,如对稻田综合种养的病虫草害控制、土壤活性改善等的生态效益研究,农业文化遗产的生态系统服务功能不断被揭示[①];在科学利用和发展途径方面,基于农业文化遗产的多功能价值,探讨了农业文化遗产的立法保护、遗产监测评估、生态补偿等政策激励机制,以及从农村发展政策的视角研究生态农产品开发、旅游开发和遗产地农村三产融合发展路径等。

4.1.5　农业文化遗产保护利用手段不断更新

云南省积极探索和不断创新农业文化遗产保护与开发利用的手段和途径。首先,在遗产保护上,探索实施"文化生态保护区"建设、"项目和代表性传承人记录工程"和"农业文化遗产数据库"建设等。在"文化生态保护区"建设方面,推进建设"迪庆民族文化生态保护实验区"和"大理文化生态保护实验区"2 个国家级文化生态保护实验区,并启动建设省级民族传统文化生态保护区,将符合条件的区域公布为省级民族传统文化生态保护区。同时,鼓励各州、市、县、区人民政府设立民族传统文化生态保护区,将保护区规划纳入当地城乡规划,加强民族传统文化生态保护区与农业遗产所在地新农村、美丽乡村、历史文化名城(镇、村、街)、中国传统村落、民族团结示范村、中国少数民族特色村寨、旅游小镇、特色小镇等项目规划的衔接协调,注重重点区域的历史风貌保持和传统文化生态保护,努力让广大群众"望得见山,看得见水,记得住乡愁"[②]。在"项目和代表性传承人记录工程"方面,对已列入国家级和省级保护名录的项目及其代表性传承人,特别是历史文化价值高、传承困难的传统农业技术、传统农业文化、少数民族民俗文化和年事较高的代表性传承人进行抢救性记录,并积极利用政府购买服务等方式,支持高等院校、科研机构、社会团体参与项目和传承人记录工作。在"农业文化遗产数据库"建设方面,积极对接全球和中国重要农业文化遗产数据库、国家和云南省非物质文化遗产资源数据库系统,探索建立全省农业文化遗产资源数据库系统,实现农业文化遗产资源信息的集成共享。其次,在遗产的开发利用上,不断加强农业文化遗产基础设施建设,推进遗产地"农业＋农产品加工业＋生态旅游业"的三产融合发展,提升遗产宣传展示展演水平等。"十三五"时期,云南省农业文化遗产所在地区的综合交通、水

①　张灿强,吴良.中国重要农业文化遗产:内涵再识、保护进展与难点突破[J].华中农业大学学报(社会科学版),2021(1):148-155＋181.

②　云南省人民政府.云南省人民政府关于进一步加强非物质文化遗产保护工作的意见[EB/OL].(2018-01-23)[2024-02-08].https://www.yn.gov.cn/zwgk/zfgb/2018/2018ndsq_1418/szfwj_1419/201801/t20180130_145845.html.

网、能源网、信息网、物流网等基础设施有了较大改善,促进了遗产地的进一步保护和开发利用。在遗产地和项目中引入市场机制,注重"有效市场"和"有为政府"相结合、"保护性开发"和"开发性保护"相结合。在推进遗产地农村三产融合式发展的同时,支持家庭作坊式的保护传承,鼓励企业以保护传统农业技艺、不可修复的农业景观、不可逆的农业生态系统为重点的生产性保护传承。注重对内宣传和对外宣传,积极构建立体式、多维度的宣传体系,使得云南省农业文化遗产的宣传展示展演水平有了进一步提升。

4.1.6 农业文化遗产的多功能价值开始显现

经过十多年的持续保护与开发利用,云南农业文化遗产所具有的生态价值、经济价值以及社会文化价值等多功能价值开始初步显现,社会影响力也逐渐提高。在生态价值方面,如云南红河哈尼稻作梯田系统不仅是治理坡耕地水土流失的有效措施,具有良好的蓄水、保土和增产功能,还是山地农业生态多功能性的杰出代表,蕴含着丰富的蓄保水灌溉、作物耕作栽培、物种多样性生物循环利用等农业技术。哈尼人利用梯田产出的稻草喂牛,牛粪晒干后做燃料,燃料燃烧后的灰烬可以做肥料,肥料再用来养育稻谷;同时,当地人还用房前屋后的空地种菜,在池塘中养鱼,用池塘中生长的浮萍喂猪,鱼长大后又被放回梯田,从而获得了系统、循环的各种生活必需品①。云南剑川的稻麦复种制度的历史可以追溯到唐代的南诏地区,距今已逾千年。稻麦二熟复种制度可以有效改善土壤结构、促进养分循环、维持和保持地力并有减轻病虫草害之功效,能够显著提高土地利用率,增加粮食产量,缓解人多地少的矛盾,成为一种稳定和广泛的耕作制度,并逐步发展到长江流域。在经济价值方面,"农业文化遗产保护助推乡村振兴和兴边富民"一直是云南省政学两界研究的重点,特别是遗产所在地的地方政府,不断尝试挖掘农业文化遗产资源,并努力实现价值转化。实践也证明,历经千百年风雨洗礼的农业文化遗产经过科学合理的保护性开发,已经开始焕发出新的生机与活力,产生了可观的经济价值,也为遗产地居民带来了持续而稳定的经济效益,如红河哈尼稻作梯田系统中的观光农业,以"农业+旅游"的方式为当地农村创造着经济价值;文山三七种植系统遗产地发展"农业种植+食药加工业+医药康养产业",通过国家地理标志和知识产权保护等,抢占了国内三七产业的市场高地;普洱古茶园和茶文化系统遗产地在做大做强云南普洱茶品牌的同时,也开始尝试"茶旅融合"的发展路径,通过"文化搭台,经济唱戏",实现了特色农产品的经济价值。在社会文化价值方面,遗产地世代耕种的农民延续了精耕细作的农业生产模式,延续着极具智慧的农业生产技术,

---

① 何红中.技术类农业文化遗产的内涵与保护利用[J].农业考古,2016(4):232-238.

传承着巧用自然规律的农业思想和农耕精神,承载着遗产地居民这一群体的记忆。这是属于这一特定人群共同体的表述、认同与传承,有很强的稳定性和延续性,其所包含的精神价值体系是民间社会的重要精神纽带和支柱①。云南省在农业文化遗产保护与开发利用实践中,注重挖掘遗产的社会文化价值,通过传统农业活动、农业技艺传承、民族民俗活动、宗教祭祀仪式,如汉族的春社祭社公、敬五谷神、清明敬土神、开秧门、端午划龙舟、尝新节、拜稻祖、祈龙求雨、开镰谢谷神等,以及少数民族"刀耕火种"中的"砍地"仪式(正月)、"烧地"仪式(二月)、"恰思若"播种仪式(四月)、"贺西早"吃新米仪式(七月)等农业礼仪,加强农村社会联结和社区共同体建设,不断凸显农业文化遗产对当地农民文化认同的建构作用和凝聚农村社区的社会功能。

4.2　云南农业文化遗产保护利用存在的问题

4.2.1　对保护利用内涵的理解和工作理念存在偏差

1. 对农业文化遗产的重要性认识不足

(1) 将传统农业文化等同于落后文化并视为社会现代化的阻碍

农业社会是人类社会中较为古老的一种社会形态,如果从原始农业算起,距今大约一万年前就产生了农业生产方式,而传统农业也经历了三千年左右的光景。在古老而漫长的农业社会,农业生产是人类聚落共同体得以生存、繁衍的基础,并由此产生了与之相匹配的经济制度、政治制度、社会制度和文化制度,还缔造了灿烂辉煌的古代农业文明。如地中海沿岸的农业生产活动缔造了璀璨的爱琴文明和古埃及文明;美索不达米亚平原的农业生产活动缔造了两河文明;印度河、恒河平原的农业生产活动缔造了古印度文明;同样,东方大地上黄河流域的农业生产创造了历经三千年赓续不断的华夏文明。传统农业文明还为近代工业文明的出现和科技文化的繁荣准备了条件。随着近代工业革命的兴起,人类开始进入工业社会,并在 20 世纪末期进入了信息社会,世界各国开启了以实现工业化和信息化为核心的现代化征程。由此,农业也从传统农业进入现代农业的发展阶段,传统农业的地位开始衰退,传统农业生产方式以及建立在生产方式之上的组织、制度、文化、生活方式、思维方式等一度被视为现代化的巨大阻碍。

---

① 朱志平,王思明.价值挖掘与路径选择:长三角地区农业文化遗产传承与利用研究[J].中国农史,2021,40(6):142-143.

然而,中国传统农业文化在中国农业社会三千多年的发展历程中,成功地维系着中华民族的团结和凝聚力,使中华民族在各种内忧外患的冲击下没有出现解体和分裂。以农业生产方式为物质载体,不仅产生了中国天人合一、万物和谐的哲学思想,影响着中国人几千年来的思考方式和价值取向,而且在古今文化的交流中又远播万里,影响了周边国家和地区,形成了具有独特气质的东亚文化圈。中国的农业科技和文化曾经长期走在世界前列,对世界文明的进步作出了重大贡献,包括在不同生态环境下形成的传统农业生产方式、种质资源、古代农业遗址、农业民俗文化、农业景观以及相伴而生的农业技术、耕作制度和农耕工具等,其中的大多数至今仍对农业发展甚至人类的生存与发展具有十分重要的意义。①

以"刀耕火种"为例,人们往往认为其是一种落后、原始、粗放的农耕方式。但历史地理学、人类学对刀耕火种的深入研究表明,在人口压力不大的条件下,经典意义上的刀耕火种并不会造成水土流失且产出很高,具有一定的经济效益和生态效益②。农业文化遗产保护并非要阻止人类现代化进程或用传统农业取代现代农业,而是希望传承中国传统农业中天、地、人、稼和谐统一,可持续发展的理念和一些经千百年证明与自然相和谐的有机农业和生态农业技术。③ 农业文化遗产较之其他遗产发展时间短,人们对其内涵特征的深刻认识以及全面保护需要一个过程,由于针对基层干部和群众的宣传还不充分,因而在此过程中难免出现偏颇,有些人将农业文化遗产当成过时的东西,也有些人将其理解为文化范畴的概念,这些认知偏差会导致保护和发展措施失位与错位④。农业文化遗产所依托的生产方式是历史发展的产物,在一定的地域和条件下具有合理性和适应性,社会各界尤其是政府要改变过去认为传统农业是落后的思想和强制要求采用现代农业技术方式的行为,各级政府是遗产保护工作的参与者和组织者,其观点和态度非常重要,应该使他们认识到当下尤其是在传统生产方式已经逐渐消亡的情况下,很多留存的传统农业技术并不是地方发展的负累,反而是一笔珍贵的遗产和当地实现跨越发展的优势资源⑤。

(2) 对农业文化遗产促进粮食安全和农业可持续发展的作用认识不足

农业关乎国家粮食安全、资源安全和生态安全。进入 21 世纪以来,随着农业

---

① 李明,王思明.农业文化遗产保护面临的困境与对策[J].中国农业大学学报(社会科学版),2012(3):25-33.

② 蓝勇."刀耕火种"重评——兼论经济史研究内容和方法[J].学术研究,2000(1):99-104.

③ 王思明.农业文化遗产的内涵及保护中应注意把握的八组关系[J].中国农业大学学报(社会科学版),2016,33(02):102-110.

④ 张灿强,吴良.中国重要农业文化遗产:内涵再识、保护进展与难点突破[J].华中农业大学学报(社会科学版),2021(1):148-155+181.

⑤ 何红中.技术类农业文化遗产的内涵与保护利用[J].农业考古.2016(4):232-238.

现代化步伐的加快,我国农业现代化有了长足的发展,但同时,农业资源过度开发、农业投入品过量使用、地下水超采以及农业内外源污染相互叠加等带来的一系列问题日益凸显,食物安全和农业可持续发展面临重大挑战。这主要体现在:

① 确保国家粮食安全和主要农产品有效供给与资源约束的矛盾日益尖锐。全国新增建设用地占用耕地年均约 480 万亩,守住 18 亿亩耕地红线的压力越来越大;耕地质量下降,黑土层变薄、土壤酸化、耕作层变浅等问题凸显,而我国粮食等主要农产品的需求刚性增长。

② 确保居民食物安全和农产品质量安全与环境污染的矛盾日益尖锐。工业"三废"和城市生活等外源污染向农业农村扩散,镉、汞、砷等重金属不断向农产品产地环境渗透,全国土壤主要污染物点位超标率为 16.1%;农业内源性污染严重,化肥、农药利用率不足三分之一,农膜回收率不足三分之二,畜禽粪污有效处理率不到一半,直接影响了农产品的质量安全。

③ 生物多样性和生态保育型农业发展与生态系统退化之间的矛盾日益尖锐。全国水土流失面积达 295 万平方公里,年均土壤侵蚀量 45 亿吨,沙化土地面积 173 万平方公里,石漠化面积 12 万平方公里。高强度、粗放式生产方式导致农田生态系统结构失衡、功能退化,农林、农牧复合生态系统亟待建立。草原、湖泊、湿地面积萎缩,生物多样性受到严重威胁,濒危物种增多。[①]

大部分农业遗产保护地一直保留着资源保护与循环利用、生物间相生相克、人与自然和谐相处的朴素生态观和价值观,以多样化的物种及当地独特的地理与生态条件为基础,保持着经过长期生产实践创造、发展和形成的专门生产方式,形成了具有自我调节能力的生产系统和独具特色的美学景观,实现了生产丰收和绿水青山的良性循环[②]。无论是刀耕火种的农业技术还是各类梯田,以及像桑基鱼塘这样的陂塘综合利用技术,都是农业可持续发展的杰出代表,具有保障遗产地粮食作物有效供给和食物安全,促进生物多样性和生态综合循环等重要价值[③]。但包括遗产地居民在内的许多社会大众,甚至是负有遗产保护职能的基层政府及其工作人员,对农业文化遗产在促进食物供给安全和农业可持续发展方面的重要作用认识还不足,制约了遗产的保护与利用。

(3) 对农业文化遗产在推动乡村振兴和农村经济社会发展方面的作用认识不足

农业文化遗产除了具有促进农业可持续发展、保障遗产地居民食物安全和维

---

① 中国政府网.《全国农业可持续发展规划(2015—2030 年)》发布[EB/OL]. (2015-05-28)[2024-02-11]. http://www.gov.cn/xinwen/2015/05/28/content_2869902.htm.

② 程国强. 中国粮食安全的真问题[EB/OL]. (2015-02-05)[2024-02-11]. http://opinion.caixin.com/2015-02-05/100781776.html.

③ 何红中. 技术类农业文化遗产的内涵与保护利用[J].农业考古,2016(4):232-238.

护遗产地生物多样性等功能以外,其合理开发利用还可以以乡土文化激发经济活力,将农业文化资源转化为文化红利,在保留与传承遗产地独特文化习俗的同时,促进遗产地一二三产业的融合发展,推动遗产地乡村文化和旅游深度融合,延伸农产品产业链条,帮助遗产地农民增收,进而为尽快实现乡村全面振兴提供强大助力,推动遗产地经济社会健康有序和可持续发展。以我国首个全球重要农业文化遗产保护点——浙江青田稻鱼共生系统为例:遗产地依托稻鱼共生系统,以稻养鱼、以鱼促稻,可实现水稻产量平均450公斤/亩,比当地一般稻田增产5%~8%,田鱼产量平均30公斤/亩。同时,由于少施化肥及不用农药,可节约人工与投入成本约0.28元/平方米,特别是由于稻米、田鱼均为绿色、有机产品,产品价格稳步提升,大米价格从4元/公斤提升到20元/公斤,田鱼价格从24/公斤涨至100元/公斤。当地农民在为消费者提供传统、丰富、安全的农产品的同时也获得了较高的经济收益,而该模式已经成为农业发展实现转方式、调结构、促效益的重要抓手。又如贵州从江侗乡稻鱼鸭复合系统,除了具有当地稻米品种"香禾糯"的产业发展优势和依山而建的梯田优美生态环境与景观外,还保留着原生态侗族制度文化、节日文化、服饰文化、歌舞文化及婚恋文化等民族文化,复合资源吸引了众多的旅游者前来,农业与生态、旅游、文化产业得到了相互融合发展。[1] 云南省旅游资源丰富,自然遗产、物质文化遗产和非物质文化遗产众多,随着近年来文旅产业的快速发展,不少具有先天文化资源禀赋的遗产地政府、开发企业和居民依托自然遗产和文化遗产进行旅游开发,有效带动了当地社会的经济发展,当地居民也尝到了甜头,反过来越发重视自然和文化遗产的保护、传承和开发利用。但农业文化遗产地普遍对农业文化遗产在乡村振兴和当地社会经济发展所具有的巨大作用存在认识不到位的问题。

(4)对农业文化遗产增进农村居民文化认同和精神重塑的作用认识不足

农业文化遗产不仅仅是以物质形态呈现出来的物质产出,还包括具有传承性的农业技术、农业制度、农业生产生活习俗,人们经过长期的农业生产活动所形成的天、地、人、稼和谐共生的生活哲学和思想,以及通过宗教、祭祀、民俗活动等反映其特殊社会文化和民族风情等以非物质形态呈现出来的精神和文化产出。通过挖掘农业文化遗产的文化内涵,可以传递农业文化价值观,从而产生一种社会教育服务价值,激发当地人们的文化认同感[2]。由于对农业文化遗产的文化价值和社会教化价值的认识尚不充分,云南省和全国多数省份一样,对农业文化遗产的保护和利用在较大程度上仅停留在景观保护、物种保护、生态保护以及旅游开发、特色农

---

① 王凯园.WTO框架下对我国重要农业文化遗产的保护探究[J].遗产与保护研究,2016,1(2):114-116.

② 许青.复合生态系统视域下国外农业文化遗产保护利用及其启示[J].吉首大学学报(社会科学版),2022,43(02):139-150.

产品深加工等生态价值和经济价值的层面,缺乏对农业文化遗产背后所具有的精神联结功能和文化凝聚功能的全面深入挖掘。这种缺失极易造成遗产地居民,尤其是直接从事农业生产活动和农业文化遗产传承的农民群众集体记忆的断裂、情感归属的落空、价值认同的扭曲和身份认同的障碍,难以唤起地方的文化自觉。在现代化进程的冲击下,新生代农民子弟宁愿进城务工,也不愿从事农业生产劳动,众多传统农业技艺、民俗文化正面临逐渐消失的艰难处境,传统中的父子传承、师徒相袭的农业文化遗产在工业化浪潮中逐步被湮没,遗产地农民基于祖祖辈辈代代相传的传统农业生产和生活习俗所带来的集体记忆、情感归属、价值认同和身份认同正在逐渐消失,凝聚遗产地农民的精神纽带濒临断裂。有学者在云南普洱等农业文化遗产地开展的农户问卷调查中①发现,大多数农户对农业文化遗产的了解程度堪忧。

2. 保护利用的工作理念存在偏差

（1）存在重前期申报而轻后期保护的理念

近年来,随着全国和云南省农业文化遗产保护工作的推进,尤其是有上级政策和资金的支持,各基层政府对项目的申报都表现出了极大的热情,纷纷把项目数量视为政绩,导致非遗项目申报泛化的现象比较普遍。而一旦被列入了"重要农业文化遗产名录"或者过了申报期,保护开发工作就立马终止或被搁置,"重申报、轻保护"的问题突出。出现这一问题的原因在于:首先,客观上,农业文化遗产的类型有很多种,并非所有的农业文化遗产都能产生巨大的经济效益,一些与经济效益无关的项目,或者与经济利益无明显的显性联系的项目,如传统农业节气制度和仪式、部分工具类农业文化遗产、农业技艺等,历史上就不曾推向市场,一些难以较快产生经济效益的项目,一旦申报成功,便被束之高阁,从而导致"重申报、轻保护"行为的发生。其次,主观上,基层政府在农业文化遗产相关工作中,直接接触的便是申报工作,相关培训工作也多以"申报业务"为主,而申报之后的保护与开发问题大都交给相关事业单位、调查机构、科研单位、开发企业,从而导致了大多数基层政府及其工作人员只注重申报所要求的各种文件材料,而不知道如何具体保护,导致了遗产保护工作"重申报、轻保护"现象的发生。最后,不合理的绩效评估制度设计也是导致"重申报、轻保护"问题的一个重要原因。在量化思维的影响下,地方政府在进行绩效评估体系设计时倾向于把能够直接用数字反映政府绩效的工作内容纳入评估体系之中,而在遗产保护工作中,遗产申报的数量是最容易被量化考核的,而遗产的具体保护与开发工作不容易被量化,保护得好与不好不容易进行简单的数量化评估,这就导致相关官员的政绩主要体现在申报工作上,而保护与开发往往被排

---

① 黄祖辉.准确把握中国乡村振兴战略[J].中国农村经济,2018(4):2-12.

除在评价体系之外。这一不合理的制度设计无意间助长了各个地方"重申报、轻保护"行为的发生。

（2）存在重静态保护而轻活态保护的理念

联合国粮农组织评选重要农业文化遗产的标准的第一条就要求"历史传承至今仍具有较强的生产功能，为当地农业生产、居民收入和社会福祉提供保障"。这就要求农业文化遗产保护要坚持开放性而非封闭性、活态性而非静态性的保护理念和保护方法。因为，农业文化遗产跟其他自然和文化遗产的最根本的区别就在于它不仅具有历史性、文化性，还具有现实性和实用性的特征。农业文化遗产归根到底是农事活动的产物，反映的是具有一定历史价值并传承至今，且依然保留其历史风貌和地域特点的一种天、地、人、物和谐共生的生产活动。至关重要的是，这种生产活动要在当下的自然条件下继续通过天、地、人、物发生物资和能量的交互作用，并继续为遗产地农户提供较为稳定而持续的生计资源。这种现实性与实用性就决定了它的保护与利用方式的开放性和活态性。近年来，随着数字技术的不断发展，很多文化遗产实物也通过数字技术以更加丰富的形式呈现在人们的面前，加之囿于博物馆保护方式的惯性思维和传统路径，云南省部分地方对农业文化遗产的保护存在着重静态保护、轻活态保护的理念。博物馆式的静态保护虽然可以展现遗产的外部特征，但仍然难以完全还原遗产实物所蕴含的丰富的内在文化特质，如天、地、人、稼和谐共生的哲学思想，宗教、祭祀、民俗活动等及其背后的文化意义，遗产的制作工艺与流程等，影响了人们对农业文化遗产的认知深度。农业文化遗产不仅仅是几块农田、几片牧场、几棵老树、几栋古老的民居，而是根植于遗产地自然生态环境和历史文化环境，体现在每一件传统农具、每一项农事活动、每一种特色农产品以及每一项民俗活动之中，而这些都需要在自然、开放、活态的环境中呈现。静态的博物馆保护理念和方式无法对农业文化遗产起到根本上的保护和传承作用，也无法为遗产地农民提供生计条件，因此活态性和开放性是保护、保留农业文化遗产完整性的主要渠道。

（3）存在重经济价值和眼前利益而轻综合价值和长远利益的理念

农业文化遗产不仅仅只有经济这一单一维度的价值，还包含生态价值、景观价值、社会价值、文化价值等构成的综合价值体系。而在众多的价值之中，农业文化遗产所具有的良好生态系统和农业生物多样性是其最根本的价值，其他价值都建立在这一价值之上。农业文化遗产的生态价值体现在对于保持遗产地良好的生态系统、维持生物多样性，以及确保遗产地可持续性生态农业发展和食物安全的重要价值；景观价值是以遗产地的自然生态景观为主，辅之以农业生产活动景观、农村居民生活场景以及充满地域性、民族性的民俗活动等人文景观综合构成，遗产地因为农业文化遗产的景观价值而展现农村壮美、秀丽的"田园风光"，并由此产生经济旅游价值和景观育人的文化价值,推动美丽乡村建设和农村精神文明建设;社会文化价值是农业文化遗产蕴含的精神文化多样性,表现为各种农耕文化、地域特色、民间艺术以及乡村风俗等①。梁漱溟先生认为:"中国要复兴的前提是乡村文化的复苏,而其最重者在于农民的精神重建。"②由此可见,农业文化遗产蕴含着重要的社会文化价值。而云南省部分地方在农业文化遗产的申报、保护、利用、开发工作中,存在只注重经济单一价值的情况,只看重农业文化遗产项目的经济效益,而忽视遗产项目的其他综合性价值,只看重眼前利益,而忽视长远利益和文化遗产的可持续保护与传承,很多和经济发展无显性联系的项目,如祭祀礼仪、神话传说、经典史诗、民间故事、地方戏曲等,即便申请成功也无法产生经济效益,于是被束之高阁,导致农业文化遗产保护的功利化现象严重。

(4)存在着重物的保护而轻人的保护的理念

农业遗产的认定除注重梯田、垛田、沟渠、堤坝等农业生产设施外,还十分重视传统农作物品种、传统农耕技术、传统节日、传统仪式,以及传统农耕制度等具有明显"非物质"成分的传统农耕文明的传承情况,并作为决定性"评价因子"决定着"全球重要农业文化遗产"项目和"中国重要农业文化遗产"项目的取舍③。同时,这种"物质"和"非物质"性的农业文化遗产从根本上是由遗产地农民通过世世代代辛勤劳作、对大自然的改造,并经过代代相传而贡献给全人类的,农民是农业文化遗产唯一的创造者、拥有者和使用者。如果在农业文化遗产保护上,只注重遗产物的保护,而不注重遗产地农民利益的保护,农民利益一旦长期得不到保障,他们就会转换生计、脱离土地、放弃农业,导致物的保护缺乏可持续性,最终使得农业文化遗产因为缺乏传承和新的创造而消失在人类文明的长河中。在农业文化遗产的保护利用过程中,农民是农业制度、农业习俗、农业技术运用和传承的承载者和核心,如果没有他们的存在和参与,农业文化遗产便只能留下外在物的躯壳,而精神内核将不复存在。因此,"重物轻人"的保护理念和保护方式显然是舍本逐末的。目前,在云南省某些地方和基层政府的农业文化遗产保护利用实践中,还存在着"重物轻人"的保护理念和损害遗产地农民利益的行为。在某些农业文化遗产地,经济收益的主体往往是旅游企业、景区甚至政府部门,而大部分遗产地农民其实并未充分参与并实际分享收益。个别地方出于旅游开发的需要,甚至不惜硬性迁走当地居民,以腾出更多的观光空间。当地居民外迁带来一个可怕的后果,即不仅因"人去楼空"而出现出一座座"死宅",而且因村民的出走而使整座村落失去了其应有的"灵魂",

① 刘调兰.黄河流域旱作梯田农业文化遗产的价值及保护利用——以甘肃庄浪梯田为例[J].陇东学院学报,2022,33(3):69-75.

② 梁漱溟.乡村建设理论[M].上海:上海人民出版社,2006:241-243.

③ 苑利.中国非遗保护的启示[N].光明日报,2014-02-08(09).

严重影响了外地游客对当地文化的解读,甚至造成许多误读①。

3. 保护利用宣传工作还不到位

2022 年是联合国粮农组织发起全球重要农业文化遗产保护倡议 20 周年。2012 年,中国政府正式启动了重要农业文化遗产的发掘与保护工作,距今不过十余年。从客观上来讲,无论是在全球范围还是在国内,农业文化遗产的申报与保护工作都起步较晚,农业文化遗产还是一个新生事物,与联合国教科文组织发起的世界遗产保护倡议不同,从 1972 年通过《保护世界文化和自然遗产公约》算起,距今已过去半个世纪,世人对农业文化遗产的认知目前还很难达到像对世界自然遗产和文化遗产那样熟知的程度。另一方面,随着国家现代化进程的不断推进,社会生活也不断卷入现代化的浪潮之中,以工业产品、工业经济、信息化产业和信息化商品为代表的现代化丰富了人们的物质文化生活,提高了人民生活的水平与质量,人们追求并享受着以工业化、信息化、城市化和全球化为特征的现代化带来的美好体验,以农业为典型代表的传统产业和文化越来越远离人们的视野,而逐渐被边缘化,只成为人们儿时的记忆和回不去的乡愁。正因如此,为了加强对农业文化遗产的保护,就必须首先让社会公众充分了解农业文化遗产的概念内涵、保护内容、保护意义、重要价值、保护方式等系统性的知识。然而,农业文化遗产在云南省乃至整个中国的宣传力度都不是很大,大众熟知的遗产主要是世界自然遗产和世界文化遗产,以及中国的非物质文化遗产等,对世界农业文化遗产和中国重要农业文化遗产的认知度不高。迄今为止,很多普通市民,甚至是遗产地的农民也不太清楚农业文化遗产。很多地方和基层政府对农业文化遗产的宣传工作还很不到位,具体表现在:一是没有制定系统完整的宣传工作规划;二是没有建立起立体多维的宣传工作体系和宣传方式;三是无论是对内宣传还是对外宣传,都较为普遍地存在"宣之无物、宣之无力和宣之无效"的问题。

4.2.2　遗产地自然经济条件对保护利用的限制

1. 地处边陲山区,不具备区位优势

被列入"中国重要农业文化遗产名单"的云南省农业文化遗产主要有:红河哈尼稻作梯田系统、普洱古茶园与茶文化系统、漾濞核桃-作物复合系统(第一批,2012);广南八宝稻作生态系统、剑川稻麦复种系统(第二批,2014);双江勐库古茶园与茶文化系统(第三批,2015);腾冲槟榔江水牛养殖系统(第四批,2017);文山三七种植系统(第六批,2021)8 个项目。以红河哈尼稻作梯田系统为例,其所在的遗产地位于云南省东南部的红河哈尼族彝族自治州,分布在红河、元阳、绿春和金平

---

① 何红中.技术类农业文化遗产的内涵与保护利用[J].农业考古,2016(4):232-238.

四县,南与越南接壤,国境线长 848 公里,人口以彝族和哈尼族为主,少数民族占全州人口的 57.5%。红河州地势西北高东南低,最高处为金平县西南部西隆山,海拔 3 074.3 米;最低处在河口县红河与南溪河的汇合处,海拔 76.4 米;地形复杂多样,分为山脉、岩溶高原、盆地(坝子)、河谷 4 部分,主要山脉为横断山脉南段澜沧江东侧的云岭南延东部分支哀牢山,山高谷深坡陡,地形错综复杂,岩溶高原位于红河州北部,地势较为平缓,其间山脉、河流、盆地间杂,喀斯特地貌尤为突出;红河州大小河流众多,红河州境内集水面积在 50 平方公里以上的河流有 180 条,1 000 平方公里以上的河流有 14 条。其余 7 个项目所在的遗产地也都紧邻国界线,与周边邻国接壤,处于祖国的西南边疆地区;民族众多,少数民族人口超过总人口的一半以上;地处横断山脉腹地和南缘,地形比红河州更为复杂,平均海拔在 2 000 米左右。同时,由于地势高低落差巨大、地形复杂等客观自然原因,云南省交通基础设施建设与其他省市区还存在差距,尤其是在全国铁路里程排名和铁路密度排名中,云南省在全国三十多个省市区中处于二十位以后,而处于云南省西部和南部边疆地区的农业文化遗产所在市县,其交通状况更为滞后。从《云南省"十四五"铁路规划示意图》和《云南省"十四五"高速公路规划示意图》可以看出,农业文化遗产地所在市县的既有铁路交通和高速公路交通状况并不乐观,而在建的和新规划的线路将对现有状况有所改善。遗产地特殊的自然地理条件和不便的交通状况使得云南省农业文化遗产保护利用在空间上存在较大的区位劣势。

2. 经济基础薄弱,发展水平不高且不平衡

遗产地社会经济状况欠佳也是制约农业文化遗产保护与利用的一大重要因素。云南省农业文化遗产地的经济基础普遍较为薄弱,部分遗产地市州由于受自然地理条件、区位条件、交通物流条件、人力资源条件和市场发育程度等因素影响,经济发展总体水平不高,有限的财政收入也难以为遗产保护提供足够的资金支持;遗产地经济社会发展不平衡,既表现在遗产所在地的各个市州和区县之间发展不平衡,也表现在各地方产业结构失衡方面。首先,从全国来看,2021 年的统计资料显示,云南省经济总量以 27 147 亿元在全国 30 多个省市区中排名第十八位,属于中等靠后位置,与同样地处西部地区的四川、陕西和重庆等省市还有不小差距。其次,就云南省内而言,各遗产地所在市州的经济总量与省会昆明市的经济总量差距巨大,反映出遗产地所在市州经济发展水平不高的问题,如昆明市 2021 年 GDP 为 7 223 亿元,而 8 个农业文化遗产所在市州的 GDP 之和为 8 777 亿元,8 个市州的经济总量之和才能赶上昆明市的经济总量。同时,遗产地所在市州之间的经济发展水平差距较大,区域间发展不平衡问题较为严重,如红河哈尼稻作梯田系统所在的红河哈尼族彝族自治州 2021 年 GDP 为 2 742 亿元,而双江勐库古茶园与茶文化系统所在的临沧市 2021 年 GDP 仅为 908 亿元,前者是后者的 3 倍。除了经济总

量以外,人均 GDP 的绝对水平和相对差距也不容乐观,遗产地所在市州的人均
GDP 为 46 367 元,大约为昆明市人均 GDP 的一半;红河哈尼族彝族自治州的人均
GDP 为 61 230 元,而文山壮族苗族自治州为 37 074 元,两个遗产地的人均 GDP
相差巨大。最后,具体到农业文化遗产所在的区县,哈尼稻作梯田系统所在的红河
州元阳县、红河县、金平县、绿春县长期在红河州 GDP 区县排名中位列倒数,年
GDP 不足百亿;剑川稻麦复种系统所在的大理州剑川县、漾濞核桃-作物复合系统
所在的大理州漾濞县也在 2021 年大理州各区县 GDP 排名中垫底,分别为 65.96
亿元和 38.8 亿元。从三大产业分布来看,工业总产值超过农业,成为第一大产业,
但对于对生态环境要求较高的农业文化遗产地而言,工业的发展将对遗产地环境
等方面产生影响,将不利于遗产地的持续发展,不应作为文化遗产地的支柱产业,
而本应作为支柱产业的服务业比重一直较低,没有发挥服务业在经济发展中的支
柱作用。

4.2.3　现代化转型对保护利用产生强烈冲击

1. 城镇化和市民化造成农村空心化问题严重

近年来,随着我国加快现代化国家建设进程,现代工商业和与之紧密联系的城
市空间场域得到快速发展,而人力资源是支撑现代工商业发展的第一资源,其高速
发展必然造成巨大的人力资源缺口,尤其是需要庞大数量的产业工人。又因为城
市生活便利和公共服务供给充分,而农村由于发展不足,一直以来就是落后的代名
词,加之有的地方政府错误的城镇化理念和政策更加助长了农村地区人力资源的
流失,在这"一推一拉"机制的作用下,农村人口,特别是青壮年劳动人口对城市生
活充满向往和憧憬,他们纷纷离开故土,或长期定居城市,或在城市与农村之间如
候鸟般迁徙,使得农村空心化问题日益严重。农村的逐渐空心化趋势对于农业文
化遗产的保护而言是十分不利的。农村大量青壮年劳动力背井离乡、进城务工、放
弃农活,转移至其他行业,留在农村的多为劳动能力较弱的老人、妇女和儿童,世代
相传的技能技艺面临后继无人的困境[1]。遗产地农村劳动力流失,农业人口老龄
化,农业土地抛荒,农田维护不善,农业产量下降,传统农业知识、技术和文化无人
继承等问题,导致农业文化遗产的要素、结构与功能发生了变化,并最终影响到农
业文化遗产的可持续性及价值表达。比如,有关云南双江勐库古茶园的研究表明,
老一辈人掌握着食用野生植物资源的传统知识,随着他们的逐渐逝去以及大量年

---

①　杨碧波,李华,何临.中国农业文化遗产保护现状研究[J].农业展望,2017,13(8):34-37.

轻人外出就业,这些传统知识的保护与传承面临危机[1];有关云南红河州稻作梯田的研究表明,随着越来越多的青年人外出务工,农业生产知识和经验正面临失传,地方方言、传统手工艺、地方歌舞等非物质文化遗产正遭遇传承困境[2]。当然,防止遗产地农村空心化并不是要限制农民迁徙的自由,把农民羁留在农村。我们没有理由自己在城市里享受现代化生活设施,而要求农民一成不变地保留原来的生产和生活设施,我们应该做的是支持和帮助农民挖掘其传统文化资源及生态环境优势,通过发展特色农产品生产、农业旅游、乡村旅游、休闲和生态旅游等方式,发展经济,保护环境,传承文化,让他们过上富裕的、和谐的、可持续的生活[3]。2022年5月,中央出台了《关于推进以县城为重要载体的城镇化建设的意见》,为我国新型城镇化建设勾勒了新的图景,也为云南农业文化遗产地因地制宜地实施以农民为中心、以农业文化遗产保护为重点的协调、可持续城镇化提供了基本遵循。

2. 农业工业化造成对遗产地生态环境的破坏

开始于 18 世纪中叶的工业革命将全球逐步带入了工业化时代,人类社会也开始从以农业经济、习俗、宗教祭祀、皇权统治、封建制度等为特征的传统形态向以工厂大机器生产、科学技术、代议民主制、理性官僚制等为特征的现代社会转型。现代化、工业化、市场化的生产理念、生产技术、生产工具、生产物资的快速普及,打破了中国社会延续了几千年的传统农业生产模式,助推了农业生产力的提高。特别是 20 世纪以来,农业工业化浪潮席卷而来,以专业化、规模化、机械化、信息化为特征的农业工业化为第二次世界大战后全球以及中华人民共和国成立后我国粮食生产供应做出了巨大贡献。但同时,农业工业化还包含化肥化、农药化、标准化、市场化等特征,产生了诸多问题,如无节制地开垦或城市扩张占用生态用地,破坏区域生态平衡,危及生物多样性;化肥、农药的广泛使用造成土地板结、地力下降、酸碱度失衡、有毒物质超标等危害,危及土地安全和粮食安全;同时,在经济效益刺激下,农民简单地追求经济效益,复种指数增加,轮种指数和休种指数减少,造成耕地质量不断下降,连作障碍问题突出;并且一味追求"高效""高产"使很多农民放弃了传统的生态绿色的耕作方式,导致大量传统农业知识和经验被遗忘,传统农业生产技艺和生产工具等被抛弃,遗产地某些特有农业物种、品种急剧减少,市场经济的"效益优先"模式威胁到了遗产地的生态环境安全、粮食安全、土地安全等,不断地

---

①　Ma N, He S Y, Min Q W. Edible biological resource use in an agricultural heritage system and its driving forces: A case of the Shuangjiang Mengku Ancient Tea and Culture System[J]. Sustainabiity, 2020, 12, DOI: 10.3390/su12187791.

②　焦雯珺, 崔文超, 闵庆文, 等. 农业文化遗产及其保护研究综述[J]. 资源科学, 2021(4): 823-837.

③　王思明. 农业文化遗产的内涵及保护中应注意把握的八组关系[J]. 中国农业大学学报(社会科学版), 2016, 33(2): 102-110.

"透支"自然资源，造成不可逆转的破坏①。出于对农业文化遗产保护的需要，遗产地的农业发展不能走过度工业化的道路，相反，应发展生态农业，坚持整体化、多样化、个性化的发展方向。然而，部分学者调研发现，云南省农业文化遗产地的农业工业化现象比较严重，已经和正在对农业文化遗产和遗产地的农业生态造成不可逆转的破坏。比如，云南大理漾濞满山的麦田基本是喷灌，田间一片现代气息。哈尼稻作梯田系统下的元阳梯田村民日常使用的运输储藏工具背篓一般为就地取材的竹编背篓，但是由于竹编背篓使用寿命有限，塑料背篓也出现在了身着民族服装的村民身后。大理剑川沙溪古镇是剑川稻麦复种系统的核心区，由于古镇地势较平，村民翻田整地也几乎普遍使用微耕机，已难觅传统木犁的踪影。手动谷物脱粒机由于比较耗费人力，在剑川等坝区基本被现代化的电动谷物脱粒机取而代之。普洱景迈山众多稍具规模的茶叶合作社，从茶叶晾晒到杀青、揉捻等一系列生产工艺都实现了机械化，传统杀青用的大炒锅基本被废弃②。

4.2.4 农业文化遗产保护利用方面的法律法规和体制机制不健全

1. 农业文化遗产保护利用方面的法律法规不健全

（1）地方性法规还存在立法保障缺失

立法是农业文化遗产保护的基础。通过指导方针的总体定调和法律条款的明文规范，对农业文化遗产的保护与利用工作设定"红绿灯"，才能在新时代确保农业文化遗产保护工作取得实效。目前，针对农业文化遗产保护的专门性法律法规还存在缺失，仅有《中国重要农业文化遗产保护管理办法》这一部门规章，是由原农业部于2015年颁布的。有关农业文化遗产保护的法律规范散见于我国文化遗产保护的相关法律中，包括全国人民代表大会及其常委会所制定的法律规范，如《中华人民共和国刑法》《中华人民共和国非物质文化遗产法》《中华人民共和国环境保护法》《中华人民共和国文物保护法》等；国务院颁布的行政法规，如《中华人民共和国文物保护法实施条例》《国务院办公厅关于加强我国非物质文化遗产保护工作的意见》《文物行政处罚程序暂行规定》等；国务院各部委制定的部门规章，如农业农村部颁布的《中国重要农业文化遗产保护管理办法》、文化和旅游部颁布的《国家级非物质文化遗产代表性传承人认定与管理办法》、原文化部颁布的《国家级非物质文化遗产保护与管理暂行办法》等；地方性法规，如云南省人大常委会颁布的《云南省非物质文化遗产保护条例》。由于农业文化遗产范围比较狭窄，具体实践探索时间

---

① 杨雯，王晨仰，刘军民.论陕西地区农业文化遗产的保护与发展[J].西北农林科技大学学报(社会科学版),2021(5):145-153.

② 曹茂，郎云雯，樊兴丽.云南少数民族工具类农业文化遗产保护利用研究[J].中国农史,2017(5):119-124+56.

不长,以及既有法律不能够较为有效地覆盖,因此国家层面对农业文化遗产虽然没有针对性的立法措施,但基本形成了"宪法—法律—行政法规和部门规章—地方性法规"的立法保护体系。云南省拥有 8 个少数民族自治州,省辖 29 个少数民族自治县。我国宪法第一百条规定:"设区的市的人民代表大会和它们的常务委员会,在不同宪法、法律、行政法规和本省、自治区的地方性法规相抵触的前提下,可以依照法律规定制定地方性法规。"第一百一十六条规定:"民族自治地方的人民代表大会有权依照当地民族的政治、经济和文化的特点,制定自治条例和单行条例。"①我国立法法第九十三条规定,省、自治区、直辖市和设区的市、自治州的人民政府,可以根据法律、行政法规和本省、自治区、直辖市的地方性法规,制定规章。② 云南省作为全国重要农业文化遗产项目数量最多的省份,省一级人大及其常务委员会却尚未出台对农业文化遗产保护的专门性地方性法规。省级地方性法规主要有 2013 年颁布的《云南省非物质文化遗产保护条例》、2012 年通过的《云南省红河哈尼族彝族自治州哈尼梯田保护管理条例》和 2022 年通过的《云南省古茶树保护条例》,没有出台《云南省重要农业文化遗产保护条例》和云南省重要农业文化遗产认定与管理办法。在农业文化遗产所在市州,除了临沧市人大常委会 2016 年通过的《临沧市古茶树保护条例》、文山壮族苗族自治州人大常委会 2020 年通过实施的《云南省文山壮族苗族自治州文山三七发展条例》(2020 年修订)、普洱市人大常委会 2018 年通过的《普洱市古茶树资源保护条例》和 2022 年通过的《普洱市景迈山古茶林文化景观保护条例》外,其他拥有遗产项目的市州尚未出台地方性法规和地方政府规章。在农业文化遗产所在县,除了澜沧拉祜族自治县 2009 年通过了《云南省澜沧拉祜族自治县古茶树保护条例》、漾濞彝族自治县人大常委会 2011 年制定了《云南省漾濞彝族自治县漾濞核桃产业发展条例》、双江拉祜族佤族布朗族傣族自治县人大常委会 2021 年通过了《云南省双江拉祜族佤族布朗族傣族自治县古茶树保护管理条例》外,其他县级人大及其常委会没有出台针对特定农业文化遗产的地方性法规,如"广南八宝稻作生态系统"所在的广南县、"剑川稻麦复种系统"所在的剑川县、"腾冲槟榔江水牛养殖系统"所在的腾冲市等。此外,一些有立法权限的民族自治县只出台了较为笼统的文化遗产保护条例③。

---

①　中华人民共和国宪法[M].北京:法律出版社,2022.

②　中华人民共和国立法法[M].北京:法律出版社,2023.

③　景东彝族自治县人大常委会《云南省景东彝族自治县文化遗产保护条例》(2015)、墨江哈尼族自治县人大常委会《云南省墨江哈尼族自治县文化遗产保护条例》(2016)、禄劝彝族苗族自治县人大常委会《云南省禄劝彝族苗族自治县文化遗产保护条例》(2017)、兰坪白族普米族自治县人大常委会《云南省兰坪白族普米族自治县文化遗产保护条例》(2018)、元江哈尼族彝族傣族自治县人大常委会《云南省元江哈尼族彝族傣族自治县文化遗产保护条例》(2018)、西盟佤族自治县人大常委会《云南省西盟佤族自治县文化遗产保护条例》(2018)。

（2）规范性文件位阶和规范效力低

在尚没有规划、制定和出台有关农业文化遗产保护与利用地方性法规的遗产地所在市县，地方政府和基层政府通常采用制定规范性文件或者工作性文件的方式来对属地所辖农业文化遗产及有关主体和保护开发行为进行规范和引导，包括：①各市州党委政府制定的非物质文化遗产保护工作实施意见，如丽江市人民政府制定的《关于进一步加强非物质文化遗产保护工作的实施意见》（丽政发〔2018〕47号）、文山州人民政府制定的《关于进一步加强非物质文化遗产保护工作的实施意见》（文政发〔2018〕76号）、保山市人民政府制定的《关于进一步加强非物质文化遗产保护工作的实施意见》（保政发〔2018〕11号）、临沧市人民政府制定的《关于进一步加强非物质文化遗产保护工作的实施意见》（临政发〔2018〕41号）和中共临沧市委、市政府制定的《临沧市进一步加强非物质文化遗产保护工作实施方案》。②各级政府制定的针对特定农业文化遗产的规范性文件，如《云南省人民政府关于核定并公布红河哈尼梯田为省级文物保护单位的通知》（云政发〔2012〕120号）、红河州人民政府印发的《云南省红河哈尼族彝族自治州哈尼梯田保护管理条例实施办法》（红政发〔2017〕27号）、《云南省人民政府办公厅关于印发云南省核桃产业发展行动方案的通知》（云政办发〔2017〕96号）、普洱市宁洱县制定的《云南省宁洱县困鹿山古茶树原生境保护区管理规定》《普洱市古茶树资源保护条例实施细则》（2022），以及文山州政府从2004年起先后下发的《文山州人民政府关于实施文山三七规范化种植的通告》（文政发〔2004〕82号）、《文山州人民政府关于印发云南省文山壮族苗族自治州文山三七发展条例实施细则的通知》（文政发〔2009〕67号）、《文山州人民政府关于进一步加强文山三七种质资源和种植技术保护管理工作的通知》（文政发〔2015〕44号）、《文山州人民政府关于印发加快文山三七电子商务平台建设的意见的通知》（文政发〔2016〕18号）、《文山壮族苗族自治州人民政府关于印发文山三七地理标志产品专用标志使用管理办法的通知》（文政发〔2017〕147号）等出于规范、引导、激励三七特色种植产业保护与开发利用的规范性文件。③各级政府制发的工作性文件，如云南省人民政府办公厅制发的《关于成立云南省普洱景迈山古茶园申报世界文化遗产工作协调小组的通知》（云政办函〔2014〕39号）、红河州人民政府办公室制发的《关于印发贯彻落实省委、省政府红河现场办公会精神申报云南省哀牢山红河哈尼梯田山水林田湖草沙一体化保护和修复项目工作方案的通知》（红政办函〔2021〕66号）等。此类规范性文件和工作性文件由于法律位阶和法律效力都比较低，对于农业文化遗产的保护与利用的强制性相较于法律法规和政府规章更低，因此其对于农业文化遗产的法律规范和保障作用受到一定的限制。

2. 农业文化遗产保护利用方面的管理体制不完善

（1）管理体制条块分割，缺乏统一有效的领导和管理

由于缺乏立法对农业文化遗产保护做出专门性规定，农业文化遗产的管理体制和管理部门尚不明确，农业文化遗产的统一管理体制尚未建立，依然承袭了计划经济时期条块分割的特点，农业文化遗产保护和开发工作缺乏统一高效的领导和管理体制。农业文化遗产管理涉及的职能管理部门非常多，分散于文化部门、文物管理部门、农业部门、建设部门、国土资源管理部门、环保部门、质检部门、档案部门、旅游部门等多个部门和中央、地方、基层等多个行政层级。具体来说，文化部门负责农业民俗、部分农业文献（非物质文化遗产）的管理工作；文物部门负责部分农业遗址、农业工程、农业景观（文物保护单位）的管理工作；建设部门和文物部门负责部分农业聚落（历史文化名镇、名村）的管理工作；档案部门负责部分重要农业文献（馆藏文物）的管理工作；各级博物馆、档案馆、图书馆负责部分农业工具、农业文献（馆藏文物）的管理工作；旅游部门负责部分农业工程、农业景观（风景名胜区）的管理工作；农业农村部、国家质量监督检验检疫总局等有关部门负责部分农业特产（农产品地理标志登记产品、国家级畜禽遗传资源保护名录、中国地理标志产品等）的管理工作；农林水利等部门负责作为活态遗产的部分工程类、景观类农业文化遗产（农田水利设施）的管理。[①] 这种多头管理的弊端显而易见，一是职能交叉重叠，政出多门，导致管理规则和标准不一，增加了部门间的协调成本，影响了管理效率；二是部门利益和管理目标各不相同，在涉及责任问题时相互推诿，"多头管理"导致"多头都不管"的现象经常发生，而在涉及利益问题时部门之间又容易因相互争夺而产生利益冲突和相互牵制等问题。目前，云南省一些地方已经注意到这种管理体制不协调的问题，并开始着手解决。如在省级层面，云南省政府领导相关管理部门共同组建了红河哈尼梯田世界文化遗产保护领导小组；在市州层面，红河州整合了相关部门职责，组建了红河州世界遗产管理局、红河州梯田管理局；在县级层面，元阳县成立了世界遗产哈尼梯田元阳管理委员会，统筹辖区内的梯田保护与开发工作。跨部门的农业文化遗产综合协调管理专门机构较好地整合了资源，提高了工作效率，但云南省还有其他不少遗产地的管理体制仍然存在条块分割的情况，制约了农业文化遗产的保护与利用，当前云南省应积极借鉴国家公园管理体制等形式，推动农业文化遗产管理体制不断创新和完善。

（2）各市州各自为战，缺乏区域协调和资源整合

从云南省各市州农业文化遗产保护的立法工作和管理体制可以一窥各市州在

---

① 李明，王思明.农业文化遗产保护面临的困境与对策[J].中国农业大学学报（社会科学版），2012(3)：25-33.

农业文化遗产保护工作中存在各自为政的情况,缺乏区域协调和资源整合。目前,云南省农业文化遗产的保护开发工作主要由各遗产地当地政府主导,由于各个遗产地在客观上存在区域条件有差异、资源禀赋参差不齐的情况,在主观上当地政府的重视程度各不相同、施政能力有高有低,由此,农业文化遗产的保护与发展呈现出区域间的不均衡。比如红河州的哈尼稻作梯田系统,其在立法保护和管理体制建设方面比较成熟;普洱古茶园与茶文化系统、文山三七种植系统在推广宣传、文化品牌打造等方面比较成熟,形成了全国知名的特色品牌。其他遗产如剑川稻麦复种系统、双江勐库古茶园与茶文化系统、腾冲槟榔江水牛养殖系统等,由于在立法保护和管理体制方面还不够完善,遗产地的基础设施条件相对薄弱以及宣传不足等原因,遗产项目的保护与开发利用以及遗产地的经济社会发展还存在诸多不足。针对农业文化遗产保护与开发不平衡的问题,各市州缺乏思想上的充分重视和行动上的有效手段,没有通过建立有效的机制、平台、论坛,或者利用互联网等方式将各农业文化遗产地联结起来。通过搭建农业文化遗产资源交流与合作平台,一方面,各市州和遗产地之间可以相互借鉴各自在农业文化遗产保护与开发工作中好的做法;另一方面,政府、企业和农户之间可以充分及时地沟通农业文化遗产相关政策信息、市场信息和产品信息,通过多元主体通力合作,促进云南省农业文化遗产的宣传推广,让云南农业文化遗产"走出去"。此外,云南省周边省区的农业文化遗产资源也比较丰富,如贵州从江侗乡稻鱼鸭复合系统、贵州花溪古茶树与茶文化系统、贵州安顺屯堡农业系统、贵州锦屏杉木传统种植与管理系统、广西龙胜龙脊梯田系统、广西恭城月柿栽培系统、广西横县茉莉花复合栽培系统、广西桂西北山地稻鱼复合系统、四川苍溪雪梨栽培系统、四川宜宾竹文化系统、四川郫都林盘农耕文化系统等,农业文化遗产很大一部分在省域边界上呈线状分布。但目前云南省还缺乏农业文化遗产省际合作保护与开发的意识,政府部门可以通过开展线性农业文化遗产保护示范区建设试点,适度开发特色农业文化遗产旅游线路,实现跨省农业文化遗产旅游地无缝连接,带动跨省交界区域经济可持续健康发展[①]。

(3)尚未纳入主体功能区战略,缺乏统一规划

习近平总书记强调:"要坚定不移加快实施主体功能区战略,严格按照优化开发、重点开发、限制开发、禁止开发的主体功能定位,划定并严守生态保护红线,构建科学合理的城镇化推进格局、农业发展格局、生态安全格局,保障国家和区域生态安全,提高生态服务功能。"[②]党的二十大报告也指出,促进区域协调发展要深入

---

① 刘进,冷志明,刘建平,等.我国重要农业文化遗产分布特征及旅游响应[J].经济地理,2021(12):205-212.

② 国家林业和草原局政府网.深入实施主体功能区战略——落实重大发展战略,开创事业新局[EB/OL].(2023-02-28)[2024-02-12].http://www.forestry.gov.cn/main/586/20230228/082746368329357.html.

实施"主体功能区战略"。《全国农业可持续发展规划(2015—2030 年)》针对各地农业可持续发展面临的问题,综合考虑各地农业资源承载力、环境容量、生态类型和发展基础等因素,将全国划分为优化发展区、适度发展区和保护发展区,以此确定不同区域的农业可持续发展方向和重点。在全国的农业可持续发展分区中,云南省西北部属于"保护发展区",其特征是"该区域是我国大江大河的发源地和重要的生态安全屏障,高原特色农业资源丰富,但生态十分脆弱",其农业发展应以"突出三江源头自然保护区和三江并流区的生态保护,构建稳固的国家生态安全屏障和确保区域口粮安全"为目标;云南省其余地区大部分属于"适度发展区",其特征是"农业生产特色鲜明,但生态脆弱,水土配置错位,资源性和工程性缺水严重,资源环境承载力有限,农业基础设施相对薄弱。"因此,要在生态保护中发展特色农业,实现生态效益和经济效益相统一。[①] 近几年,我国逐步启动国土空间规划工作,目的是优化国土空间开发格局,促进全域国土资源均衡发展,尤其是明确提出了底线管控要求,对生态红线、基本农田保护红线、城乡开发边界严格管控,进一步保证农业文化遗产保护所需的自然生态环境。[②] 云南省农业文化遗产资源丰富,在国土空间规划中必须考虑农业文化遗产资源的重要地位、保护空间和发展方向,将其纳入国土空间规划体系,给农业文化遗产的保护空间划定红线和底线,以实现科学合理的管控和保护。而当前,云南省农业文化遗产保护和开发利用还未纳入地方社会经济发展规划、城乡规划、国土空间规划中,农业文化遗产的保护及开发利用比较缺乏整体性布局和思考,随意性比较突出。

3. 保护利用的相关机制不完善

(1) 多方参与机制和协同治理机制有待确立

2020 年 3 月,中共中央办公厅、国务院办公厅印发《关于构建现代环境治理体系的指导意见》(以下简称《意见》)。《意见》对党委、政府、企业、社会组织、社会公众等相关主体在环境治理体系中的责任作了明确,对多方合作治理机制的构建指明了方向。《意见》中强调"牢固树立绿色发展理念,以坚持党的集中统一领导为统领,以强化政府主导作用为关键,以深化企业主体作用为根本,以更好动员社会组织和公众共同参与为支撑,实现政府治理和社会调节、企业自治良性互动",要求"明晰政府、企业、公众等各类主体权责,畅通参与渠道,形成全社会共同推进环境治理的良好格局",并提出"建立健全环境治理的领导责任体系、企业责任体系、全民行动体系、监管体系、市场体系、信用体系、法律法规政策体系,落实各类主体责

---

① 中国政府网.《全国农业可持续发展规划(2015—2030 年)》发布[EB/OL].(2015-05-28)[2024-02-12].http://www.gov.cn/xinwen/2015-05/28/content_2869902.htm.

② 杨雯,王晨仰,刘军民.论陕西地区农业文化遗产的保护与发展[J].西北农林科技大学学报(社会科学版),2021(5):145-153.

任,提高市场主体和公众参与的积极性,形成导向清晰、决策科学、执行有力、激励有效、多元参与、良性互动的环境治理体系"。①《意见》为生态环境治理提供了遵循,也为农业文化遗产保护的多方参与协同治理机制的构建和完善提供了参考。在农业文化遗产保护工作中,政府作为农业文化遗产保护的决策者、规划者和管理者,负责农业文化遗产保护的政策制定、规划拟定、组织保障、经费投入、人才队伍建设等多个方面的工作,是农业文化遗产保护多元主体中的主导者;农户是遗产地农业从业者、农业文化遗产的创造者、农业文化遗产的传承人,是农业文化遗产的真正主人和保护的直接承担者;各类产业开发企业是遗产地相关产品和服务的投资者、开发者、就业岗位的提供者,也是经济效益的重要受益人;遗产地所在社区是农业文化遗产保护的组织者;NGO 组织(非政府组织)是以服务提供者和利益协调者的身份出现的。但有学者调研发现,一方面,云南省农业文化遗产保护的主体体系还比较单一,多方参与的协同治理机制尚未真正建立②;另一方面,云南省农业文化遗产保护的相关主体存在缺位、错位、越位等问题,如政府主体存在着立法和规划缺失、管理体制不完善,以及未提供农业文化遗产保护专项经费,只采取了一些补贴性质或行政性的手段,无法有效激励农户可持续参与遗产保护等情况;企业主体越位主导了遗产地保护开发工作,实施以经济利益至上的开发策略,忽视了生态和文化价值,以及其他主体的利益;NGO 等社会组织的参与也十分不足。总之,由政府主导的农户、社区、企业与社会组织等多方参与的可持续的协同治理机制还有待进一步确立和健全。

(2)市场激励机制和政府调控机制有待完善

我国改革开放已经走过 45 个年头,经济发展须遵循价值规律、供求规律、竞争规律等市场经济的普遍规律已经成为社会各界的广泛共识,在此基础上所建立起来的中国特色社会主义市场经济体制不断健全完善,并成为中国改革发展取得巨大成就的重要体制性因素之一。党的二十大报告也明确指出,"构建高水平社会主义市场经济体制,坚持和完善社会主义基本经济制度,充分发挥市场在资源配置中的决定性作用,更好发挥政府作用"。市场经济体制下,诸如股份合作、特许经营、租赁经营、委托经营等多种形式的开发方式逐渐成为农业文化遗产保护与开发的发展趋势和主要选择。我国市场经济成熟度较高、市场机制作用发挥较好的地区

---

① 中国政府网.中共中央办公厅、国务院办公厅印发《关于构建现代环境治理体系的指导意见》[EB/OL].(2020-03-03)[2024-02-12].http://www.gov.cn/zhengce/2020-03/03/content_5486380.htm.

② 伽红凯等(2021)学者在云南省调研发现,农户在农业文化遗产地保护的权责归属问题上,认为应该由当地政府负主要责任的占 54.0%,认为应该是由国家相关部门负主要责任的占 25.0%,21.0%的农户认为应由社会组织与当地居民负责。这说明在农业文化遗产地保护上,农户认为职责应更多归属当地政府和国家相关部门。

也在相当程度上促进了遗产地的保护与开发,在部分农业文化遗产项目和遗产地的开发保护上取得了巨大的成功,实现了政府、企业、社区、农户等利益相关者的共赢局面。虽然云南省绝大多数农业文化遗产所在地政府都能够认识到市场机制对于农业文化遗产保护与开发利用的重要性,但由于云南省区位条件不足,开放时间较为滞后,对外部资本、人才资源的吸引力较弱等原因,市场经济一方面还相对缺乏活力,农业文化遗产保护与开发中的市场机制还没有完全建立;另一方面,由于市场经济固有的缺点,如市场调节的自发性导致企业经营者在价值规律的自发调节下追求自身的利益可能产生一些如破坏生态、污染环境、垄断市场、欺行霸市、扰乱市场秩序、不讲职业道德等不正当的经济行为,市场机制有待朝着健康、有序的方向加以完善。在市场不足或者市场机制失灵的情况下,政府的监管和调控就变得至关重要了。在遗产保护与开发过程中,政府应明确自己的责任,制定有效的政策框架、约束条件与利益分配方式,并加强对企业行为的监管。比如政府在确定社会发展、环境质量、容量及经济发展等指标的同时,对企业因无序或不按规划开发造成遗产地环境破坏,应建立起一套与权益相匹配的责任追究制度;应建立起规范的招商引资制度规则,在保障投资商合法权益的同时,对旅游招商引资项目加强管理,避免出现因急于招商引资出政绩而低价转让经营权的问题,造成国家利益受损,确保国有资产保值增值;应将项目的经营权通过公开招标、竞标的方式推入市场,在交付权利的同时也将生态环境保护的责任、促进遗产地社会发展和农民增收的义务交给开发商;应掌握遗产资源管理的主动权,特别是遗产地相关产业的收入不能被开发企业垄断。

（3）利益协调机制和生态补偿机制有待优化

农业文化遗产保护与开发涉及的利益相关者众多、利益关系复杂,遗产地农户、政府、社区、NGO 组织、企业等相关主体都有自己的利益诉求,政府部门以实现遗产保护、生态环境保护和当地经济发展为政策和利益目标,旅游和产业开发企业以产值和利润为核心利益,而遗产地农民则以经济收入的增长和生产生活环境的改善为核心利益。各利益主体之间既有着共同的利益,又有着各自不同的利益,且各自实现利益的方式不尽相同,构成了一个错综复杂的利益关系网。首先,经济利益几乎是所有利益相关者所共同关心的核心利益,各相关主体对于农业文化遗产保护与开发过程中产生的经济利益形成了十分激烈的争夺,往往造成遗产地农民、社会组织等弱势主体的利益受损;其次,农业文化遗产保护与开发工作中还有许多非经济性的利益,比如生态利益、环境利益、文物保护等公共利益,而公共利益一般需要相关主体承担相应的公共责任来实现,但实际工作中,各相关主体通常都不愿意承担公共责任,对遗产地的保护、宣传、科学研究等不能带来直接经济效益的工作避而远之。由于农业文化遗产保护与开发过程中的利益协调机制缺失,作为农业文化遗产的实际使用者、制造者和传承者的农村居民因在竞争中处于弱势,利益得不到合理分配,影响了其参与遗产保护和传承的积极性。他们要么脱离遗产地而造成遗产地空心化和传统文化的消逝,要么为了确保生存,放弃遗产地生态型的农业生产方式,对农业文化遗产构成破坏。有学者对云南省农业文化遗产地调研发现,遗产地的利益分配机制存在较多问题。遗产资源的所有权、管理权一般掌握在政府手中,但农业文化遗产的开发建设与经营管理权却常常被旅游和产业开发企业所控制,而相关企业在开发过程中以经济利益为中心,忽视了遗产的生态价值和社会文化价值,致使农业文化遗产保护及可持续发展得不到保证。同时,农民普遍希望参与农业文化遗产的保护和利用并从中获益,但旅游及相关产业发展的收益主要被开发企业获取,甚至一些遗产地景区的门票收入大部分被划入开发商的经营收入,并成为开发企业的垄断利润。有的遗产地农民不仅没有获得经济收益,还要承担开发带来的环境恶化和农作物、果树等的损失;有的地区因为旅游开发还强制遗产地农民搬迁或改变生活方式,剥夺、征用和侵占农民的利益,这些都对遗产的生态、文化等多功能价值造成了严重的破坏。因此,云南省农业文化遗产地亟须优化利益协调和分配机制,同时还应进一步优化生态补偿机制,充分考虑遗产地产业开发的社会成本、资源成本和环境成本,并通过资源环境补偿税收、现金补偿、提高农产品收购价格、活动资助等多种形式进行合理的经济补偿。社会成本主要体现在农民因开发造成的生计方式改变、为遗产保护而继续使用传统的或采用更加环境友好的农业生产方式,以及未直接参与产业开发但切身利益受到较大影响的居民等;资源和环境成本主要体现在因开发带来的资源耗减和环境损失等方面。

　　(4) 监测评估机制和试点示范机制有待加强

　　监测与评估机制几乎是所有管理工作的基础机制和重要工具手段,也是管理闭环上的最后一环和最初一环。农业文化遗产监测是指对某一农业文化遗产项目和遗产地的生态环境指标、农业农村景观指标、农业技术工具指标、农村社会文化指标等自然和社会经济指标进行动态系统的收集和分析的过程。其目的是密切关注遗产的演进状况,及时察觉遗产状况的变化,并对演进过程中与原定保护目标发生的偏差,综合所监测到的信息做出及时的危机干预。农业文化遗产评估可以发生在农业文化遗产项目的申报立项、保护管理、开发利用等多个环节,如申报立项评估是为了评估遗产是否达到申报立项的条件;保护管理评估是为了评估遗产保护过程和结果的实际效能和质量水平;开发利用评估是为了评估遗产项目的社会经济价值等单一价值或综合价值的实现情况,而且农业文化遗产评估按照目的又可分为价值评估、风险评估、适应性评估、发展潜力评估、可持续性评估等类型①。总之,监测和评估机制是为了使农业文化遗产得到更加科学、高效和可持续的保护所必需的工作机制。2013 年发布的《全球重要农业文化遗产能登公报》、2014 年联合国粮农组织(FAO)发布的《全球重要农业文化遗产保护与适应性管理项目评估报告》,以及 2015 年我国农业部发布的《重要农业文化遗产管理办法》等官方文件中都对农业文化遗产监测评估机制提出了要求。然而,云南省部分重要农业文化遗产所在地政府对遗产的监测和评估工作缺乏足够的重视,存在着监测评估工作缺失,监测评估机制不系统、不健全的问题。具体表现在:一是没有专门的人才队伍、经费支持和技术保障;二是评估的时机大多只在遗产申报环节进行,申报成功后,评估工作就基本终止了;三是监测与评估工作缺乏主动性,应急性信息收集替代了常规监测评估,成为监测评估的主要方式;四是监测评估的主要目的在于评估分析农业文化遗产的经济价值,为开发企业投资决策提供依据,而地方政府的遗产保护与综合价值评估机制还没有真正建立起来。云南省有着全国数量最多的重要农业文化遗产项目,应当发挥地方首创精神,加快建立科学高效且与国际接轨的农业文化遗产监测和评估机制。另一方面,云南省农业文化遗产保护与开发利用的试点示范机制也尚未建立健全,各遗产地所在市县缺乏经验交流和模式借鉴,造成很多市县在遗产保护与开发利用中闭门造车,走了不少弯路。因此,云南省应积极探索和建立健全农业文化遗产保护与开发利用的试点示范机制,在试点示范中学习各地好的经验做法,避免保护与开发过程中存在的生态破坏、环境代价、农民利益受损、政府财政浪费、市场行为失范等问题在其他遗产地重复出现。

4.2.5　保护利用的技术嵌入性和创新性不足

1. 保护利用的方法还比较传统,技术嵌入性不足

各种科技手段运用到文化遗产保护中已经不是什么新鲜的事情,特别是随着计算机网络技术的成熟和数字信息技术的日新月异,农业文化遗产保护与利用中的科技因素也不断增多。2021 年 3 月,全国人大通过的《国民经济和社会发展第十四个五年规划和 2035 年远景目标纲要》明确提出"实施文化产业数字化战略",数字技术将进一步为农业文化遗产保护提供丰富多元的手段和路径,实现社会效益和经济效益相统一。在各种技术的具体运用中,综合了传感技术、GPS 卫星导航技术和 GIS 地理信息系统等基础性技术的大数据技术、云计算技术、物联网技术和人工智能技术、虚拟现实技术等,在农业文化遗产保护中作用巨大。比如,物联网

---

① 杨波,何露,闵庆文.基于国际经验的农业文化遗产监测和评估框架设计[J].中国农业大学学报(社会科学版),2014,31(3):127-132.

技术的广泛应用使得人们有能力采集甚至低成本采集农业文化遗产地的相关生态环境数据和社会经济数据,数据量大大增加。通过监测遗产地空气或水质、大气或土壤状况,以及经济社会运行数据,来帮助遗产地进行生态环境监测和制定保护措施;物联网技术还可以运用到遗产野生动物及其在栖息地的活动等的监测,以及当地生态农业和特色农业产业开发上,如利用传感技术为牲畜和特色农产品制作各种电子身份标签,从而对牲畜和特色农产品实施生命周期质量管理,增强农产品的市场竞争力。在遗产资源的数字化展出和传播方面,通过采集农业文化遗产地的地理信息和产品信息,利用 VR 虚拟现实技术,用逼真的虚拟化场景还原遗产地地理和人文风貌,使观众能够在尚未亲临现场的情况下,感知遗产地居民生活和文化习俗、传统农业生产过程、农作物和农产品信息,从而对遗产地产生沉浸式、互动式的体验,增强对农业文化遗产的认知,刺激其进一步实地感受和了解农业文化遗产魅力的欲望。具有地理信息储存技术、空间综合分析技术和可视化展示技术的地理信息系统(GIS),可以用于农业文化遗产地的空间规划,提高遗产地经济社会发展规划的科技化、现代化水平。此外,无人机技术因其较低的使用成本、较低的技术门槛、强大的高空拍摄和移动监测功能,也可以用于农业文化遗产监测和保护、宣传和推广、遗产地空间规划和日常管理、地形搜索和应急救灾等诸多方面。云南省农业文化遗产的数字化保护与开发利用当前还只存在于个别地区和个别领域,元阳县数字哈尼梯田建设项目(遗产区数字监管平台建设)于 2022 年 10 月发布招标公告,其他遗产地的数字化保护项目尚未启动,有待大力发展。

2. 农业种养殖科技含量不高,农产品附加值低

2022 年中央一号文件发布,在大力推进数字乡村建设部分提出,"推进智慧农业发展,促进信息技术与农机农艺融合应用"。保护农业文化遗产,发展遗产地生态农业和特色农业与农业现代化、利用现代科技推动农业产业可持续发展之间并没有根本上冲突和矛盾。遗产地传统农业的发展依然可以依靠数字化的技术手段、科学化的管理方式、产业化的运作方法和市场化的激励机制,来促进当地农业的可持续发展。事实上,具有地理标志品牌的农产品相当多是传统优质农业品种,经过有效开发以后,往往具有十分旺盛的市场需求和竞争能力,比如,普洱的茶、文山的三七等,价格比同类农产品高得多,但市场上仍供不应求,其原因就在于在它们的保护与开发过程中系统地注入了科技的含量,使得农产品不仅仅是初级产品,还通过深加工和市场化、产业化运作,极大地提高了其附加价值。以文山三七种植系统农业文化遗产为例,文山市薄竹镇野树龙村的 170 亩"绿色三七 GAP 数字化种植示范基地"于 2020 年启动,投资 500 万元,基地里安装了智能微气象站、土壤监测系统、监控摄像头等物联网传感设备。物联网设备接收可视化管理平台发送的指令,或直接根据传感器关联的阈值动作,可对智能农机、水肥一体化开关、可视对讲摄像头等设备进行控制。基地通过云平台大数据、标准化生产管控和区块链溯源等数字技术应用,着力打造"三大平台",实现基地管理可视化、基地种植标准化、产品质量可溯化。一是建成三七数字基地可视化监管平台,实现三七基地种植数据自动采集和基地实时监控及远程管理等功能;二是建成"三七通"标准化种植管理平台及 App,建立绿色三七种植模型,实现基地管理便捷化、农事作业规范化;三是建成"三七追溯"平台,实现与省级和国家追溯平台对接,形成统一追溯码,实现产品质量可溯化。同时,文山加强产学研合作,唯恒基业、七丹药业、文山三七联合社、云南省三七研究院、昆明理工大学、文山三七研究院等机构基于环境数据和农事管理数据(如农药投放、灌溉等),结合三七产出数据(如作物收成、质量等),构建出三七的"生长模型"。然后由软件工程师和种植专家一同进行分析、优化、调整,构建出三七"种植模型",反馈到三七种植中,以达到提高三七产量和质量的目的。目前,基地已被云南省农业农村厅列为 2021 年云南省"绿色三七 GAP 数字化种植示范基地",并计划下一步继续加强三七基地设施化、有机化、数字化提升改造,力争 5 年内基地设施化覆盖率达 90％以上;并进一步开展破解三七连作障碍核心技术的研究,提高技术适用性和推广可行性,力争 5 年内推广三七高效轮作 1 万亩;力争到 2025 年,建立地域特色鲜明的三七种质资源库、保护地,牢牢把控行业制高点。然而,相较于文山三七种植系统,云南省其他农业文化遗产项目,尤其是种养殖系统科技含量不高,数字技术的利用和转化较为落后,政府缺乏政策规划和项目投资,地方政府、高等院校、科研院所与企业主体没有形成高质量的产学研合作发展框架。

4.2.6　产业发展落后制约遗产的有效保护与利用

1. 第一产业发展问题较多,影响农民增收

(1) 农业基础设施不完善,物流渠道不畅通

2020 年,云南省农林牧副渔总产值 5 920.52 亿元,同比增长 19.95％。第一产业增加值由 2015 年年末的 2 056 亿元提高到 2020 年的 3 599 亿元,年均增幅为 11.85％;2020 年,全省农村居民人均可支配收入达 12 842 元,同比增长 7.9％,增速高于全国平均水平 1 个百分点。[①] 从数据上看,"十三五"时期云南省农业产业较"十二五"时期有很大的发展,但云南省第一产业发展存在的问题不容忽视,首先表现在农业基础设施不完善、物流渠道不畅通方面。农业基础设施是保证农业生产和农业物资流通能够顺利进行的公共设施,具有基础性和公共性特征。虽然农业基础设施涉及的内容很多,但从概念定义中可以看出,生产和流通是农业基础设施

---

① 云南省农业农村厅.云南农业年鉴[M].昆明:云南科技出版社,2022:73.

的主要内容,如农业耕地、农田水利、道路、河流、桥梁、码头、仓库等生产设施,通信设施和物流设施。广义的农业基础设施还包含与农业生产密切相关的农村生活保障设施,如住宅、学校、医院、文体娱乐场所、道路、饮用水、沼气、电力、劳动保护和安全服务等非生产性基础设施。一方面,云南全省地处云贵高原,山区、半山区面积占到了全省面积的94%,"山多地少"是基本省情,由于山地比重过大,坡耕地多、坡度大、改造难,土地产能偏低,水土流失现象日益突出,耕地质量普遍不高①。云南水资源总量虽然十分丰富,但全省水资源开发利用率仅7%左右,且水资源时空分布极不均匀,降水呈明显的雨季和旱季之分,旱季降水量只占全年的15%左右。云南省农业文化遗产项目所在地大都处于自然地理条件和生态环境更加恶劣、交通条件较差的西部和南部山区,客观条件不利于云南省第一产业的发展和农业文化遗产的保护与开发。另一方面,云南省农业水利建设投入不足,农田水利设施如灌溉、排涝、抗旱设施薄弱,工程性缺水问题突出;有的遗产地农村耕地呈散点式分布,农地不集中,难以形成规模经营,只能采用个体经营这种简单的生产模式,且农作物品种单一;有的遗产地农民饮用水未达到国家安全饮用水标准,燃料大部分是煤炭、木材和煤气等不可再生资源,沼气、天然气等清洁能源尚未有效覆盖;建制村的道路硬化率和通达率还不尽如人意,乡村公路作为最后一公里的关键堵点和农业物流体系的重要节点,对遗产地农业产业发展至关重要,但有的乡村道路瘫痪严重,道路路面不平、断裂、坑洼地段比较多,制约了农业机械的使用和农业生产资料以及农产品的运输;遗产地农村还普遍存在着村庄缺乏规划管理、农村人居环境、生活垃圾和生活污水问题有待整治、农村生产废弃物资利用和农田地膜残留治理不彻底、农田氮磷流失严重等问题。除此之外,物流和配送基础设施不完善,无法正常架设通信网络,网络维护困难、通信不畅等因素也使得部分地区的电商工作无法正常进行,网络基础设施已成为农村电子商务发展的一大障碍。配套设施跟不上发展要求,严重制约了遗产地旅游、农产品生产和销售,给当地农户持续增收带来了较大困扰②。

(2)农业组织化程度低,销售渠道不畅通

农业组织化,即农户与农户、农户与企业或合作组织进行交易活动,建立契约关系,在不改变农户作为农业生产基本单元的前提下,对单个农户独立面对市场的交易行为进行替代,以实现规模经济,摆脱小农分散生产经营的困境③。目前,农

---

① 金吉斌,夏体韬,崔金赋,等.高原特色农业背景下云南农业基础设施发展路径研究[J].云南农业,2013(11):11-15.

② 伽红凯,赵子锐.云南普洱农业文化遗产特色产业扶贫分析[J].普洱学院学报,2020,36(2):47-50.

③ 潘璐.村集体为基础的农业组织化——小农户与现代农业有机衔接的一种路径[J].中国农村经济,2021(1):112-124.

业企业、农民专业合作社和家庭农场是三种最为常见的农业组织化模式,其中又以"农业企业＋农户"和"农民专业合作社＋农户"两种模式最为常见。"农业企业＋农户"模式下,根据两者的紧密程度又可具体分为三种形式,一是"农户自主式生产,与农业企业随机交易"的形式,特点是组织化程度低;二是"农户订单式生产,与农业企业签订协议"的形式,组织化程度处于中间程度;三是"农业企业租赁式生产,付给农户租金和工资",组织化程度最高。"农民专业合作社＋农户"的模式中,合作社作为市场与农户的中间组织,目的在于通过合作社这种组织形式,将分散的农户组织起来,降低农户的交易成本,改变小农户在市场中的弱势地位。因此,农业组织化也被视为我国农业产业创新发展的重要制度性手段。2022 年中央 1 号文件精神和中共中央办公厅、国务院办公厅《关于加快推进乡村人才振兴的意见》要求推进现代农业经营体系建设,其中就重点强调了抓好家庭农场和农民合作社两类农业经营主体的发展,支持小农户和现代农业发展有机衔接①②。总体来看,云南省农业组织化程度逐年提高,特别是自 2016 年云南省人民政府下发《云南省人民政府关于促进农民合作社规范发展的意见》,启动农民合作社规范提升行动以后,农民合作社的规范化水平、服务带动能力有了显著提升。截至 2021 年年底,全省经市场监管部门登记的农民合作社达 66 394 家,较上年末增长 13.7%。合作社的入社农户也随之逐年增加。合作社通过统一经营、统一采购、统一技术、统一储运、统一推广、统一培训,有效提升了小农户生产的组织化程度。虽然云南省农业组织化程度有所提高,但仍然存在"农民合作社抵抗风险的能力依然薄弱""农民合作社发展壮大面临融资难、用地难的问题""农民专业合作社的人才和科技支撑仍然不足""农民合作社与入社农户之间的利益联结不够紧密"等问题。③ 具体到云南省农业文化遗产地的农业组织化问题上,云南省 8 个重要农业文化遗产项目中,文山三七种植系统、普洱古茶园与茶文化系统等所在遗产地较为广泛地采用家庭农场、农民专业合作社和农业企业等农业组织化形式开展农业生产和农产品销售,较为有效地促进了当地农业发展,解决了农产品销售问题,也实现了农民增收。有学者调查发现,普洱市澜沧县共有 214 家专业合作社,景迈、芒景两个村就有 57 家茶叶专业合作社,其中的 46 家专业合作社已在政府的帮助下注册了自己的商标④。

①　中共中央　国务院关于做好 2022 年全面推进乡村振兴重点工作的意见[EB/OL]. (2022-01-04) [2024-02-13]. http://www.lswz.gov.cn/html/xinwen/2022-02/22/content_269430.shtml.

②　中共中央办公厅　国务院办公厅印发《关于加快推进乡村人才振兴的意见》[EB/OL]. (2021-02-23) [2024-02-13]. http://www.gov.cn/zhengce/2021-02/23/content_5588496.htm.

③　云南省农业农村厅. 关于印发《云南省"十四五"农民合作社质量提升发展规划(2021—2025 年)》的通知[EB/OL]. (2021-11-03)[2024-02-13]. https://nync.yn.gov.cn/html/2021/guihuaxinxi_1103/382254.html.

④　伽红凯,赵子锐. 云南普洱农业文化遗产特色产业扶贫分析[J]. 普洱学院学报,2020,36(2):47-50.

而云南省其他农业文化遗产地的农业组织化程度则相对较低,传统分散式的耕种方式和自发式的自产自销模式所生产出来的初级农产品,由于运输成本高和缺少销售渠道,销售量普遍不高,且难以卖出好价钱,且每个农户家庭不得不独自应对各式各样的市场风险。云南省农业文化遗产地农户的组织化程度低,成为遗产地第一产业发展困难和农民增收困难的重要原因。

（3）农业产业化开发不足,农业品牌特色不突出

农业产业化是以市场为导向,以经济效益为中心,以主导产业、产品为重点,优化组合各种生产要素,实行区域化布局、专业化生产、规模化建设、系列化加工、社会化服务、企业化管理,形成种养加工、产供销、贸工农、农工商、农科教一体化经营体系,使农业走上自我发展、自我积累、自我约束、自我调节的良性发展轨道的现代化经营方式和产业组织形式[①]。习近平总书记2015年1月和2020年1月两次考察云南省时都要求,云南省要立足多样性资源这个独特基础,打好高原特色农业这张牌,强调要大力发展高原特色农业。近年来,云南省持续落实习近平总书记的重要指示精神,坚持不懈推进高原特色现代农业建设,并取得了良好成绩。截至2021年,云南省农业产业化龙头企业达到5 221个,其中,省级龙头企业1 021个,农业产业化龙头企业销售收入达3 712亿元[②]。2022年7月,中共云南省委办公厅、云南省人民政府办公厅印发了《云南省产业强省三年行动（2022—2024年）》,并把高原特色现代农业作为首个重点产业来进行规划。三年行动提出总体目标,要求高原特色现代农业品牌影响力不断扩大,到2024年,高原特色现代农业重点产业全产业链产值达到2.9万亿元,农产品市场占有率、附加值、品牌影响力、持续创新力显著增强;重点打造"绿色云品",力争到2024年全省绿色食品、有机产品、地理标志农产品有效认证数量达到8 000个以上;重点做特"优势精品",发挥比较优势,挖掘特色产品,培育一批在全国叫得响的精品品牌。[③] 从以上可以看出,云南省对通过农业产业化发展高原特色农业、打造云南农业品牌的高度重视和工作力度。但是在部分云南省重要农业文化遗产所在地,农业产业化开发不足,农业品牌特色不突出的问题还普遍存在。由于云南省重要农业文化遗产项目大都位于西部和南部山区,地理条件和气候条件相对恶劣,区域市场化程度低。很多乡村在2020年以前还属于深度贫困地区,虽然这些地区生产的农产品绿色环保、品质优良,但由于分散的家庭个体经营、缺乏品牌意识和市场销路、缺乏统一包装与营销手段,以及生产成本、加工成本、仓储交通物流等交易成本过高等原因,导致遗产地农产品呈现

① 高金平.农业产业化税收政策解析[J].中国税务,2018(2):53-57.
② 云南省农业农村厅.云南省农业产业化情况（2015—2021年）[EB/OL].（2022-08-17）[2024-02-13].https://nync.yn.gov.cn/html/2022/shushuoyunnansannong_0817/389573.html.
③ 云南省产业强省三年行动（2022—2024年）[N].云南日报,2022-07-08(004).

"初级产品多、深加工产品少,单一品种多、特色品牌少,低端产品多、中高端产品少"的现状,制约了当地农业产业发展和农民增收。未来,云南省农业文化遗产地须锚定高原特色农业这一独特优势,专注于打造特色农业品牌,深入挖掘农业文化遗产的核心价值,做长农业产业链,借助市场的力量让遗产地农业不仅特色鲜明,而且不断创造经济价值。

2. 旅游产业不系统,可持续旅游开发存在不足

（1）旅游公共设施不健全,公共服务质量不高

作为一种积极的"动态保护手段",旅游化生存模式逐渐显现,它能达到传承与发展的平衡,寻得经济与文化的双赢。所谓旅游化生存,是指借旅游之力促进农业文化遗产的传承与发展,是将农业文化遗产作为一种旅游资源进行有效利用,开发成可供游客游览、体验、学习和购买的旅游产品,是农业文化遗产在现代社会中以一种新的方式进行生存和发展的模式。[①] 在一定程度上,区域旅游资源的丰富程度、景观价值、人文价值,以及与之配套的区域交通的可通达性、区域旅游公共服务数量和质量情况等因素,共同决定了一个区域旅游产业的成熟度。旅游公共基础设施和公共服务设施大体包含了为旅游者提供直接服务的道路交通、停车场、旅游交通工具、游客服务中心、旅游地住宿、旅游公厕、餐饮、娱乐、购物等设施,还包括提供间接服务的能源供给、通信、废物处理等系统。旅游公共设施和公共服务不仅是开展旅游活动的基础,也直接反映了景区的建设水平和地方旅游行业的发展水平。然而,云南省重要农业文化遗产地所在地区几乎都处于"老""少""边""穷"地区,自然地理条件和交通通达条件较差,旅游公共基础设施较为落后。同时,因为地处农村地区,也是曾经的贫困治理重要攻关地区,地方和基层政府以及旅游开发企业所提供的旅游公共服务质量也不高,较大限制了云南重要农业文化遗产地的旅游产业发展。以红河哈尼稻作梯田系统为例,近年来,当地政府针对游客反映强烈的旅游基础设施和公共服务设施落后问题,进行了较大的改善。红河县加大景区基础设施建设,完成撒玛坝哈尼梯田景区 6 公里游步栈道和 4.6 公里石栈道建设、游客服务中心改造、停车场建设等;元阳县制定了《元阳县哈尼民俗生态旅游景区总体规划》《红河哈尼梯田胜村旅游区详细规划》等开发与保护哈尼梯田的规划文本,实施了新街国际旅游山城排危美化工程,箐口民俗村、坝达景区、多依树景区、老虎嘴景区、猛弄司署等景区景点建设,完善和丰富了景区功能。但是,除少数几个项目以外,其他重要农业文化遗产项目所在地还较为严重地存在旅游配套接待设施不足的问题,例如在旅游可进入性上,由于农业文化遗产地都地处偏远乡村,公路等级较低,道路多为狭窄的水泥路,较为适合小型车辆通过,大型旅游大巴

---

① 黄颖,王思明.历史农场:农业文化遗产保护与利用的有效途径[J].中国农史,2013,32(1):96-106.

的通行较为困难且危险性较大。在旅游配套服务设施上,遗产地所在乡村周边的配套服务设施不足,符合安全和卫生标准的酒店、餐厅、购物场所、卫生间等数量较少,遗产地旅游接待的方式主要限于家庭式的农家乐,接待能力有限,遗产地乡村通往乡镇、县城的公共交通班次也较少;在旅游线路设计上,缺乏科学的设计与规划,没有将重要农业文化遗产地和其他风格形式的旅游资源进行组团包装和设计,以增强游览内容的丰富性并满足游客的多样化旅游需求。

(2)旅游产品特色突出,但旅游产业链不完整

云南省地处我国西南边陲,与多个国家接壤,省内少数民族众多,历史文化悠久,全省位于云贵高原之上,西部横断山脉沟壑纵横,北回归线横贯其间,这种独特的人文风貌、地理特征和气候条件,赋予了其优良的高原生态环境、丰富的物种资源、奇特的地理景观、浓郁的边疆气质和民族风情,为云南省特色旅游产业的发展提供了得天独厚的条件。其旅游资源优势表现在:一是生态资源优势。云南处于第一级和第二级阶梯过渡地带,且位于北回归线两侧,受地壳活动挤压,造成其地理形态多样,生物种群丰富,既有高原又有河谷,既有高山又有苔原,还有位于南部地区的热带雨林,生态资源优势突出。二是民族文化优势。云南是国内少数民族数量最多的省区,各少数民族历经上千年的文化创造与文化传承,产生了大量反映各民族独特生活风貌的文化习俗和文化资产,这些民俗文化往往具有较高的人文价值、艺术价值和观赏价值,并能够转化为经济价值,在带给游客精神享受的同时,促进当地经济社会发展。三是突出的区位优势。云南省背靠祖国广袤的腹地,面向南亚、东南亚国际市场,与越南、老挝、缅甸三国接壤。近年来,随着"一带一路"倡议、构建"周边命运共同体"的出台和实施,国家对周边外交的重视程度不断加强。云南省作为我国向南开放的桥头堡,也不断融入与东南亚、南亚国家的合作框架之中,如"西部陆海新通道"建设、"孟中印缅经济走廊"、"中缅经济走廊"、"中南半岛经济走廊"、"澜湄合作"等,因其突出的区位优势,形成了对内互联互通、对外深化开放的发展格局。云南省重要农业文化遗产恰恰是以上三种优势的结合,其民族性、生态性、地域性特征进一步丰富了云南省的旅游资源。反过来,对遗产进行旅游性开发和利用,可以在对外宣传推广农业文化遗产项目的同时,获得旅游收入,壮大遗产保护基金的规模,并将资金投入到商业价值较低及抢救性保护任务较重的遗产中去,从而促进整个云南农业文化遗产的保护和传承。云南省虽然旅游资源丰富,旅游产品特色突出,然而,农业文化遗产项目的旅游开发还存在产业链不完整的问题。旅游产业链是指旅游产业中的相关企业,以旅游产品或服务为对象,以游客流动为纽带,以满足游客需求或创造顾客价值为目标,依据特定的逻辑关系和时空布局形成的动态的链式组织,主要包括饭店餐饮业、住宿业、交通业、旅

行社业、旅游购物、娱乐业。① 旅游产业链体系分为纵向产业链体系和横向产业链体系，纵向产业链由上游核心企业（如大型旅游运营企业、大型旅游网站等）和下游节点企业，即直接提供食、宿、行、游、购、娱等旅游产品或服务的企业组成。横向产业链体系即食、宿、行、游、购、娱六大部门、六类企业的横向联合。旅游产业的发展除了要求形成完整的产业链体系之外，还要重视产业链横向和纵向的拓展延伸，做长产业链条。在云南省重要农业文化遗产的旅游开发中，因为产业链不完整，价值链短且窄，阻碍了遗产地旅游产业的发展。这突出表现在：一是大多数遗产地景区仍然以参观为主，重视门票收入，门票收入占据了当地旅游收入的一半以上；二是较多地只关注到吃、住、游三大部门的开发，而忽视了旅游产业链条上的其他重要环节，如行、购、娱等部门创造收入的能力，产业链上存在着部分节点的缺失，造成产业链条的断裂；三是旅游产业上游核心企业的开发不足，遗产地旅游项目的内容和形式单一，设计缺乏先进的理念、科学的规划和深厚的文化内涵，也未依托遗产项目开发出丰富的、高附加值的旅游副产品。因此，云南省重要农业文化遗产地旅游产业发展的巨大潜力还有待深入挖掘。

（3）市场力量促进旅游发展，但不可持续性问题突出

云南是一个农业大省，又地处西南边陲，地形复杂，交通通达性欠佳，全省以及农业文化遗产所在地的地方政府财政实力并不雄厚，农业文化遗产地的旅游开发如果单纯依靠政府的力量显然很难达到理想的状态。因此，需要在政府合理规划、引导和监督下，引入市场机制，发挥市场企业主体的力量，参与到农业文化遗产地的旅游开发中来。过去 20 年中，乘着改革开放的东风，凭借云南省优秀的旅游资源和政府政策的因势利导，云南本土出现了一大批旅游市场主体，其中云南世博旅游控股集团有限公司（简称世博集团）、云南省旅游投资有限公司（简称云旅投资公司）、云南城投集团、诺仕达集团（民营）是其中的佼佼者。以上四家企业集团实力最为雄厚，旗下的子公司涉足甚至掌控着云南省众多知名旅游景点的投资、开发、运营和分包，以及下游的旅行社和交通、酒店、餐饮、娱乐、购物等服务环节。世博集团及其上市子公司"云南旅游"深度开发景区、地产、会展等产业，管理着红河哈尼梯田、昆明世博园等五大优质旅游资源。② 2008 年，世博元阳公司开始市场化大发展，围绕哈尼梯田的景观呈现进行旅游开发。虽然世博元阳公司意识到了遗产地旅游开发的可持续发展问题，重视开发过程中对农业文化遗产进行适当保护，比如对老虎嘴景点周边的核心村庄采用梯田流转以及梯田种植等手段，保证梯田景

① 张功让，王伟伟.论旅游产业链的构建与整合[J].商业时代，2010(20)：115-116.
② 引自中投顾问产业与政策研究中心：《2017—2021 年云南旅游行业深度调研及投资前景预测报告》。

观的完整性,并对村寨进行经济补偿,[①]但有些遗产地的过度和不当的市场化旅游开发,也给农业文化遗产的保护带来了消极影响,遗产地的不可持续问题较为突出。这主要表现在:

① 过度市场化导致遗产商品化、舞台化及庸俗化,农业文化遗产及少数民族文化习俗的原真性遭到破坏。很多云南少数民族传统民间习俗和节日庆典活动原本是在特定的时间,按照特定的方式举行的,并反映本民族的独特文化意义,如彝族的火把节、白族的三月三、傈僳族的阔时节、傣族的泼水节、哈尼族的姑娘节等。然而在一些遗产地,由于过度市场化开发和经济利益诱导,当地政府和开发企业根据旅游市场的需求,随时随地随意举办本应该在特定时空环境中举办的民俗活动,且很多民俗活动为了迎合旅游市场和游客,在活动目的、内容和形式等方面已经变质变味,变得商品化、舞台化、庸俗化,失去了原有的文化价值和意义。

② 旅游开发客观上产生的负外部性破坏了遗产地文化的独特性和多样性。云南省地处西南边疆,由于几千年来地理阻隔和少数民族较为封闭的文化圈,使得这一地区形成了与中原文化和汉文化明显不同的异质文化。但随着市场经济的发展、改革开放的扩大和深入、交通条件的改善,过度的市场化开发和旅游利用使得外地游客快速且大量地涌入,同时涌入的还有现代化的生活生产方式和消费方式、文化和价值观等。在现代化的刺激下,遗产地居民可能会对本土传统文化失去自信,对外来文化和生活方式心生向往,产生自觉不自觉的效仿行为,导致遗产地传统的生产生活方式和文化习俗岌岌可危,摇摇欲坠。以红河哈尼稻作梯田系统为例,受旅游化开发利用的影响,当地农民正逐步从"耕种"向"旅游接待"的生计模式转变,传统的耕作方式、文化习俗正在被现代化的生产生活方式所取代。

3. 三产融合水平低,制约遗产地经济发展和遗产保护

2015 年,中央一号文件首次提出了"推进农村一二三产业融合发展"的新思路,2021 年和 2022 年的中央一号文件都明确提出要构建现代乡村产业体系,推进农村三产融合发展。农村三产融合发展是指以农业为基本依托,通过产业联动、产业集聚、技术渗透、体制创新等方式,将资本、技术以及资源要素进行跨界集约化配置,使农业生产、农产品加工及农产品市场服务业有机地整合在一起,创新生产方式、经营方式和资源利用方式,最终实现农业产业链延伸、产业范围扩展和农民增加收入。[②]农村三产融合发展并不是将农业简单地与二、三产业进行叠加、实现 $1+1+1=3$ 的效果,而是通过产业间的渗透、交叉和重组对产业链条的再挖掘甚

① 吴炆佳,孙九霞.旅游减贫背景下红河哈尼梯田世界文化遗产地治理的机制与效应研究[J].华南师范大学学报(自然科学版),2022,54(5):108-116.

② 苏毅清,游玉婷,王志刚.农村一二三产业融合发展:理论探讨、现状分析与对策建议[J].中国软科学,2016(8):17-28.

至是再重塑,实现乘数效应。对于遗产地所在农村而言,农业文化遗产保护须以第一产业为基础,农业为第二产业和第三产业的发展提供资源,二三产业最终要服务于第一产业,而不是本末倒置。云南省农业文化遗产资源丰富,很多遗产项目蕴含巨大的农产品资源、景观资源、文化资源和生态环境资源。农产品资源可以开发出具有高品牌价值的特色农产品加工业、民族特色风味饮食等;景观资源、文化资源和生态环境资源可以通过保护性开发措施,发展乡村文化旅游产业;通过第一产业和农产品加工业、旅游产业的融合发展,既可以吸纳农村劳动力,解决遗产地居民生计,又可以通过品牌效应、乡村文旅产业的发展,提高当地居民对本土文化和本民族文化的自豪感和文化自觉意识,同时促进农业文化遗产的可持续保护。因此,以高原生态农业为基础,以旅游业为中心,大力发展"生态农业＋农产品加工业""生态农业＋民族特色农副产品""生态农业＋生态旅游和民俗旅游业""生态农业＋农产品加工业＋生态民俗旅游业＋特色品牌销售"是云南省农业文化遗产地农村三产融合发展的重要契机和有效出路。但是,云南省农业文化遗产项目所在地的大部分农村三产融合发展水平低,红河哈尼稻作梯田系统所在地主要是"农业＋旅游观光业"的融合。但根据有关学者的调研发现,在哈尼梯田重点保护区所在的8 个乡镇中,各乡镇的产业融合度和劳动力融合度都很低,各乡镇二三产业发展水平很低,解决农民本地就业的能力亦非常有限[1]。普洱古茶园与茶文化系统、双江勐库古茶园与茶文化系统主要是以"茶叶种植＋茶叶加工＋特色茶叶品牌销售＋茶文化旅游产品"的融合方式,将少数民族文化、茶马古道文化和普洱茶文化等要素结合起来,走茶旅融合的道路。普洱茶旅融合虽然取得了一定成效,但由于普洱茶旅融合发展起步晚且程度不深、旅游项目开发程度低、旅游产品整合度低、缺乏旅游产品等问题日益凸显,导致产业规模小,没有形成特色鲜明的旅游品牌,市场知名度低,在市场竞争中处于劣势。特别是与福建武夷岩茶、浙江西湖龙井等高知名度茶产地的茶旅融合项目相比,还存在很大的差距[2]。大理漾濞核桃-作物复合系统主要采用"核桃＋核桃加工业"的融合发展模式,全县 9 个乡镇 65 个村委会都组织了核桃种植,种植核桃的村民小组有 607 个,占全县村民小组的 95.4%。漾濞县依托核桃产业,围绕核桃种植,不断延伸产业链,大力发展核桃加工产业,核桃干果、核桃仁、核桃乳、核桃粉、核桃精炼油、琥珀核桃等系列核桃产品比较有地方特色。此外,漾濞正在探索"核桃＋核桃加工业＋特色旅游业"的融合新模式,力图从"卖核桃"向"卖风景"和"卖文化"转变。但漾濞农业文化遗产地的三产融合同样存

① 张永勋,闵庆文,徐明,等.农业文化遗产地"三产"融合度评价——以云南红河哈尼稻作梯田系统为例[J].自然资源学报,2019,34(1):116-127.

② 苏建春,李毓珊.茶旅融合 行则必至香及远——普洱茶产业发展现状调查与思考[N].普洱日报.2022-01-13(001).

在"基础设施硬件不硬、产业融合层次不够、融合项目品牌不精"等问题。大部分乡村道路通达条件依然相对较差,景区景点配套设施与大型旅游综合体相差较远,农旅融合模式停留在"农业＋观光"的浅层次开发上,特产品类的美观度和精致度差,热销产品多为核桃等初级农产品,缺乏更多有高附加值的"拳头"产品,以及精深加工产品和文创产品[①]。

4.2.7 保护利用的保障措施不到位

1. 财政经费保障不足

《中华人民共和国非物质文化遗产法》和中共中央办公厅、国务院办公厅印发的《关于实施中华优秀传统文化传承发展工程的意见》(中办发〔2017〕5号)对财政支持国家非物质文化遗产保护做了规定,国家设立了非物质文化遗产保护专项资金,由国家财政部下达各省,用于国家级非物质文化遗产的管理和保护。《云南省非物质文化遗产保护条例》第三十二条规定:"县级以上人民政府应当设立非物质文化遗产保护专项资金。专项资金由政府拨款、社会筹集和接受国内外捐赠等构成。"《云南省人民政府关于进一步加强非物质文化遗产保护工作的意见》也明确指出:"各级政府要依法保障非物质文化遗产保护专项经费投入。各级财政部门要加强经费统筹,积极支持非物质文化遗产抢救性保护……省级民族传统文化生态保护区所在地县级以上政府应当从每年旅游收入中安排一定比例的资金,用于民族传统文化生态保护区的保护和建设。"从以上法规和文件可以看出,云南省对政府资金支持非物质文化遗产保护也做了制度性安排。但是,一方面,云南省年财政收入只有2 000亿元左右,在全国30多个省区中排名处于中游最末位置,财政收入总量不高。同时,云南省又是农业大省,地处云贵高原和西南边疆,少数民族人口众多,少数民族自治州县数量较多,生态环境脆弱、交通等基础设施薄弱,经济开发程度和开放程度较低,科教文卫和民生等事业发展水平低,不多的财政收入的绝大部分要投入到经济开发和民生等社会事业中去,还要依靠中央财政的转移支付,因此,留给农业文化遗产保护的财政经费保障不足。另一方面,各级法规和文件只对财政支持非物质文化遗产等项目做了安排,而并未将农业文化遗产的管理与保护纳入专项财政统筹范围。如中央财政已将中国传统村落保护纳入支持范围,入选的村庄可获得300万元的中央财政扶持资金。[②] 重要农业文化遗产项目由于缺乏

---

① 云大理白族自治州人民政府网.农旅深度融合,答好"大理之问"绿色发展答卷[EB/OL].(2022-01-27)[2024-02-15].http://www.dali.gov.cn/dlrmzf/c101679/202201/2c79e3ffe324426f8ba590c2db5e2d4c.shtml.

② 张灿强,吴良.中国重要农业文化遗产:内涵再识、保护进展与难点突破[J].华中农业大学学报(社会科学版),2021(1):148-155＋181.

中央财政的专项资助,加之有的地方财政捉襟见肘,导致农业文化遗产保护缺乏顶层规划和切实有效的措施。例如,有学者在云南剑川稻麦复种系统调研时发现,由于每亩稻田财政补贴数额较低,所以村民传承稻麦复种系统的积极性不高,大多数村民基本都在市场上购买其他地方的稻米食用①,其他两个稻米种植农业文化遗产系统也普遍存在农民收入低、水稻种植财政补贴不足的问题。另外,在遗产地村落景观保护方面也欠缺有力度的财政补贴措施,导致传统村落民居景观遭到严重破坏。比如,位于全球重要农业文化遗产哈尼梯田稻作系统核心区的元阳县哈尼梯田景区,政府补贴与蘑菇房维护成本不成比例,也是村民不愿意建盖传统民居的重要因素;双江勐库古茶园与茶文化系统遗产项目所在的临沧市双江县冰岛村,由于地形险峻,山高坡陡,适宜建盖民居的土地有限,加之政府财政补贴不足,有部分村民把钢筋混凝土房屋建盖在了古茶树旁,影响了古茶树的生长,有的甚至还直接砍伐掉妨碍盖房的古茶树。②

2. 科学研究保障不足

农业文化遗产关乎农作制度、民俗、祭祀、宗教、乡村组织等多个方面,涉及农学、历史学、民族学、生态学、人类学、文化学、社会学、经济学、管理学等多个学科的诸多理论知识,以及经济政策、社会政策和管理保护实践等方面的问题。因此,需要不断加强与之相关的理论研究,加强学科理论体系、学术体系和话语体系构建,以更好地服务于农业文化遗产的保护和遗产地的经济社会发展。近年来,国家整体层面和部分地区在农业文化遗产学术体系构建方面做了不少工作并取得了一定成绩,包括创建和发展农业遗产保护的学术共同体,并加强共同体与实践主体的密切联系、建立农业文化遗产专门研究机构、在高校增设相关本科和研究生专业、建立全国性专门学术团体、编辑出版农业文化遗产方面的学术刊物等。如中科院地理资源研究所设立的"自然与文化遗产保护研究中心"、南京农业大学中华农业文明研究院创建的"农业文化遗产保护研究中心"(江苏省"首批非物质文化遗产研究基地")、浙江农林大学建立的"中国农民发展协同创新中心"等。中国农学会设立了农业文化遗产分会,江苏省成立了江苏省农业文化遗产学会。在农业文化遗产保护学术刊物方面也有令人欣慰的进展。国家核心期刊、中国农业历史学会会刊《中国农史》杂志白 2013 年开始设立"农业遗产保护专栏",中国农业大学学报(社科版)也设置了农业文化遗产保护专栏,中国农业博物馆主办的《古今农业》、江西省社科院主办的《农业考古》等也都积极支持、扶持和刊发农业文化遗产保护方面

---

① 曹茂,莫力,杨玲.论农业文化遗产保护与美丽乡村建设——以云南为例[J].农学学报,2020,10(8):89-93.

② 曹茂,张敏,秦莹,等.云南农业文化遗产地少数民族村落特色民居景观保护研究[J].云南农业大学学报(社会科学),2017,11(6):77-82.

的论作①。但整体来看,云南省关于农业文化遗产的科学研究还存在较大的不足。

首先,农业文化遗产的科学研究主要集中在东部少数几个科研院所和高校,无论是针对云南农业文化遗产项目的科学研究,还是云南省本土科研院所和高等院校成立的农业文化遗产研究中心,抑或是云南省本土产出的农业文化遗产研究成果都比较缺乏。

其次,虽然云南省相关单位越来越重视对遗产地乡村文化碎片的调查、记录、保留工作,通过建立数据库、档案馆、陈列馆或博物馆,对乡土文献、族谱家谱、各类碑刻、口传资料、私人笔记、老照片、民歌民谣、传统工艺、建筑档案等进行收集和保护,但云南省农业文化遗产研究较多围绕资源考古与资源调查、农业生物多样性、动植物气候适应能力评估、生态功能评估等内容展开,农业文化遗产科学研究的理论体系尚未建立,农业文化遗产保护利用实践仍然缺少学科系统的理论支撑。

最后,云南省本土的综合院校、农林院校、其他开设有农林学科和专业的院校和科研院所对云南本土农业文化遗产保护与利用研究的关注和聚焦还不够,科研成果数量还较少,成果的影响力和成果的转化率还比较低,产学研合作还有待进一步加强。

3. 人才队伍保障不足

党的二十大报告指出:"教育、科技、人才是全面建设社会主义现代化国家的基础性、战略性支撑。必须坚持人才是第一资源,深入实施人才强国战略,完善人才战略布局,坚持各方面人才一起抓,建设规模宏大、结构合理、素质优良的人才队伍。"西部农村地区一直以来都是人才的洼地,云南省因地处云贵高原和西南边疆地区,农村地区十分广袤,经济发展水平相对落后,高等教育资源较为稀缺等原因,产业发展解决就业的能力较弱,吸引外部人力资源的条件也相对较差。因此,各类人才的数量和质量都不高。尤其是农村地区,由于产业结构单一,农村剩余劳动力过多,加之受社会现代化转型的影响,大多青壮年劳动力对城市生活较为向往,纷纷选择外出务工,农村空心化问题严重。云南省针对文化遗产保护与利用人才短缺的问题,也出台了一系列解决措施。如《云南省人民政府关于进一步加强非物质文化遗产保护工作的意见》(云政发〔2018〕6 号)中将"壮大非物质文化遗产传承人队伍"作为"重点任务",由省文化厅牵头,各州市人民政府、省教育厅、省财政厅配合实施,通过实施"非物质文化遗产传承人群研修研习培训计划""提高代表性传承人的传承工作补助标准""将非物质文化遗产保护纳入国民教育体系,在有条件的普通高等院校、职业院校开设相应专业和课程"等措施,为文化遗产保护提供了一

---

① 王思明.农业文化遗产的内涵及保护中应注意把握的八组关系[J].中国农业大学学报(社会科学版),2016,4(2):107-108.

定的政策供给。虽然采取了一定的措施,但云南省针对农业文化遗产保护与利用的人才保障措施还有较大不足,这首先表现在对农户生产经营管理方面的培训不足,农户生计能力较弱,制约了农业文化遗产的传承和可持续保护。若没有人,没有懂行的农民,特别是那些在农家活儿方面技艺高超的老庄稼把式,农业文化遗产的保护与传承就只能是一句空话。① 在云南文山三七种植系统、普洱古茶园和茶文化系统等人才队伍保障措施相对较好的遗产地,通过建立合作社,以及举办一系列针对当地农民的生产、加工、管理、经营等方面的技能培训,显著提高了农民在水土保持、土壤施肥、病虫害控制、特色农产品深加工、品牌打造、网络平台运营销售等方面的能力。而其他遗产地对当地农户生计能力实施的针对性提升计划要么较少,要么手段方法不多,效果欠佳。其次是传统农业技术和特色农业文化传承人的挖掘和培养力度不够。传承人可以说是农业文化遗产的活化石,他们掌握着流传千年的传统农业技艺和传统农业文化,但由于他们普遍高龄化,他们的离世将是农业文化遗产保护的重大损失,因此,应该尽快挖掘农业文化遗产传承人,对其掌握的文化和技艺进行认证和保护,并组织各类传习培训活动,鼓励传承人参与教育教学,传习濒临失传的传统农业技艺和农业文化,为农业文化遗产的传承永续培养后继人才。最后是专业从事农业文化遗产保护和开发的人才也存在着业务素质不高、结构不合理以及培养和输送不足的问题。农业文化遗产保护责任单位中的专业人员数量少、学历层次不高、专业技术培训不足,难以承担日益科学化、专业化、信息化的农业文化遗产保护工作,由于缺少业务能力强的专业人才,一些地方的农业文化遗产保护工作容易出现偏差。此外,由于学科体系不健全,开设农业文化遗产保护与利用开发相关专业的高等院校数量较少,培养出来的本专科生、研究生由于遗产地地处偏远,经济回报率低等原因,仅有少部分专业对口的毕业生愿意从事农业文化遗产保护工作,进一步加剧了农业文化遗产保护人才保障不足的问题。

---

① 苑利,顾军.农业文化遗产保护实践中容易出现的问题[J].中国农业大学学报(社会科学版),2016,33(2):111-118.

第 **5** 章

兴边富民视域下云南农业文化遗产保护利用的路径机制

党的十八大以来,各级政府深入贯彻落实党中央决策部署,文化遗产保护利用工作取得了重大进展。文化遗产工作体系已经基本形成,属地管理、分级负责的管理模式渐趋成熟,思路和理念更加清晰,法律法规和政策体系更加完善,保护利用传承发展水平不断提高,形成了中国经验;全社会关注度极大提升,保护意识明显增强;文化遗产快速消失的势头得到了遏制,安全保障程度得到了有效提升,重点文化遗产资源保护和传承状况明显改善,合理利用稳步推进。文化遗产工作在传承中华优秀传统文化、弘扬社会主义核心价值观、提升国民素质和社会文明程度、服务经济社会发展、促进中外人文交流中发挥着日益重要的作用①。中国作为农业大国,长期的农耕文明孕育形成并传承至今的农业文化遗产数量众多、形态多样、内涵丰富,承载着人与自然和谐共生的传统智慧,在保障供给、保护生态、传承文化、就业增收等方面发挥着积极的作用②。与此同时,中国的农业文化遗产工作也面临着严峻的挑战。一方面,我国农业文化遗产资源总量大、种类多、分布广,丰富的资源与有限的保护能力之间存在着较大的矛盾,随着工业化、城镇化、现代化的加速推进,对一些古建筑、古遗址、农业遗产等文物的安全和一些非物质文化遗产的生存发展带来了严重的冲击;另一方面,人民群众的精神文化需求日益多元多样,对生态文明和绿色发展的关注程度不断提高,享有蕴含优秀传统文化内涵又具有时代特征的优质农业文化产品的意愿更加强烈,对推动中华优秀传统农业文化遗产创造性转化和创新性发展提出了更高要求。云南省具有悠久的农业生产历史和多民族文化交融历史,被列入全球重要农业文化遗产和全国重要农业文化遗产的数量居全国第二,面对新形势新任务,农业文化遗产保护利用工作需要在理念认识、法规制度、管理体制、技术融入等方面采取更为有力的手段和措施,以兴边富民、和谐共荣为主要目标,促进云南省各区域绿色、协调、高质量发展。

5.1　云南农业文化遗产保护利用的理念升级

中国重要农业文化遗产发掘与保护工作从 2012 年开始起步,在各级党委、政府的重视下一直稳步推进。截至 2023 年年底,农业农村部已分七批认定了 188 项中国重要农业文化遗产,分布在全国 31 个省(区、市),覆盖了几乎所有生态地理区

---

① 雒树刚.国务院关于文化遗产工作情况的报告[EB/OL].(2017-12-23)[2024-02-18].http://www.npc.gov.cn/npc/c30834/201712/9cdac55bc21246079fe32f8c49e19f5f.shtml.

② 农业农村部新闻办公室.第七批中国重要农业文化遗产挖掘认定工作启动[EB/OL].(2022-12-29)[2024-02-18].http://www.moa.gov.cn/xw/zwdt/202212/t20221229_6417969.htm.

域,涵盖了几乎所有农业生产类型①。尽管中国重要农业文化遗产的发掘、保护与利用工作走在了世界前列,但由于各种主客观因素的影响,中国的农业文化遗产保护仍存在着宣传力度不足、重视程度不够、发掘不深入等一系列问题。特别是在城镇化快速发展过程中,不少农业文化遗产面临着消失的危险。其中很大一个原因,就是农业文化遗产保护尚未走入更多人的视野,公众对农业文化遗产的认知不足,没有理解农业文化遗产对于农业可持续发展和乡村振兴的重要意义②。深刻认识农业文化遗产的重要价值,持之以恒地强化保护传承,充分展现其魅力和风采,是赓续农耕文明的必然要求。

5.1.1　充分认识农业文化遗产的多元价值

农业文化遗产是传统的农业,但不是落后的农业。2023 年中央一号文件中特别强调:深入实施农耕文化传承保护工程,加强重要农业文化遗产保护利用。农业文化遗产作为一类特殊的"活态性"遗产,正确认识其特征和价值是推动农业文化遗产有效保护和价值实现的前提③。农业遗产系统汇聚了人类的价值追求、实践经验、传统知识和民俗文化,维持了农业生物多样性、生态系统的调适性和民族文化的协和性,形成了独具特色的美学景观体系、传统知识体系和习俗价值体系,为人类生存繁衍提供了多样化的产品和服务④。

1. 农业文化遗产的生态价值

中国几千年农耕文明发展中所蕴含的人与自然和谐相处的哲学思想,适应环境、生态友好的技术方法,对于农业绿色发展和生态环境保护具有重要的价值和意义。2012 年被认定为全球重要农业文化遗产的普洱古茶园与茶文化系统,位于云南省普洱市澜沧拉祜族自治县,是一座人工栽培型大叶种茶园,也是普洱古茶园与茶文化系统的核心保护区。当地采用林中开垦、林下种植的古老种茶方式,依山而建、向心布局的村落建设格局,是世居景迈山的布朗族、傣族等少数民族认识自然、尊重自然、利用自然的一个缩影。当地将文化遗产传承与现代科学技术相融合,利用森林系统为茶树营造生长环境,通过微生态系统来防治茶树病虫,极大地促进了高品质茶叶的生产。

我们不仅可以从传统农业耕作生产方式中汲取很多经验,同时古代人民深邃

---

① 郑惊鸿. 以重要农业文化遗产为抓手赓续农耕文明[N]. 农民日报,2023-02-15(1).

② 周佳佳,宋宝刚,刘乙潼,等. 尽快启动农业文化遗产普查工作[N]. 人民政协报,2022-06-13(2).

③ 闵庆文,张碧天,刘某política. 加强农业文化遗产保护研究助推脱贫攻坚和乡村振兴战略——"第六届全国农业文化遗产大会"综述[J]. 古今农业,2020,(1):92-100.

④ 金台资讯. 农业文化遗产故事性十足[EB/OL]. (2021-4-12)[2024-02-18]. https://baijiahao.baidu.com/s? id=1696822473525266855&wfr=spider&for=pc.

淳朴的生态哲学思想也有助于建立人与自然的和谐关系,生态环保的农业传统技艺也能够更好地促进绿色发展。应充分重视农业文化遗产所包含的生态价值,克服传统即落后、农业即耕种的观念,充分挖掘农业文化遗产本身的生态文明价值和绿色文化理念,结合我国新时期绿色低碳的发展战略要求,使传统的农业生产生活经验和价值理念迸发出新的生机。

2. 农业文化遗产的经济价值

2021年4月30日,习近平总书记在主持十九届中共中央政治局第二十九次集体学习时强调,生态环境保护和经济发展是辩证统一、相辅相成的。建设生态文明、推动绿色低碳循环发展,不仅可以满足人民日益增长的优美生态环境需要,而且可以推动实现更高质量、更有效率、更加公平、更可持续、更为安全的发展,走出一条生产发展、生活富裕、生态良好的文明发展道路。传承农业文化遗产,在保护自然生态的同时,必须充分认识其丰富的资源禀赋优势,充分发挥其市场价值,促进当地农村发展和农民致富。

中国重要农业文化遗产"云南双江勐库古茶园与茶文化系统"遗产地核心区冰岛村民委员会共有茶叶面积8 959亩,可采摘面积5 941亩,百年以上古茶树57 022株,500年以上古茶树10 857株,年产干毛茶482吨。其中,冰岛村(即冰岛老寨)有500年以上古茶树4 954株,年产干毛茶31.5吨,其中古树茶7.8吨。2021年冰岛一类古树茶价格高达58 000~60 000元/公斤,二类古树茶约40 000元/公斤,冰岛大树茶约9 000~10 000元/公斤,中小树茶约4 000~6 000元/公斤。高品质、无污染的冰岛茶让绿色农业的生态经济价值目标凸显,保证了当地茶农的生计安全与农业经济的可持续发展。茶树青翠幽香,古茶园安宁静谧,吸引了众多游客的到来,通过对农业文化遗产的充分保护和合理利用,为当地居民创造了大量的就业岗位和致富机会[①]。云南各地以中国重要农业文化遗产为依托,建立起以体验农耕文化为主的山水民族风情休闲区,如红河哈尼梯田稻作系统和哈尼族长街宴等,这些独特的农业文化遗产,成了农民增收和农村经济新的增长点,为促进乡村旅游发展注入了新的活力。

农业文化遗产系统不仅是对自然生态资源的保护和传统生产方式的保持,同时在新的市场条件和消费理念下,传统生产模式下生产的特色农产品往往具有无公害农产品、绿色食品和有机产品的特点,可以通过一定的品牌包装和宣传推广手段,迎合消费者对无污染、安全、优质、营养农产品的消费需求,创造出更大的市场经济价值。

---

① 曹茂.农业文化遗产传承在云南绿色农业发展中的生态价值[EB/OL].(2021-10-18)[2024-02-19]. https://article. xuexi. cn/articles/index. html? art _ id = 1870982892845478472&item _ id = 18709828-92845478472&study_style_id=feeds_opaque&pid=&ptype=-1&source=share&share_to=wx_single.

3. 农业文化遗产的精神价值

农业文化遗产是中华文明重要的物质载体之一,具有丰富的精神文化内涵,对我国传统农耕文化和优秀民族精神的传承具有重要的价值和意义。中华农耕文化是传统农业生产的凝练与升华,历代先民所留存的农业文化遗产正是中华农耕文化最重要的根脉源泉和现实的物质载体。传统农业也影响着中国文化的方方面面,由农业生产和管理的经验总结凝练出的应时守则、阴阳调和、天人合一等思想成为中华传统文化的核心理念,形成了独具中国特色的世界观和价值观。文化的提升又反过来作用于具体的农业生产实践中,彼此交织促进,成就了博大精深的中华传统文化与永续发展的中国传统农业。

作为农业文化的重要载体,农业文化遗产在传承中华优秀传统文化、推动乡村文明建设等方面发挥着至关重要的作用。保护好、发展好、利用好农业文化遗产,促进农耕文化的传承与发扬,既是文化自信的重要表现,又为乡村全面振兴打下了重要的文化基础。在我国已经全面建成小康社会,进一步深入推进乡村振兴的大背景下,保护好、利用好凝聚了中国数千年农耕文脉的农业文化遗产,可以有效地促进农村文化的繁荣发展,为乡村振兴注入持久的文化动力。

5.1.2　树立保护与利用相结合的工作理念

1. 建立系统化动态性的保护措施

农业文化遗产不是孤立存在的,而是存在于长期延续的农业生产生活之中,依托于开展农业生产的人和环境,其必然随着周边环境的变化和社会的发展而不断变化和演进。正如联合国粮农组织在阐述全球重要农业文化遗产项目的战略与方法时提到,为了防止全球重要农业文化遗产系统的迅速退化,必须首先认识到其动态性质。其韧性取决于在不丧失生物和文化财富及生产能力的情况下适应新挑战的能力,这需要持续的农业生态和社会创新以及知识和经验积累的代际间的妥善传承。试图将全球重要农业文化遗产系统冻结在时间中来加以保护,无疑将导致这些系统退化并导致所在社区陷入贫困①。

农业文化遗产是一个处在不断发展变化环境中的"活的"系统,包含动物、植物等"活的"要素,在传统知识和技术的支持下有农民的持续参与,并随着社会环境的变化而不断演进。因此,农业文化遗产的活态性决定了不能对其进行"封闭式"或"冻结式"的保护,而应尊重其整体性、系统性的基本特点,采取动态保护的方法,在不破坏其基本形态的基础上,不断引入新的保护技术手段,不断面向新的市场消费需求,使农民从维持传统农业生产方式中得到更高的收益,让遗产地在生态保护与

---

① 见联合国粮农组织网站(https://www.fao.org/giahs/background/strategy-and-approach/zh/)。

文化传承的基础上得到更好的发展。

2. 重视对农业非物质文化遗产的保护

农业文化遗产不仅是一种长期留存的自然景观,还包括传统的农业生产生活方式和与之相伴的丰富农耕文化。在保护农业自然生态环境的同时,更要重视对农业非物质文化遗产的保护,使农业文化遗产有"魂"有"神"。

云南哈尼梯田作为较早被联合国粮农组织确立为全球重要农业文化遗产和中国农业农村部确认的首批 19 个重要农业文化遗产之一,其所在地——云南省红河哈尼族彝族自治州不仅建立了对哈尼梯田生态景观格局的全面保护机制,同时也更加重视对哈尼农耕生产生活和独特文化现象的保护与传承。红河哈尼族彝族自治州紧紧围绕哈尼梯田世界级文化品牌,以前所未有的力度,着力保护和传承哈尼梯田文化。一方面,实施"哈尼古歌传承三年行动计划",开展哈尼古歌传承传唱展演活动。组建哈尼梯田文化传习馆和 350 支民族文化传承文艺队,奖补扶持农村优秀文艺队,铁匠、木匠、石匠等能工巧匠,加大非遗传承人申报、扶持力度,引导老百姓唱好哈尼古歌、跳好哈尼乐作舞。另一方面,开展哈尼古歌常态化演出、"最美护田人"评选、"火塘夜话"及非物质文化遗产进校园、进社区、进集镇等系列活动,举办中国农民丰收节、"开秧门"等实景农耕活动,保护和传承农耕文化,讲好红河哈尼梯田的故事。原生态歌舞《哈尼古歌》在意大利米兰世博会上精彩亮相;舞剧《诺玛阿美》在全国巡演;《哈尼交响·欢乐新春》专场音乐会在国家大剧院上演;《人类的记忆——中国的世界遗产》等纪录片曾在央视播出;《中国哈尼梯田文化史》《哈尼族传统节庆》等梯田文化书籍编撰出版,《哈尼族多声部民歌》入选 2022 年度中华民族音乐传承出版工程精品项目……红河哈尼梯田世界文化遗产的"金字招牌"不断被擦亮。目前,红河哈尼族彝族自治州被列为非物质文化遗产的项目共计 115 项,其中国家级 7 项、省级 11 项;建成哈尼梯田文化博物馆、哈尼梯田文化传习馆;拥有各级各类哈尼族非物质文化遗产项目代表性传承人共 352 人,其中,国家级传承人 5 人、省级传承人 12 人、州级传承人 48 人、县级传承人 287 人[①]。哈尼梯田作为"活态"的文化瑰宝不断绽放出更加耀眼的光芒。

云南省除拥有较多的各类农业文化遗产外,还是我国民族多样性和非物质文化遗产最丰富的省份之一。因此,在农业文化遗产的保护和利用过程中,应充分重视物质文化实体与精神文化呈现之间的内在联系,通过深入挖掘和资源整合,使云南本地多样化的农业文化资源发挥更大的效用。2022 年 11 月 29 日晚,我国申报的"中国传统制茶技艺及其相关习俗"被列入联合国教科文组织"人类非物质文化遗产代表作名录"。在 44 个子项目中,云南省宁洱县普洱茶制作技艺(贡茶制作技

---

① 尚秋媛.梯田秋色醉人心 "活态"瑰宝放光芒[N].红河日报,2023-09-21(3).

艺)、勐海县勐海茶厂普洱茶制作技艺(大益茶制作技艺)、凤庆县红茶制作技艺(滇红茶制作技艺)、大理白族自治州黑茶制作技艺(下关沱茶制作技艺)、大理市茶俗(白族三道茶)和德宏傣族景颇族自治州芒市德昂族酸茶制作技艺等 6 项被列入其中。这六项非物质文化遗产已在 2008—2021 年被分批列入国家级非物质文化遗产代表性项目名录及其扩展名录①。通过多样化文化资源的整合升级和不同种类文化遗产项目的申报与建设,可以对云南省农业文化遗产的保护和利用起到更好的推动与促进作用,实现更大化的文化传播效应和市场推广价值。

3. 实现资源保护与开发利用的有效衔接

对农业文化遗产保护的主要目的是实现农业文化资源的可持续性,但只有在当地传统农业生产方式可持续发展的基础上,才能实现动态的、有效益的保护。如果仅仅是封闭式、固定式的保护手段和措施,而忽略了现实发展的需要,农业文化遗产保护的可持续性就很难实现。农业文化遗产保护客观上需要农民维持传统的农业生产方式,必须将农产品开发置于动态保护的中心位置,实现资源保护与开发利用的有效衔接,充分利用传统农业的品种资源优势、生态环境优势与传统文化优势,通过农业功能的拓展,实现在生态环境与传统文化保护基础上的经济可持续发展②。

2015 年,"双江勐库古茶园与茶文化系统"被认定为第三批中国重要农业文化遗产。双江拉祜族佤族布朗族傣族自治县根据古茶园所处的生态环境,因地制宜地保护古茶园,建成林中有茶、茶中有林的生态茶园。通过搬迁等多种方式,缓解古茶园的生态压力,减轻污染,让居民生活尽量不给茶园带来影响,给古茶树更多休养生息的空间。同时,双江县以"一县一业"茶产业重点县建设为契机,深入贯彻落实"绿水青山就是金山银山"的理念,以"勐库大叶种茶公共品牌标志"成功发布为契机,依托勐库大叶种茶地理标志农产品审批管理信息系统的上线运行,把茶叶产业建设成为实现乡村振兴的富民强县产业,有效推动双江绿色经济高质量发展。2022 年,全县实现毛茶产量 2.1 万吨,综合产值 75 亿元,茶农人均收入 8 300 元。建成"绿色食品牌"产业基地 29 个,完成"三品一标"农产品认证 95 个。启动了全国绿色食品原料(茶叶)标准化生产基地创建工作,申报茶园全域绿色认证面积27.31 万亩。茶旅融合,打造了"勐库大叶种茶"公共品牌,拓展了生态旅游产业链。在全面推进乡村振兴与农文旅融合发展的大背景下,双江县充分发挥勐库大叶种茶的优势,做足"茶叶＋"文章,推进冰岛茶特色小镇、滇濮古镇、勐库戎氏庄园、冰岛王庄等特色庄园及小镇建设。在做好茶叶品质和品牌的基础上,以文化为

---

① 曹茂.云南茶文化遗产与中华民族共同体意识研究[J].农业考古,2023(2):181-188.
② 何露,闵庆文.生态文化型农产品开发:农业文化遗产保护与发展的关键[N].农民日报,2013-09-27(4).

灵魂、以旅游为形态,结合各地特有的自然和历史文化等资源,积极拓展茶园功能,将茶产业与旅游相结合,实现村、人、茶、文、旅"五位一体"的有机结合,打造高知名度的经典茶旅景区和线路,积极拓宽卖茶通道,带动乡村餐饮、住宿等产业,有效增加茶农收入。成功创建大荒田来冷红旅游景区、公弄布朗古茶文化园国家 AAA级旅游景区和荣康达国家 AAAA 级旅游景区,双江县被列入云南省级全域旅游示范区创建现场评定名单。双江县、沙河乡、大户赛村和公弄大寨分别入选云南省旅游扶贫示范县、示范乡、示范村,允俸村入选云南省旅游名村,冰岛村、景亢村、忙而村入选临沧市乡村旅游品牌村。2022 中国国际旅游交易会期间,双江在昆明成功举办"茶香双江 相约同德"等宣传推介活动,知名度、美誉度和影响力不断提升。2022 年,双江县累计接待游客 204.4 万人次,同比增长 72.7%;实现旅游总收入16.3 亿元,同比增长 82.3%①。

农业文化遗产地的资源条件具有发展成为品牌农产品、文化旅游资源的独特优势,在有效保护的基础上,应充分利用当地丰富的特色生物资源和民族文化内涵,打造特色化的品牌产品与文化服务。

5.1.3 加强农业文化遗产的宣传教育

1. 采取多元化的宣传方式

要加强农业文化遗产的保护利用,增强普通公众对农业文化遗产重要性的认识,宣传是必不可少的一项重要工作。农业文化遗产的保护与利用关乎生产发展和文化传承,宣传工作承担着普及农业文化遗产知识、提高全民农业文化遗产保护意识的职责②。随着网络信息技术的发展,人们获取信息的渠道越来越多元,获取信息的速度越来越快,农业文化遗产保护利用的宣传工作应不断适应时代的变化,采取多元化的宣传方式增强感染力、吸引力,引导公众主动接受农业文化遗产的价值认识,提升农业文化遗产对公众的影响力。除报纸、期刊、电视等传统媒体外,各级农业文化宣传部门要充分利用官方网站、官方微博、微信公众号、短视频 App 等信息传播交流平台,增加农业文化遗产相关信息的传播渠道。同时,不断采用新的高科技制作技术,提升新媒体中信息编辑、制作、传播的有效应用,不断提升新媒体平台对农业文化遗产知识和价值的宣传效果。农业文化遗产宣传方案也要多样化,应加强农业宣传部门和其他专业部门之间的沟通交流,采取服务外包等方式引入专业的文化制作、广告宣传公司等社会力量,提升农业文化遗产宣传方案的创新性,增强宣传工作对农业文化遗产保护和品牌树立的促进作用。新媒体平台和互

---

① 云南网.云南双江:古茶园生态系统的"大观园"[EB/OL].(2023-9-4)[2024-02-21].https://baijia-hao.baidu.com/s? id=1776102588326935145&wfr=spider&for=pc.

② 刘显洋,闵庆文.互联网时代农业文化遗产宣传工作的思考[J].遗产与保护研究,2019,4(1):65-71.

联网技术使信息传递和内容宣传的过程不再是单一的直线模式,为信息传递方与受众之间的互动提供了便利条件。农业文化遗产的宣传推广工作要充分把握各级各类信息平台的不同特点,结合本地实际情况,采取多样化的宣传内容和多元化的传播方式,线上和线下相结合,借助互联网平台的优势,利用农民丰收节等线下活动,让千年古树、梯田民居等文化遗产进入更多人的视野,得到更多人的关注与重视。农业文化遗产自身所具有的特点,也为开发系列文创产品,促进文化产业整体发展,提升宣传推广效果提供了重要条件。各地应充分挖掘农业文化遗产所蕴含的丰富历史文化内涵,充分利用其背后动人的民间传说故事等文化素材,通过现代化的设计提练,将文化元素植入新潮日用品、工艺品等产品中,开发具有实用性、观赏性、文化性的产品,进一步贴近消费需求,提升宣传效果。

2. 推动农业文化遗产知识传承教育

传统知识不仅是地方社区居民与自然环境长期适应中积累的智慧和经验的总结,也是农业文化遗产的结构性存在与重要组成部分,对农业文化遗产的保护与利用具有重要的支持作用。因此,农业文化遗产知识的传承和教育是农业文化遗产保护工作的重要内容之一。农业文化遗产知识是指存在于农业文化遗产系统之内,当地居民在长期的生产活动和生活体验中,围绕农业所积累的与生计维持、资源管理、生物多样性保护、精神信仰维持等多个方面密切相关的知识、创新及实践。有学者将其分为生计维持类知识、生物多样性保护类知识、传统技艺类知识、文化类知识及自然资源管理类知识五大类。

① 生计维持类知识,是指农业文化遗产内,维持居民生计的生物资源识别、生物资源利用等类别的相关传统知识。

② 生物多样性保护类知识,是指农业文化遗产内,居民在适应生态环境的过程中,为保证能够可持续地使用生物资源,或在文化及信仰驱使下,所形成的对生态系统及其内部生物多样性进行保护的相关传统知识。

③ 传统技艺类知识,是指农业文化遗产内,居民围绕农业活动所积累的与农业生产相关的种植技术等类别的传统技艺知识。

④ 文化类知识,是指农业文化遗产内,居民在农业活动中,基于农业生产、文化及宗教信仰衍生出的与农业相关的文化类传统知识。

⑤ 自然资源管理类知识,是指农业文化遗产内,居民在农业生产活动中,为了更加有效地利用水土及生物资源,所积累的水土资源管理、景观管理等类别的自然资源管理传统知识。

农业文化遗产不仅体现着中华优秀传统农耕文化精神,也蕴含着丰富的农作物种植管理和农业生产生活知识,是中华文明的重要组成部分和物质载体之一。农业文化遗产知识传承教育在维持遗产延续、丰富文化价值、保护生态环境等多方面发挥着重要的推动与促进作用。以云南普洱古茶园与茶文化系统为例,在与自然环境的相互适应过程中,为了能够可持续地利用自然资源,当地居民积累了大量生物多样性保护类传统知识。例如,傣族在采集竹笋时,每间隔一定距离会有意识地留下1棵健壮的竹笋作母笋,确保种群可持续;佤族所具有的茶树与旱稻、旱稻与桉树、咖啡与瓜类套种等几种林间混作模式,不仅能够有效阻止坡地农田病虫害的发生与暴发,同时也能够对物种多样性和遗传多样性起到保护作用。由此可见,传统知识能够保护普洱古茶园与茶文化系统内的生物多样性和生态系统完整性,维持其生命力,确保农业文化遗产的可持续①。

农业文化遗产知识传承教育不仅要以当地农业管理人员和农村居民为重点对象,更要面向更多的社会公众,特别是青少年群体。首先,应增强遗产地保护部门工作人员对农业文化遗产知识重要性的认识,通过各种宣讲教育活动,增强对农业文化遗产的自我认同感,加深对于农业文化遗产知识传承的责任感和自觉学习意识,增强各利益相关方对农业文化遗产系统中传统知识保护的意识。其次,要进行广泛的知识宣传和学习动员,让社会公众了解农业文化遗产保护的重要意义,唤起民众对优秀农耕文化的认识和学习兴趣。最后,要充分重视青少年教育,可以将农业文化遗产知识纳入中小学基础教育课程体系,采取多样化的教学实践方式,让农业文化遗产地成为广大中小学传统文化教育、耕读劳动教育、爱国社会实践的重要基地,使青少年通过参加各类农事活动,体验乡村生活的乐趣,增加对传统农耕知识和优秀农耕文化的学习和感悟。云南红河哈尼族彝族自治州世界遗产管理局与各县梯田管理部门、遗产地乡政府多次联合开展"世界遗产——红河哈尼梯田"进校园活动,向师生讲授哈尼梯田相关知识,赠送关于哈尼梯田的教材、文化丛书、儿童绘本、儿童歌曲作品、明信片、宣传折页等文创产品。各项活动的开展对普及世界遗产哈尼梯田的功能价值,提高青少年对民族文化的自信心与自豪感,增强师生梯田的主人翁意识、保护管理意识,促进哈尼梯田永续发展具有重要意义。

3. 加强农业文化遗产专业人才培养

农业文化遗产系统的保护、建设和管理利用具有整体性、综合性、复杂性、动态性和专业性的特点,需要多学科的专业技术人才和管理研究团队的支持与协作。2014年农业部成立了全球重要农业文化遗产专家委员会,主要为中国全球重要农业文化遗产(GIAHS)制度建设提供管理咨询与政策建议,各省根据农业文化遗产保护和利用的不同专业领域分别组建了农业文化遗产专家委员会等智库组织。2023年年初,浙江省在全国率先成立了农业文化遗产(农耕文化)专家组,为打造农业文化

---

① 马楠,闵庆文,袁正.农业文化遗产中传统知识的概念与保护——以普洱古茶园与茶文化系统为例[J].中国生态农业学报,2018,26(5):771-779.

遗产高地,服务农业文化遗产保护传承利用提供人才支撑。专家组由 15 位浙江省内农业文化遗产优秀人才组成,有来自行政主管部门的农业文化遗产管理专家、长期从事农业文化遗产理论研究的高校与科研院所的专家,以及来自基层一线的实践专家等。专家组围绕打造浙江农业文化遗产高地开展了一系列工作,通过浙江省委、省政府农业文化遗产保护利用决策部署,深入解读农业文化遗产保护利用方针政策,为各级党委、政府和业务主管部门提供决策咨询论证服务。同时,还将开展农业文化遗产理论与政策课题研究,通过收集理论研究和基层实践的最新动态,总结推广各地成功的经验做法,并适时组织农业文化遗产学术研讨和经验交流,以及农业文化遗产发掘、保护与利用等相关技术培训,进一步促进研究机构、人员间的紧密联系,加强与农业农村部重要农业文化遗产专家委员会的对接交流等①。在农业文化遗产领域建立专家组或智库组织,有助于对农业文化遗产的保护和利用工作提供专业化的咨询意见和规范化的管理意见,增强农业文化遗产保护利用工作的实际效果。

各级政府应当加强农业文化遗产人才队伍建设的整体规划和制度完善,增加资金投入,创新激励机制,鼓励当地农业、生态、历史、民族、环境、经济、文化、社会等多领域优秀人才投入到农业文化遗产保护研究和开发工作中。特别要注意对青年人才的吸收和培养,通过团队协作的方式,加快专业人才队伍的建立和专业培养机制的完善。在重视培养乡土人才、加强本地专业团队建设的基础上,也要注重对外部人才资源的引进。遗产地政府主管部门要加强与全国和地方高等院校相关专业院系和农业文化遗产研究机构的合作,从外部引进智力支持,促进研究成果的产出②。同时,也要注重对艺术设计、产业运营、市场营销等应用类专业人才的引进和培养,为当地农业文化遗产的宣传推广和开发利用提供专业支持,推动农业文化的创新和发展,提升农业产品的品牌效应和市场价值。

5.2　云南农业文化遗产保护利用的制度完善

2002 年,联合国粮农组织发起了全球重要农业文化遗产倡议,我国开始积极申报全球重要农业文化遗产项目,不断完善农业文化遗产保护利用的法规政策。2012 年,原农业部开始开展中国重要农业文化遗产发掘与保护。2014 年《中国重

---

① 中国新闻网.浙江成立专家组　以人才支撑农业文化遗产保护[EB/OL].(2023-1-6)[2024-02-21]. https://www.chinanews.com.cn/gn/2023/01-06/9929371.shtml.
② 赵秋然,郝梦真,孙涵,等.农业文化遗产的历史性与历史价值的挖掘和保护[J].古今农业,2020(3): 107-114.

要农业文化遗产管理办法(试行)》正式实施,2016 年中央"一号文件"明确提出"开展农业文化遗产普查与保护",2022 年《关于推动文化产业赋能乡村振兴的意见》提出"支持有条件的中国重要农业文化遗产地建设农耕文化体验场所",2023 年的中央"一号文件"提出"深入实施农耕文化传承保护工程,加强重要农业文化遗产保护利用"。国家层面不断制定和完善针对农业文化遗产的法规政策,使我国农业文化遗产的保护利用工作逐步规范有效,但由于各地实际情况和资源条件的不同,国家层面的政策法规很难做到事无巨细、面面俱到,需要各地从实际出发,进一步制定和完善农业文化遗产保护利用方面的法规制度和政策措施。

5.2.1 完善农业文化遗产保护利用的法律法规

在云南省重要农业文化遗产的保护与利用上,一直存在着"重申请、轻保护""重经济利益、轻生态价值"的倾向。由于各种主客观条件的限制,遗产地相关部门也存在着重视程度不同、管理能力差异、保护手段不一的现象。因此,应充分结合各地实际,完善制定农业文化遗产保护与利用的地方性法规,进一步明确重要农业文化遗产的保护对象、开发范围及政府相关部门的职责等,加快重要农业文化遗产保护利用工作的法治化、规范化、制度化进程。

1. 全面梳理现有法律法规

作为涉及主体众多、运行维护复杂的系统性资源,农业文化遗产保护涉及的法律法规众多,大致可以划分为三个层次。

一是涉及国际法领域的国际公约、宣言和决议等,例如《联合国生物多样性公约》《保护世界文化和自然遗产公约》《粮食和农业植物遗传资源国际条约》《约翰内斯堡可持续发展宣言》《21 世纪议程》《联合国千年宣言》等。

二是国家层面涉及文化遗产保护的各项法律法规,例如《中华人民共和国宪法》第一百一十九条规定:"民族自治地方的自治机关自主地管理本地方的教育、科学、文化、卫生、体育事业,保护和整理民族的文化遗产,发展和繁荣民族文化"。少数民族地区往往是农业文化遗产存在较多的地区,宪法的相关规定赋予了像云南这样的少数民族地区对农业文化遗产更多的灵活自治权。其他如《中华人民共和国土地管理法》《中华人民共和国水法》《中华人民共和国森林法》等对农业文化遗产保护所涉及的自然环境要素进行了规范,《中国生物多样性保护战略与行动计划》《全国生态环境保护纲要》《中国国家生物安全框架》《中华人民共和国野生动物保护法》等主要涉及农业文化遗产的生物多样性保护等方面。但这些法律更多的是针对相关的部门领域制定的,只涉及农业文化遗产的框架性保护,不能充分体现农业文化遗产系统内具体而特殊的农业生物资源及文化资源的保护。2015 年,农业部颁布了《重要农业文化遗产保护管理办法》,这是我国第一部国家层面的针对农业文化遗产保护的专门性法律法规,它包括总则、申报、保护与利用、监督管理和附则五个部分。其中,总则部分对制定该办法的目的、中国重要农业文化遗产的概念、发掘工作的方针和管理原则、各级管理机构的职责、规划编制等内容进行了规范。申报部分对申报主体、申报基本条件、提交的资料、申报和评审等程序做出了明确规定。保护与利用部分对中国重要农业文化遗产核心保护区域的划定与公布、遗产管理机构的设立、遗产保护经费的投入、遗产系统的多功能拓展、服务项目设置、遗产标识及展示厅的设立与使用等进行了规定。监督管理部分对中国重要农业文化遗产管理机构应当履行的职责、遗产发生重大改变或可能发生危及中国重要农业文化遗产的事件时的处理程序、保护和管理不善的处理方式等进行了规定。虽然该部门性行政法规对农业文化遗产的申报、保护、利用、管理等方面作出了原则性的规定,但其对农业文化遗产界定的范围相对较窄,只"包括由联合国粮农组织认定的全球重要农业文化遗产和由农业部认定的中国重要农业文化遗产",对更广泛意义上的农业文化遗产保护和利用的作用相对有限,而且法律位阶相对较低。

三是各地方政府制定的地方性法律法规,如云南省人大常委会颁布的《云南省非物质文化遗产保护条例》《云南省红河哈尼族彝族自治州哈尼梯田保护管理条例》《云南省古茶树保护条例》等;还有农业文化遗产所在地人民政府颁布的法律法规,如《临沧市古茶树保护条例》《云南省文山壮族苗族自治州文山三七发展条例》《普洱市古茶树资源保护条例》《普洱市景迈山古茶林文化景观保护条例》等。

整体来看,我国对农业文化遗产的保护和利用已基本形成了多层次、多领域的立法保护体系,但相对于农业文化遗产的丰富性内容和保护利用的迫切性需求而言,相关法律法规的整体性、系统性、规范性相对不足,与农业文化遗产保护和利用的实践脱节,需要进行全面的梳理和体系化的整理,加强国家层面的统一立法,对法律法规进行重新整体规划,解决不同法规之间可能出现的重复或冲突问题。对一些原则性、指导性的法规政策,应进一步制定详细的实施细则,以增强其可操作性。

2. 充分发挥地方立法的作用

相对中央立法,地方立法的领域较为宽泛和灵活,更有利于聚焦地方治理领域的突出问题,及时、精准地回应农业文化遗产保护利用的针对性立法需求,有助于解决本地区域的特殊问题。在云南农业文化遗产保护工作中,地方立法扮演了重要角色,取得了丰硕成果。2015 年 3 月,《云南省澜沧拉祜族自治县景迈山保护条例》施行,它首次以地方立法的方式守护千年古茶林;2018 年 7 月,《普洱市古茶树资源保护条例》颁布实施,它成为普洱市获批地方立法权以来的首个地方性法规;2023 年 1 月,《普洱市景迈山古茶林文化景观保护条例》正式实施,明确职责、助力申遗,进一步规范保护、管理、文化传承、可持续发展等各项工作……云南省现行有效的法规中,生态立法占比三分之一,基本构筑了具有云南特色的生态文明法规制度体系①。相对于省级人大较为完善规范的立法体系,地市以下的立法机构在立法规划、调研论证、规范执行等方面仍存在较大的改善余地。

首先,编制科学合理的立法规划是有序推进农业文化遗产地方立法工作,提升地方立法效率,增强立法系统整体性、规范性和时效性的基础工作。省级以下立法机关对于生态保护特别是农业文化遗产保护和利用的地方立法缺乏相对完善的立法规划,往往只是紧跟上级立法或者针对急迫问题,存在"头痛医头,脚痛医脚"的现象,立法工作的可持续性、可执行性较弱。应加强地方党委领导立法规划以及全部立法工作的力量,地方党委主要负责同志要加强认识,提高重视程度,履行好领导立法工作第一责任人的职责②。同时,各地方立法机关要充分把握本区域农业文化遗产保护利用的具体情况和实际需要,提高立法工作的主动性和积极性,鼓励先行先试,充分发挥地方立法的探索创新精神。

其次,充分发挥地方立法更加贴近本地居民、便于联系群众的优势,提高立法的公众参与性。更加注重发挥人大代表的主体作用,抓住立法前、立法中、立法后等环节,邀请代表参与拟订立法规划计划、法规起草、法规草案征求意见、列席常委会会议以及立法调研等活动,让代表成为立法程序的启动者、立法质量的把关者、立法实施的监督者③。农业文化遗产地方性法规的制定应积极听取相关领域专家的意见和建议,充分发挥高校、科研机构等智库机构的智囊作用。可以以委托科研项目的方式,委托科研人员对课题展开研究。可以在科研实力强的地方院校设立农业文化遗产立法研究基地,充分发挥基地在立法项目可行性研究、建议草案等方面的智力支持④。对高校、科研机构的选择可以以本省本地区为主,同时向相关研究资源更为集中、专业研究相对更强的其他地区去寻找和发掘,建立农业文化遗产地方立法的咨询合作关系。地方立法机关应及时充分地向公众公开相关立法信息内容,利用线上线下平台提供多渠道的参与形式,认真听取并吸收社会公众的建议和意见⑤,确保公众充分了解并参与农业文化遗产相关的地方立法活动。

最后,应加强对地方立法的审查和监督,规范其运行机制。全国人大、省级人大应加强备案审查的力度,完善对地方立法的监督机制。各地方应加强和落实自我监督体系,进一步制定明确的监督标准,丰富监督的内容。充分发挥各级人大代表、社会机构和公众的监督作用,进一步完善地方立法监督责任追究机制,进行合

① 瞿姝宁.突出特色服务大局　立法引领护航发展[N].云南日报,2023-09-26(5).
② 刘松山.地方人大立法规划的十个问题[J].地方立法研究,2020,5(4):1-14.
③ 成世杰.扎实做好新时代地方立法工作　助力推进国家治理体系现代化[N].固原日报,2019-12-13(3).
④ 马竞遥.设区的市地方立法权运行实证研究——以广东省为例[J].法治社会,2020(2):56-64.
⑤ 郭文娣,马璐.地方立法中公众有效参与的困境及应对[J].天水行政学院学报,2023,24(6):109-112.

理有效的追责和及时的整改规范,确保相关地方法规的严肃性和有效性。

3. 加强政策落实和执法检查

推动政策落实,加强执法检查,是农业文化遗产保护利用工作规范有效实施的根本保证。各行政主管部门和执法部门要切实承担起工作职责,从加大宣传力度、完善配套制度、加强执法检查、严厉查处违法行为等方面着手,提高政策实施和法规执法效果,确保已出台的各项制度政策和地方性法规的全面有效、正确规范地实施。各级行政执法部门要进一步加大对农业文化遗产保护的执法检查力度,加强农业文化遗产保护的执法规范化建设和执法能力建设,严格按照法律法规制度的要求开展执法检查,严格执行农业文化遗产保护的执法巡查、相关资源许可利用的行政稽查、重大生态破坏案件的挂牌督办等制度。严格依法行政,深入推进多部门联合执法,严厉打击乱砍滥伐、污染河流水体、侵占公共农业资源、破坏自然生态景观等行为。加强政策落实,注重监管实效,对执法检查落实情况进行跟踪问责,紧盯农业文化遗产保护重点领域、突出问题的整改落实,推动各级部门从基础抓起、向难处用力,抓实农业文化遗产保护利用工作,提升农业文化遗产的生态和社会效益。充分调动农业文化遗产地居民群众遵法守法的主动性和护法用法的积极性,加强社会公众对农业生态违法违规行为的监督意识和举报力度,保障农业文化遗产的永续保护与合理利用。

5.2.2　制定针对性的政策措施

1. 深入调查,充分挖掘

农业文化遗产所涉及的领域十分广泛,内容极为丰富,包括物质性遗产和非物质文化遗产,例如传统农业生产方式、古代农业遗址、民俗文化、农业原产地、农业景观生态,以及相伴而生的农业技术、耕作制度和农耕文化等。需要我们首先对云南农业文化遗产的概念、特点、类型和范围做出基本的判断,在广泛调查研究的基础上建立较为完善的农业文化遗产数据库,充分挖掘其中最具典型性、最亟待保护和最具利用价值的部分。在深入调查资源存量,充分挖掘资源价值的基础上,应对具有典型性、处于濒危状态、可以发掘利用的农业文化遗产类型区域,对不同农业耕作制度、非物质农业文化遗产丰富的传统农业社区的保护和利用工作做出全面规划、合理施策①。

但目前来看,从中央到地方层面,对农业文化遗产普查工作的重视程度明显不够,还没有形成经常化、制度化、规范化的普查机制。2016 年年初发布的中央"一号文件"中,提出要"开展农业文化遗产普查与保护"。为此,在原农业部精心组织

---

① 闵庆文.农业文化遗产及其动态保护探索[M].北京:中国环境科学出版社,2008:106.

下,在各级农业管理部门、各传统农业系统所在地有关部门和农业文化遗产专家委员会的共同努力下,原农业部办公厅于 2016 年 12 月向社会公布了 408 项具有潜在保护价值的农业生产系统。除此之外,一些地方也组织了区域性的农业文化遗产普查工作。例如:2010 年南京农业大学开展了江苏省农业文化遗产普查,出版了《江苏省农业文化遗产调查研究》一书;2014—2015 年,湖南省政协开展了湖南农业文化遗产文史资料征集工作;2017 年,福建省政协教科文卫体委员会联合福建省新闻出版广电局、福建农林大学编写出版了《天有丰年——福建农业文化遗产综览》一书;2017 年中国科学院地理科学与资源研究所联合昆明师范大学等单位,对澜沧江流域农业文化遗产资源进行了考察整理和重点分析①。但整体来看,各级地方政府对农业文化遗产普查工作重视力度不足,地方性农业文化遗产调查大多都是由人大、政协或高校科研机构组织,因为经费和人员的限制,很难做到全面、统一、规范性和经常性。从云南省农业文化遗产的具体情况来看,由于农业文化遗产本身的分布相对分散,很多位置偏远的山区丛林甚至完全保持原始的状态,这给农业文化资源普查工作的全面开展带来了一定的客观限制。但普查是开展农业文化遗产保护的基础性工作,在全省范围内对潜在的农业文化遗产开展资源普查,准确掌握农业生产系统的分布状况和濒危程度,是采取有效措施加强农业文化遗产发掘、保护、传承和利用的重要前提,是发展多样性农业、做强高原特色现代农业的重要抓手。对于提升全民文化遗产保护意识,传承农耕文明,弘扬民族文化,推动农业可持续发展,加快培育遗产地乡村共富产业,推进农村文旅融合,促进全面乡村振兴,营造全社会保护农业文化遗产氛围,具有十分重要的意义。云南省农业农村厅、云南省文化和旅游厅于 2022 年 9 月 24 日下发了《关于开展云南省农业文化遗产资源普查工作的通知》(云农社〔2022〕7 号),在全省范围内开展农业文化遗产资源的普查工作。普查范围涵盖全省农业文化遗产类别,包括种植业、林果业、畜牧业、渔业及其复合系统等农业生产系统。通知要求要全面分析梳理农业文化遗产基本情况,形成农业文化遗产后备名录库。但总体而言,从要求上报的资料来看,除已经认定的中国重要农业文化遗产须报送保护传承报告外,对其他农业文化遗产的普查内容和信息填报要求相对较为单一简略,更多的是对基本情况的掌握。而地市及以下主管部门对本区域内农业文化遗产的普查工作更多以满足上级要求为主,缺乏主动性和经常性。对各地农业文化遗产充分详实信息的把握是保护利用的基础,通过深入调查,充分挖掘才能够更有效地掌握信息。应将农业文化遗产调查和数据收集工作明确作为各级农业主管部门的一项重要职责,在充分研讨、科学论证的基础上,编制标准化的技术指南与普查方案。具体实施过程中,应由政府

---

① 闵庆文.我国重要农业文化遗产发掘工作回顾与前瞻[J].自然与文化遗产研究,2020,5(6):1-9.

相关部门进行统一的指导和管理,组织一支由专业技术人员和农业基层管理人员联合组成的调查队伍,做好组织培训,进行全面普查,同时要重视普查成果的宣传展示和实际运用。

2. 因地制宜,切合实际

农业文化遗产的保护和利用必须充分结合各地实际,因地制宜,从建立科学合理的评估机制入手,采取多种手段,针对不同类型的资源条件和产业基础,实施有效的保存保护和有针对性的开发利用。

针对农业文化资源所蕴含的独特生态特征和有效经济价值,采取定性评价和定量分析相结合的方式,结合当地实际,构建科学合理的资源评价机制,准确识别农业文化遗产的保护等级和开发利用价值,为有序保护和合理利用提供规范科学的基础数据。例如,针对云南古茶树资源的保护利用,本着资源保护与合理开发相协调、因地制宜的原则,可以将古茶树按保护利用性质划分为严格保护型古茶树、部分(非生产性)利用型古茶树和生产利用型古茶树。其中,严格保护型古茶树是需严格保持其自然生长和原有状态的古茶树类型,应对其进行严格的保护和管理;部分(非生产性)利用型古茶树在不损害其健康状况和持续生长的前提下,可以进行适度的开发利用;生产利用型古茶树可采取科学规范的养护管理措施,提质增效,增产增收,以期获得持续的经济效益,充分兼顾保护和利用之间的关系。因为不同树龄的古茶树所要保护的价值目标是不同的,通过进行科学的分级分类和因地制宜的保护,实现严格保护和适度利用相结合,更加符合地方发展实际,实现生态价值和经济利益的最大化。

只有因地制宜的保护,切合实际的利用才可以起到促进生态效益、经济效益、社会效益协调发展的作用,否则可能会造成投入了巨大的人力、物力,却无法实现真正有效的保护。一方面,保护要深入挖掘农业文化遗产所蕴含的历史意义与文化价值,遗产所在地社区居民的人文感受、民族特色、集体记忆都是不能忽略的重要方面;另一方面,不能只考虑单一的自然空间或遗迹实体,而要综合考虑周边环境的生态环境以及地域文化特色,进行产业定位和市场开发。不能只是照搬他处的成功经验、不加鉴别地全盘吸收,因为不能因地制宜、切合实际地进行保护利用,就无法带来更好的实践效果。云南作为农业文化资源大省,应更好地挖掘农业文化遗产蕴含的传统农耕智慧,结合各遗产地实际,探索具有地方特色的乡村振兴发展模式,采取更加务实的政策措施推动新阶段农业文化遗产保护利用事业的高质量发展。例如,处于哈尼梯田核心区的元阳县充分考虑当地实际,因地制宜,一方面通过制定针对梯田种植水稻、非遗传承保护、传统民居保护、水沟管护等的奖补办法,进一步促进哈尼梯田世界文化遗产的可持续发展;另一方面通过科学规划,充分有效利用当地特色资源条件,在促进"两山"实践创新转化和当地农民群众增收致富等方面取得更大的实效。近年来,元阳县累计投入 2.59 亿元,成功打造了以哈尼小镇、胜村集镇为中心,辐射带动大鱼塘、多依树下寨、阿者科等村寨的"两心多点"乡村旅游圈,共发展乡村客栈 267 家,直接带动就业 5 000 余人,实现经营收入 3 000 余万元。除了发展乡村旅游,元阳县还坚持走种养结构传承、创新之路,传承和发展种养模式,既守住了粮食安全的底线,又拓宽了农民增收渠道。大力推广"稻鱼鸭"综合种养模式,综合种养示范 4.52 万亩,辐射带动 13 万亩,涉及农户 39 148 户,示范区亩产值达 8 000 元以上,辐射带动区亩产值达 5 000 元以上。同时,着力打造具有元阳特色的哈尼梯田"绿色食品牌"梯田红米、梯田鱼、梯田鸭蛋等,实现销售收入近 7 000 万元。遗产区农民人均可支配收入从 2013 年的 3 928 元增长到 2023 年的 12 502 元……千年梯田变成群众实实在在的"致富田"[①]。

3. 以人为本,让利于民

农业文化遗产保护是一个复杂的社会系统,涉及的利益相关方很多,这就会产生经济利益如何合理分配的问题。农业文化遗产是先民创造、世代传承并不断发展的传统农业生产系统,从事农业生产的农民理应成为农业文化遗产最主要的保护者,同时也是遗产保护最主要的受益者。农业文化遗产的本质是当地居民生产、生活、生态功能兼具且互促的"三生空间",大多数原住民只有在与周边区域收入相仿的情况下才有动力持续维持生产活动并传承悠久的传统文化。但农业文化遗产的集体性却导致权利的行使和利益的分配往往缺乏确定的主体,从而产生各种各样的利益纠葛与矛盾。例如,农业文化遗产的旅游开发产生的经济利益分配,很容易在利益相关者之间产生复杂的矛盾。云南红河"哈尼稻作梯田"元阳梯田的旅游开发中,就曾经出现旅游地农民与旅游开发公司之间、旅游地农民与相邻地区农民之间的利益分配矛盾[②]。这一方面需要制定明确的法律法规,进一步健全完善农业文化遗产保护中产生的利益分配机制,另一方面也要求遗产所在地的管理者、外来投资者以及其他利益相关方真正做到"以人为本",时刻把当地农民的利益放在首位。在农业文化遗产价值开发和市场化使用的实践中,云南各地探索出了一些行之有效的模式,其中最为重要的就是要充分保证农民的保护政策知情权、开发决策参与权、市场利益分配权。只有农民的就业机会增加了、收入提高了,他们才会认识到农业文化遗产的综合价值和保护的重要性,才能够真正激发他们参与保护和发展的积极性[③]。各级政府主管部门应充分践行"以人民为中心"的发展理念,切实保障农业文化遗产地居民信息知情和利益共享的合法权益,积极构建政府主导、多方参与、分级管理的农业文化遗产开发管理体制,探寻农业文化遗产保护与

① 张萌.哈尼梯田边论道乡村振兴[N].农民日报,2023-12-09(4).
② 吴莉.农业文化遗产的法律保护[D].武汉:华中科技大学,2011.
③ 彭瑶.农业文化遗产:千年智慧　启迪未来[N].农民日报,2022-07-28(8).

发展的利益平衡点,实现生态保护、投资利用、农民创收的有机结合,最大化地发挥利用农业文化遗产的长期综合价值。

5.3　云南农业文化遗产保护利用机制的健全

由于农业文化遗产管理涉及的职能部门和行政层级众多,从各地农业文化遗产保护利用的实际情况来看,统一的领导管理体制尚未完全建立,部分地区依然承袭以往条块分割的管理特点,农业文化遗产保护和开发工作缺乏统一高效的领导管理体制。要实现有效的保护和规范的利用,必须从管理机制入手,强化组织领导,增强责任意识,加强部门协作,组织动员社会力量。

5.3.1　建立多方协同的组织体系

1. 加强组织领导

在中国现有行政管理体制下,领导重视和组织加强是各项工作取得发展进步的重要保证。首先要加强各级政府领导对农业文化遗产保护与利用工作重要性的充分认识,增强紧迫感,提高自觉性,把农业文化遗产保护、利用、发展纳入各地区各年度经济社会发展规划,使其成为各级农业农村工作的重要议事内容。应建立以各级政府主管领导为组长,农业、文化、环保、国土、建设、旅游、档案等多个部门参与的农业文化遗产保护和利用工作领导小组,加强组织领导和统筹协调,落实专项责任,压实目标任务,形成齐抓共管、层层落实的工作格局。针对部分涉及范围较大、生态环境复杂、跨行政区域的农业文化遗产生态系统,可采取提级管理的模式,由更上一级的行政主管部门组织负责,提升保护力度,加快开发利用。红河哈尼稻作梯田系统作为云南最早入选全球重要农业文化遗产和农业农村部认定的第一批中国重要农业文化遗产,其核心区位于云南省红河哈尼族彝族自治州元阳县的哀牢山南部,但覆盖区域包括元阳、红河、金平、绿春四县,总面积达 11 029.43 平方公里。为加强红河哈尼梯田农业遗产的保护利用等相关工作,红河哈尼族彝族自治州政府设立了专门的直属事业单位——红河哈尼梯田世界文化遗产管理局,其主要职责包括:组织实施红河哈尼梯田保护管理相关规划;监测哈尼梯田资源状况,收集、整理哈尼梯田资源相关资料,并建立档案;组织开展与哈尼梯田有关的科研、科普、展示和宣传教育等活动;监督指导哈尼梯田资源的开发利用;审核哈尼梯田重点保护区内基础设施及其他公共设施建设等项目;负责哈尼梯田知识产权的相关事宜;依法制定出台收取相关规费的办法;行使相关法律法规赋予的行政处罚权等①。通过设立更高层级的专门管理机构,对农业文化遗产的保护和利用工作进行更好的统一组织和协调。

2. 提升部门协同

农业文化遗产保护利用工作涉及的政府主管部门较多,主要包括专门设立的文化遗产管理机构,农业农村、文化旅游、生态环保、国土规划等相关业务主管部门。因为涉及的部门众多,在沟通协调、协同配合方面往往面临着更大的困难。各级政府设立的文化遗产管理机构往往又因其行政权力相对有限,很难完全承担起整合协调不同职能部门的作用。如前文提到的红河哈尼梯田世界文化遗产管理局,虽然在相关地方法规条文和机构职能说明中赋予了其沟通协调、监督指导农业文化遗产资源开发利用的职责,但因其事业单位的性质,缺乏整合所有行政力量、提升部门协同工作的权力与能力。因此,需要各级政府建立更高层级的农业文化遗产保护和利用工作领导小组,以进一步整合行政资源,提升各部门的协同作用。重点应做好以下几项工作:

第一,多部门共同制定农业文化遗产保护的整体规划、政策目标和综合措施,包括共同制定农业文化遗产保护发展年度规划、重点项目工作计划、保护利用基本准则、保护区域详细规划和具体政策措施安排等。

第二,加强信息共享和合作研究机制。各相关部门应建立有效的信息共享机制,共同收集、整理和分享与农业文化遗产保护相关的基础数据、调研报告、项目成果等,提高保护工作的科学性和有效性。

第三,强化资源整合,共同投入。各部门可以共同整合资源,包括人力、财力和物力等,以支持农业文化遗产的保护工作。具体是通过共同筹措经费、共同申报项目、联合招商引资、共享设施和设备等方式实现。

第四,进行联合宣传和市场推广。各部门可以通过整合媒体渠道与各类宣传工具,联合开展农业文化遗产的品牌宣传和市场推广活动,提高公众对农业文化遗产保护的认知和重视程度,进一步扩大农业文化遗产的商业价值和社会价值,包括组织专业展览,举办各类文化活动,共同制作宣传材料、公益广告等方式。通过相互协调配合,不同职能部门可以充分发挥各自的优势,形成强大的推进合力,进一步加强农业文化遗产保护和开发利用工作,实现保护、传承和可持续发展的目标。

3. 整合社会力量

首先,农业文化遗产的保护和利用工作不仅需要各级政府部门加强组织领导、统筹协调,还必须充分调动社会力量,有效整合多方资源。农业文化遗产工作本身

---

① 红河哈尼族彝族自治州人民政府网站. 红河哈尼梯田世界文化遗产管理局 2022 年预算公开[EB/OL]. (2022-03-14)[2024-02-21]. http://www.hh.gov.cn/zfxxgk/fdzdgknr/zdlyxxgk_1/czxxgk/yjsgkpt/bmyjs/bmys1/202203/t20220314_575751.html.

具有较强的科学性、专业性，必须充分吸收各领域专家学者，为相关工作提供业务咨询和专业支持。我国农业农村部于 2014 年成立了首届全球重要农业文化遗产专家委员会，2020 年 8 月完成了新一届专业委员会的换届工作。第二届专家委员会共由 43 名专家组成，其中顾问 4 名、主任委员 1 名、副主任委员 4 名、秘书长和协调联络人各 1 名，以及相关领域专家 32 名，他们分别来自全国各大农业院校以及中国科学院、中国工程院、中国农业科学院等专业研究机构，共涉及四大领域，分别是农业历史与农业考古领域、农村文化与遗产管理领域、农业生态与农村环境领域、农村经济与产业发展领域，涵盖了农业文化遗产保护、利用、发展的各项专业工作。在相关通知中，农业农村部明确提出要求：各省、自治区、直辖市农业农村（农牧）厅（局、委）及新疆生产建设兵团农业农村局按照《重要农业文化遗产管理办法》（农业农村部公告第 2283 号）的有关要求，借助专家委员会的专业优势和实践经验，做好本地区农业文化遗产的挖掘与保护工作，切实推动中华优秀农耕文明的传承与发展。但目前各地常设性专业农业文化遗产专家咨询机构大都还未建立。以云南省为例，目前云南省市级层面的农业文化遗产专家咨询机构还未成立，但与农业文化遗产保护利用相关的专家咨询机构有云南省非物质文化遗产保护专家委员会、云南省湿地保护专家委员会、云南省国家公园专家委员会等，云南所属各地市也都成立了非物质文化遗产保护专家委员会。各地可通过进一步吸收地方院校和科研机构的专家力量，根据地方实际组建农业文化遗产相关的专家委员会等决策咨询机构，从而更好地发挥专业支持作用。

其次，可以充分发挥各类社会组织在农业文化遗产保护利用工作中的积极作用，通过建立多方合作网络，加强社会力量投入。例如，可以充分吸收各类环保公益组织、志愿者组织等参与到农业文化遗产保护的相关工作中，通过各类社会组织充分调动社区公众参与的积极性，为农业文化遗产保护提供更多支持。各类商业协会和农业行业组织也可以充分发挥自身优势，提供资金或技术支持，帮助农民提高传统农业技术，促进传统农产品的生产和销售，以提高当地农民收入，为农业文化遗产保护和利用工作提供更多的支持。

最后，社区居民作为农业文化遗产的直接受益者和参与者，可以通过各种组织活动的方式，例如组建文化遗产保护协会、成立农民合作社、组织文体活动等，推动当地群众积极参与农业文化遗产保护工作。社会力量的参与可以为农业文化遗产保护提供基础支持和持久动力，各级政府应积极引导和支持社会力量参与，形成政府、社会组织和普通公众多方合作的力量格局，共同推进农业文化遗产的保护和利用工作。

5.3.2　建立有效保障的运行机制

1. 资金保障

要实现农业文化遗产的充分保护和有效利用,充足的资金投入是基础条件。各级政府肩负着生态资源保护、农业发展和农民增收的主要职责,在农业文化遗产保护的资金投入中,政府财政发挥着基础性的作用。各级政府应增加对农业文化遗产保护的资金投入,通过设立专项资金等方式,确保农业文化遗产保护基础设施的建立与完善。2010 年,哈尼稻作梯田系统入选全球重要农业文化遗产(GIAHS)保护试点地,2013 年入选第一批中国重要农业文化遗产。遗产所在地的红河哈尼族彝族自治州政府立足全面保护"森林—村寨—梯田—水系"四素同构的生态景观格局,实施荒山造林、封山育林工程,常态化开展遗产区森林巡山护林工作。红河哈尼族彝族自治州政府累计投入 1.31 亿元资金,对 64 个传统村落、4 504 幢传统民居进行修缮,1 603 幢传统民居实行挂牌保护,阿者科村、箐口村等 6 个村寨被列入中国传统村落名录;建立监测站、聘请监测员,修复损毁、旱化梯田 4 933 亩;沿用"赶沟人""木刻分水"的传统水资源管理制度,实施 36 个水利项目,修缮梯田沟渠 105 条共计 86 公里。位于哈尼梯田核心区的元阳县通过不断加大资金投入,强化对哈尼梯田的保护力度,累计投入保护利用资金 31.61 亿元;坚持保护森林,大力实施荒山造林、封山育林、森林抚育等工程,遗产区森林覆盖率从 2013 年的 41.26% 提高到 2022 年的 49.57%;坚持水系治理,修缮沟渠 34.59 公里,新增有效灌溉面积 3 500 亩,解决遗产区 6.6 万名群众的安全饮水问题。同时,不断加大对传统民居和村落的保护力度,改造传统村落 64 个,挂牌保护传统民居 1 603 户,累计修缮保护遗产区民居 4 500 余幢。一系列成效显著的举措,守住了哈尼梯田"四素同构"的生态系统,守住了哈尼梯田的绿水青山。通过州县合力,哈尼梯田灌溉系统得到了有效保障,基础设施、人居环境得到了质的提升[①]。

虽然政府投入的增加是农业文化遗产保护的基础保障,但由于各农业文化遗产所在地经济发展水平和政府财政收入状况存在较大差异,单纯依靠政府投入很难实现农业文化遗产的全方位保护和充分利用。必须充分调动各方面力量,进一步拓宽资金筹集渠道,建立长效投入机制。

第一,各级政府部门在资金投入、要素配置、公共服务等方面应采取更加有力的措施,发挥重要农业文化遗产地的窗口效应,以产业为重点激发动力,以民风为核心凝聚人心,以奖惩为调控手段巩固成果,带动非遗产地共同走向乡村振兴的可

---

① 张萌.哈尼梯田边论道乡村振兴[N].农民日报,2023-12-09(4).

持续发展之路①。

第二,应充分利用本地资源,加快培育本土产业,充分发掘和利用当地农业文化遗产,将其转化为经济资源。通过培育本土特色产业、农产品品牌等发展措施,提高农业文化遗产的经济价值,从而促进当地经济发展,获得可持续的资金投入。

第三,要吸引外来投资,促进文化旅游开发,将农业文化遗产与文化旅游相结合。通过引入专业旅游管理公司和其他社会资本,开发相关旅游项目吸引游客,增加农业文化遗产的经济效益,形成维护资金的自给循环。

第四,制定激励措施,鼓励私人捐赠。制定相关激励政策,如税收优惠、荣誉称号、品牌冠名等,鼓励私人企业、基金会以及民间组织等进行捐赠和赞助,共同参与农业文化遗产的保护利用。通过设立专门的捐赠机制和奖励制度,吸引更多的私人资金参与。

第五,加强国际合作与项目资助,借助国际合作与资助项目,获取来自国际组织和国外合作伙伴的资金支持。通过申请国际合作项目、参与跨国合作等方式,为农业文化遗产保护提供更丰富的资金来源。通过以上多渠道、多层次的资金筹措方式,形成多元化的资金支持体系,可以提升农业文化遗产保护的资金保障,推动农业文化遗产的可持续发展。

2. 人员保障

要实现农业文化遗产的充分保护和有效利用,合理的管理部门设置和适当的人员配备是重要保障。遗产地各级党委和政府要依法依规明确农业文化遗产的管理职能部门,设立专门的农业文化遗产保护机构,统筹使用编制资源,使农业文化遗产保护工作力量与其承担的职责任务相适应。加快实施农业文化遗产人才队伍能力提升工程,对从事农业文化遗产保护的管理技术人员,采取培训、进修、研修等方式,提高其文化素养、专业能力与业务水平。创造良好的工作环境和条件,提供充足的工作设施和专业设备,为农业文化遗产工作人员提供舒适、安全、整洁的工作场所,进一步提高工作效率,降低劳动强度。提供合理的工资薪酬和福利待遇,使农业文化遗产从业人员的薪酬水平与其工作性质和贡献相匹配。加强政策落实和执法监督,保障农业文化遗产从业人员必要的福利待遇,包括社会保险、住房公积金、医疗保险、年假等,确保其基本生活需求。加强农业文化遗产部门与从业人员之间的交流与合作,建立农业文化遗产从业人员之间的交流渠道与沟通平台,通过行业协会组织开展研讨培训等方式,促进农业文化遗产保护开发工作经验的分

---

① 云南省农业农村厅农村社会事业促进处.对政协云南省十二届四次会议第 0349 号提案的答复[EB/OL].(2021-06-17)[2024-02-23]. https://nync. yn. gov. cn/html/2021/tianjianyibanli2021_0617/378923. html.

享与交流。对在农业文化遗产保护利用工作中做出突出贡献的单位和个人,按照国家、云南省及各地方的相关规定,采取表彰表扬、奖金激励等方式,进一步提升农业文化遗产工作人员的积极性和创造力。

3. 技术保障

随着现代科技的不断进步,农业文化遗产的保护利用也需要不断更新技术手段,并获得充足的设备保障。例如,通过数字化技术手段,农业文化遗产可以被准确、高效地记录、保存和传播;通过虚拟现实(VR)和增强现实(AR)技术,人们可以以更直观、互动的方式来体验和理解农业文化;通过人工智能(AI)技术在图像识别、数据分析等领域的应用,开发出更加智能化、安全化的保护措施;等等。同时,现代化技术手段的运用也需要必要的设备保障。数字化技术的使用需要高容量、高稳定性的数字存储设备和高分辨率的扫描仪器,通过虚拟现实头戴设备、AR眼镜等实现全新的数字体验方式,AI技术的实际应用也需要配备相应的智能设备与监测装置。云南省部分农业文化遗产管理部门将数字化充分运用在农业文化遗产的保护和发展工作中,开创了文化遗产保护利用的新形式。红河哈尼梯田世界文化遗产管理局以“数字赋能”哈尼梯田的保护与发展,推动实施“数字红河哈尼梯田”项目建设。汇集自然资源规划、农业农村、林草、水利等部门的基础数据信息,全面监测哈尼梯田核心区土壤、气温、降水、水源等资源,建立哈尼梯田核心区环境动态监测系统。实施农药化肥管制及监测,提供溯源依据,实施精准保护治理,构建在网络空间可实时巡视的“稻鱼鸭”生态循环农业,打造世界遗产地高品质生态农业品牌。运用无人机、卫星图像等先进的数字化、智慧化遥感遥测手段,定期开展耕种情况和新建房情况摸底,实现村庄建房和梯田耕种情况动态数字化管理①。

5.3.3　采取综合多样的实施工具

1. 行政性工具

农业文化遗产的保护和利用对地方传统文化的传承和可持续发展起着至关重要的作用,各级政府在这个过程中扮演着关键角色,要通过制定法规、建立机构、提供财政支持等多种方式,更好地推动农业文化遗产的保护、传承和利用。具体措施和手段包括:

第一,通过制定相关法规和政策,为农业文化遗产的保护和利用提供法律依据和行政指导。通过立法规范和执法强化,建立起农业文化遗产保护的整体法规和执行体系,规范农业文化遗产的认定标准、保护范围、管理体制、法律责任等;通过

---

① 红河哈尼族彝族自治州人民政府网站.红河哈尼梯田世界文化遗产管理局2022年预算公开[EB/OL].(2022-03-14)[2024-02-23]. http://www.hh.gov.cn/zfxxgk/fdzdgknr/zdlyxxgk_1/czxxgk/yjsgkpt/bmyjs/bmys1/202203/t20220314_575751.html.

完善农业文化遗产的整体规划设计与专项政策的制定,进一步明确发展目标、完善保护措施、规划重点项目、设计投资方案等,为相关工作提供基本方向和针对性的支持。

第二,通过设立专门化、规范化管理机构,进一步落实工作责任,使农业文化遗产保护与利用工作更加有序、高效地进行。专门机构的设立可以更加集中和有效地管理使用农业文化遗产的相关资源,协调不同部门、组织、机构之间的工作配合,形成系统化、最优化的管理模式。

第三,通过财政拨款、税收优惠等行政手段为农业文化遗产的保护和利用提供必要的资金支持。各级政府应在年度财政预算中给予农业文化遗产保护专项经费保障,用于重点项目的实施。通过建立文化遗产基金、进行税费减免等方式,吸引社会资本和企业参与,为文化遗产的保护和传承提供持续的资金支持。

第四,通过建立有效的社会参与机制,鼓励社会力量广泛参与农业文化遗产的保护和利用。经常性地进行有关农业文化遗产的公共教育和宣传,提高公众对其重要性的认识。通过与社会组织建立合作关系,共同推动农业文化遗产的保护和利用。

第五,政府可以通过绿色产品、地理标志产品认证等方式,确保农业文化遗产的地域特色和文化传承的真实性,以提升产品的附加值,促进相关产业的可持续发展。

第六,政府可以通过国际合作、政府间交流等方式,更好地借鉴其他国家和地区农业文化遗产保护利用的相关经验,获取更多的专项技术和资金支持,推动农业文化遗产的国际交流和合作。

茶是云南省重要的农业文化遗产之一,云南省是全球古茶树、古茶园保存数量最多,且面积最大、种质种类最丰富的地区。自 2009 年起,云南省已颁布古茶树保护的省级、地方级和县级相关法规 8 项,对古茶树资源进行了立法性保护。并通过更新地理标志产品、地理标志证明商标、农产品地理标志和制定相关标准,如《地理标志产品　普洱茶》(GB/T 22111—2008)、《普洱茶生态茶园(Ⅰ类)建设及管理规范》(DB5308/T 56—2020)、《勐海茶　普洱茶》(T/MHC 003—2020)等,以及发布《普洱茶地理标志产品保护管理办法》和《云南省普洱茶地理标志保护产品茶园登记办法》等相关管理办法,促进普洱茶产品质量全面提升。在农业文化遗产所在地,在当地政府的引导推动下,通过制定村规民约,对核心茶区内茶树种植、茶园经营管理与保护进行了严格规定,如普洱市宁洱县困鹿山古茶园制定《宁洱镇宽宏村困鹿山小组村规民约》和《困鹿山核心区茶叶管理办法》,对茶叶的品质、品牌管理发挥了积极作用①。

总之,政府在农业文化遗产保护和利用中发挥着引导、推动、管理、监督的主导作用,通过制定法规、设立机构、提供财政支持、推进行政许可等行政手段,可为农业文化遗产的可持续发展作出更为积极的贡献。

2. 市场化工具

农业文化遗产的保护与利用不仅仅是政府的责任,市场化手段的使用可以为农业文化遗产注入经济活力,更好地提升其自我维持和可持续发展的能力。市场化手段主要包括基于市场机制的开发、推广和经营,商业模式的创新发展,传播渠道的开发与拓展等方式,可以更好地促进农业文化遗产的保护利用。

首先,要做好农业文化遗产的产品开发与创新。通过市场调研充分了解消费者的实际需求,基于当地农业文化遗产的特性,进行差异化的产品设计,通过特殊的生产工艺、地理标志产品认证等方式来彰显产品的独特性。将传统文化与现代技术相结合,引入先进的农业技术、生产流程和包装设计,进行现代化创新。

其次,要充分利用当地的自然人文景观,进行旅游开发。加快旅游基础设施建设,完善交通、住宿、餐饮等基础条件,提供良好的服务环境。采用各种创意手段,将农业文化遗产融入旅游业,通过旅游开发实现保护和利用的双赢。通过打造以农业文化为主题的公园,设立农业文化博物馆、文化展览馆等教育基地,通过农耕、采摘等体验活动的方式,吸引游客亲身参与,深度感受农业文化。定期举办丰收节、民间艺术表演等传统农业文化活动,突出当地农业文化特色,吸引目标客群。云南古茶树、古茶园、茶山,以及民族茶俗和茶文化系统等众多资源都可作为旅游开发的自然旅游资源和人文旅游资源,如云南"古六大茶山"和"新六大茶山"等是重要的旅游目的地;高黎贡山茶文化节、基诺山基诺族的"老博啦"茶文化节等是传承和传播云南民族茶文化的重要形式;德昂族的酸茶,白族的三道茶,布朗族的祭茶祖,彝族的甜茶,傣族和拉祜族的竹筒茶、烤茶,布朗族的青竹茶,哈尼族的土锅茶等民族茶俗得以开发,极大地丰富了茶文化旅游市场②。

再次,进行产业链整合,推动农业文化遗产的可持续发展。农业文化遗产市场开发的产业链涉及多个环节,从农业生产到产品销售和文化传承,每个环节都有其重要性。应通过有效的资本运作和渠道整合,使相关企业、农民组织形成联合推广、共同发展的合作伙伴关系,实现产品生产、加工和销售的高效协同,共同整合资源,进一步提高市场竞争力。

最后,加强品牌建设和市场推广。讲好有关农业文化遗产的品牌故事,突出农

① 光映炯.非遗背景下云南民族茶文化保护与创新实践[J].中国茶叶,2023,45(7):66-77.
② 光映炯.非遗背景下云南民族茶文化保护与创新实践[J].中国茶叶,2023,45(7):66-77.

业文化的独特魅力,增加产品附加价值,提升品牌知名度和认可度。制定全面的市场推广策略,建立线上线下一体化渠道宣传模式,充分利用各类网络社交媒体平台,将农业文化遗产产品推向更广阔的市场。

3. 社会化手段

农业文化遗产的保护和利用需要全社会各方面的支持与参与,通过各种社会化手段的运用,可以更全面地推动农业文化遗产的保护和传承。

首先,需要充分发挥农业文化遗产所在地社区的作用。社区是农业文化遗产所在地的基本单元,通过社区居民的共同参与,可以有效地实现农业文化遗产的基层保护。通过组织文化节庆、传统活动等,激发本地社区居民对农业文化的兴趣,增强其对农业文化的认同感。设立农业文化保护委员会或保护小组等组织,调动社区居民积极参与,共同商讨并实施文化遗产保护的具体方案。通过建立农民合作社等经济合作组织,以农业文化遗产为基础进行农产品生产和销售,形成社区经济共同体。

其次,充分发挥社会组织的积极性。充分调动志愿者组织、环保组织、文化机构、教育部门等社会组织参与农业文化遗产保护和利用工作的积极性。积极组建志愿者团队,通过培训和动员志愿者参与农业文化遗产保护利用的各项工作。环保组织可以通过环保理念的宣传倡导和活动组织,促进环境与农业系统的协同发展。各类文化协会、博物馆、图书馆等公共文化机构,可以通过图片展览、知识教育等活动,促进农业文化的传承与弘扬。各级学校等教育机构可以通过将农业文化融入相关教育课程,培养青少年对传统农业文化的兴趣和认知。各类社会组织的参与和社会化手段的使用将有助于形成多方合作的格局,推动农业文化遗产的可持续发展。

5.4　云南农业文化遗产保护利用的技术创新

5.4.1　采用多种技术手段,提升保护水平

1. 加大研究力度

加大农业文化遗产的研究力度,强化保护技术研发,促进传统农业与现代科技的融合,是推动农业文化遗产保护和利用的重要途径。首先,要加大资金投入,政府和相关企业可以通过设立农业文化遗产研究专项资金的方式,为相关研究提供经费支持。通过加强与高校和科研机构的合作,增加设立农业文化遗产相关专业,培养专门技术人才,推动科技创新和成果转化。其次,通过建立综合性研究平台,

拓宽多学科研究视野。建立农业文化遗产综合性研究平台和一体化数据库,整合各方面的研究资源和数据,实现资源共享和信息交流。加强多学科的交叉融合,综合运用各学科的理论和方法,进一步提高研究效率和成果质量。再次,强化应用研究,推进市场转化。加强产学研一体化协作,加快农业文化遗产相关研究成果的实际性应用,为农业文化遗产的保护利用提供持续支持。最后,积极参与国际交流,吸收国内外的先进经验。各级部门应积极参与国际农业文化遗产保护组织的相关活动和工作,加强与国际组织、研究机构等的交流与合作,共同推动农业文化遗产的保护和利用。通过国际交流与合作,引进国外先进的农业文化遗产保护和利用经验,提高我国农业文化遗产研究的国际地位和影响力。

云南省充分重视农业文化遗产的研究和合作交流工作。2023 年 12 月 1—4日,在红河哈尼族彝族自治州元阳县举行了第七届全国农业文化遗产大会。来自全国农业文化遗产所在地农业农村部门的负责人、中国农学会农业文化遗产分会理事及相关研究人员、多位农业文化遗产领域的专家学者及企业家代表齐聚一堂,积极探讨了我国农业文化遗产保护的重点与途径,促进农业文化遗产保护事业持续健康发展。本次会议由中国农学会农业文化遗产分会、红河州政府、中国科学院地理科学与资源研究所联合主办,聚焦“挖掘农业文化遗产价值,促进全面乡村振兴”这一主题,与会人员围绕“农业文化遗产系统形成、演变及可持续性评价”“农业文化遗产多功能价值及其挖掘的理论与方法”“农业文化遗产发掘与保护的支持体系建设”等议题进行交流发言,多角度、全方位探讨了农业文化遗产保护与利用路径。会议还设置了哈尼梯田文化景观多样性及其传承保护论坛、农业文化遗产研究生论坛,以及农业文化遗产地生态资产核算与生态产品价值实现、农业文化遗产地旅游资源评价与景观休闲农业发展、传统农业系统助力生物多样性保护实践 3个分会场,50 余位专家学者对研究成果和实践经验进行了分享①。这次会议为交流农业文化遗产及其保护研究与实践的最新成果提供了一个重要的平台,进一步促进了各地区农业文化遗产保护研究与合作。

2. 采用多样化技术手段

现代化技术手段在农业文化遗产保护利用工作中发挥着重要的作用,要将最新的科技成果和技术手段及时应用于农业文化遗产保护的各项工作中,进一步提升其发展利用水平,主要包括:

① 数字化技术。数字记录和保存具有长久性、稳定性、可复制性和快速传播等特点,利用数字技术对农业文化遗产进行全面、系统的记录和保存,包括文字、图

---

① 人民网.全国农业文化遗产大会在元阳举行[EB/OL].(2023-12-06)[2024-02-23].http://yn.people.com.cn/n2/2023/1206/c372450-40667322.html.

片、视频等形式,可以有效地保护农业文化遗产信息,避免遗失和损坏。还可利用数字技术对古代农业建筑、景观等进行虚拟修复和还原,通过虚拟影像等方式进行数字化展示和传播,使公众更好地了解和认识农业文化遗产的价值和意义。

② VR(虚拟现实)和 AR(增强现实)技术。VR 和 AR 技术通过头戴式设备、手持设备等硬件设备,提供沉浸式的体验,使用户可以与虚拟环境进行交互,观察、体验农业文化遗产的各种细节。通过设计互动性强、生动有趣的教育内容和培训项目,可以使公众更加直观地了解农业文化遗产的历史背景和保护意义,提高其参与度和互动性。

③ 遥感和地理信息系统(GIS)。GIS 技术可以对农业文化遗产相关的空间数据进行有效管理,通过 GIS 的空间分析功能,对农业文化遗产进行各种复杂的空间计算和分析,为遗产保护提供更精细的视角和更准确的信息。同时,GIS 技术也可以用于评估农业文化遗产的保护效果和利用价值,为未来的保护和利用提供决策支持。

④ AI(人工智能)技术。人工智能技术可以对农业文化遗产地进行实时监测和管理。通过安装传感器和监控设备,可以监测环境变化、人流动态和设施运行情况,及时发现和处理潜在的问题,在提高生产效率的同时降低环境影响。人工智能技术可以为遗产保护决策提供支持,通过对农业文化遗产地的情况进行智能分析和预测,为决策者提供科学的决策依据,提高保护工作的针对性和有效性。

2019 年 3 月 30 日,哈尼历史文化博物馆(红河哈尼梯田世界文化遗产管理展示中心)在云南省红河哈尼族彝族自治州元阳县正式开馆,该馆集中展示世界文化遗产红河哈尼梯田的千年农耕文化。哈尼历史文化博物馆通过采用最新型技术手段和多样化展示方式,将农业文化遗产保护、公共文化教育、参观游览场地融为一体,担负世界文化遗产展示中心、红河哈尼梯田管理中心、监测中心和资料收集中心等多种功能定位,进一步提升了红河哈尼梯田这一重要农业文化遗产的保护利用水平。哈尼历史文化博物馆占地面积 4 786.14 平方米,建筑面积 7 860 平方米,总投资 17 467 万元,是元阳县文化和旅游融合发展的典范。博物馆在结构设计理念上吸收哈尼人梯田开凿的智慧,依山就势,呈阶梯状,尊重自然,因势利导,将建设融入大地,成为大地雕塑的一部分。其外景布局依据哈尼梯田农耕文化的"四素同构",即"森林-村寨-梯田-水系"元素进行分布。博物馆以梯田形态灵活布局,使之与场地环境相融合,成为具有展示梯田文化遗产价值的公共文化设施。博物馆中有人类的杰作、民族的智慧、庄严的承诺和临时展厅等 6 个展厅,其中室内一、二楼为红河哈尼梯田世界文化遗产静态展示区,三楼为"哈尼哈吧"传承"活态"展示区。"哈尼哈吧"意为哈尼古歌,被国务院列入第二批国家级非物质文化遗产名录,是哈尼族社会生活中流传广泛、影响深远的古老歌唱调式,内容涉及哈尼族古代社会的生产劳动、宗教祭典、人文规范、婚嫁丧葬等。现代化技术手段的运用有效地提高了农业文化遗产保护利用的效率和质量,推动其可持续发展并普及到更广泛的受众群体中。

5.4.2 加大科技投入,提升农业价值

1. 传统农业科技的继承与利用

我国农业文化遗产中蕴藏的农学思想、农业生产经验和技术体系,已被许多古农学家研究证明具有很强的科学性,其中有些农学思想、农业技术至今仍有一定先进性,对促进现代农业科技、生产的发展和农产品价值的提升,有着重要的现实意义。我国传统农业科技以精耕细作为主要技术特点,以集约的土地利用方式为基础,以"三才"理论为指导,强调人与自然的和谐相处,形成了一系列耕作制度和技术思想①。中国农耕历史悠久,许多传统的农耕工具和技术在现在的农业生产中仍然发挥着关键作用。例如,木耙、犁、水车等传统工具仍然在某些农区广泛使用。继承和利用这些传统工具,可以在提高农业生产效率的同时保留和传承农业文化。中国的农业传统中注重根据节令和气象条件来安排农事活动。农历、二十四节气等传统农业时间系统如今仍然在农民的生活中有影响。继承和利用这些知识,有助于农民更好地选择适宜的农业生产时机,提高作物产量。中国拥有丰富多样的农业生态系统,不同区域都形成了适应当地环境的农作物品种和种植技术。继承和利用这些传统品种和技术,有助于保护生物多样性,提高作物的耐逆性和抗病虫害能力。中国古代农业社会特别重视水利工程与灌溉系统,建设了大量的农业水利工程,包括大运河、引水渠等,体现了古代农民对水资源的有效管理和利用。继承和改进这些传统水利工程,有助于更好地解决现代农业中的水资源节约使用问题。中国传统农业非常强调有机农业的理念,包括土地轮作、农田休耕、使用农家肥等。这些有机农业传统有助于推动农业可持续发展,减少对化学农药和化肥的依赖,提升农产品的价值。继承与利用农业文化遗产中的传统农业科技,不仅可以提高农业生产的效率和农产品的价值,还可以更好地保护和传承农业文化遗产,促进农业可持续发展。

2. 现代农业科技的创新与发展

在充分继承与利用农业文化遗产中的传统农业科技的同时,现代科技的发展也为传统农业提供了诸多创新和改进的机会,可以进一步提高农业生产效率和竞争力。例如:精准农业技术,包括全球定位系统(GPS)、卫星遥感技术和地理信息系统(GIS)等,可以帮助农民更精准地管理农田。通过实时监测和数据分析,可以

---

① 谭亚菲,黄正泉.我国非物质文化遗产中农业科技的继承与利用[J].船山学刊,2010(1):202-204.

更有效地施肥、灌溉、预防病虫害,进一步提高农作物产量;充分利用温室、智能种植系统和水培技术等现代农业种植技术,可以在不同的季节和地域条件下提高农作物的产量和质量,保障农产品的稳定供应,提高农业抗灾能力;通过生物技术和基因改良,能够培育出更耐逆、高产、抗病虫害的植物品种,提高农作物的适应性和抗性,减少对农药和化肥的依赖;利用大数据分析技术,可以更好地理解农业生产链的各个环节,有助于优化资源配置、提高农业供应链的效率,为政府和农业从业者提供决策支持;通过传感器、自动化设备、远程监控系统等物联网技术的应用,使农民能够实时监测和控制农田的各项参数,提高资源利用效率,降低生产成本。通过自动驾驶拖拉机、无人机和智能收割机等智能化农机设备的使用,不断提高农业机械的智能化和自动化水平,进一步提高生产效率,减轻农民的体力劳动负担;电子商务平台和农产品溯源系统技术的使用,使农产品的销售更为高效和透明,能有效促进农产品的市场流通,提高产品的质量和安全性。通过科技的不断创新与应用,中国农业文化遗产可以得到更好的继承与发展。科技的介入使农业变得更加高效和智能,更加现代化和可持续。

5.4.3　树立品牌意识,加强市场推广

1. 利用农业文化遗产赋予产品独特的品牌价值

充分利用农业文化遗产独特的文化内涵开发推广农产品品牌,可以进一步提高产品附加价值,吸引更多消费者,创造更大的市场机会。各地应充分了解农业文化遗产的特点,包括传统的种植、养殖技艺、习俗、传说等,将这些文化元素合理融入产品品牌定位,使品牌具有独特的文化特色。利用农业文化遗产的悠久历史,讲好产品背后的传承故事,建立农业文化遗产与产品之间的充分联系,吸引消费者关注,激发情感共鸣,提升品牌的知名度和忠诚度。通过申请地理标志产品认证,确保产品的地域特色和传统文化的真实性。根据农业文化遗产的特点,巧妙地为产品命名和进行产品包装设计,突出文化元素。充分调动当地农民和社区参与产品开发和市场销售,在保持农业文化纯正性的同时,增加当地居民的参与感与获得感。利用农业文化遗产开展农业旅游推广活动,让消费者亲身体验传统农业生产过程,促进产品推广,增加品牌知名度。

在进行农产品品牌开发的过程中,要充分尊重和保护农业文化遗产,确保文化元素的运用恰当充分,尽力营造真实、深厚的文化氛围。保护和树立农业文化遗产的品牌可以更好地推动农业文化遗产的可持续发展,提高产品的市场竞争力。以云南省普洱市为例,普洱市按照"立足自身资源、抓好商标注册、带动特色品牌"的商标战略思路,基于良好的生态和气候环境,在促进产业结构调整和产业化经营的过程中,把打造特色品牌作为发展现代农业的首要工作,通过品牌来扩大规模,通

过开拓市场来增加农民收入。普洱市澜沧拉祜族自治县"景迈芒景茶"以其独特的自然生态环境和 1 800 多年的栽植历史,在普洱茶产业中占有重要地位。为此,澜沧拉祜族自治县工商局重点打造了绿色经济试验示范区,开发普洱"绿三角"旅游环线和景迈芒景景区,来推动澜沧拉祜族自治县普洱茶产业发展。紧紧围绕普洱市推进商标战略工作实施意见的要求,鼓励企业创建自主品牌,积极引导农民专业合作社和企业注册自有商标并提供快捷便利的服务,鼓励农民专业合作社和企业把注册商标和品牌相结合,为今后打造品牌、产品销售做好准备。澜沧拉祜族自治县共有 214 户专业合作社,仅景迈、芒景两个村就有 57 户茶叶专业合作社,其中的 46 户专业合作社已在政府的帮助下注册了自己的商标①。

2. 利用农业文化遗产进行有效的市场推广

充分利用农业文化遗产的文化特色和品牌效应,综合运用多种渠道和传播策略,使产品品牌信息多层次、多角度地传达给受众,增强市场曝光度、认知度和美誉度。将农产品与农业文化遗产的传统价值相结合,强调产品的历史性、传承性和文化意义。突出地域特色,通过广告宣传充分展示当地的美丽风光、独特气候和传统风俗,突出农产品的品质、特色和独特卖点,使消费者对产品产生兴趣和信任。利用社交媒体平台,如微博、微信、抖音等,进行品牌推广,定期发布有关产品故事、农业文化、生产过程等内容,借助社交媒体的互动性,与消费者建立直接的沟通渠道,通过定向广告、社交分享等方式扩大宣传范围。通过和与农产品相关的明星、网红合作,邀请其担任品牌大使、形象代言人等方式,为产品品牌带来更广泛的曝光度和关注度。借助农业文化遗产地的文化节庆、传统庙会等活动,通过线上线下宣传,充分展示产品的传统工艺和制作过程等。通过举办互动体验活动,让消费者亲身参与,提高传统文化的认知度和产品品牌的美誉度。在广告宣传中,注重农业文化遗产的独特性和历史价值,通过多种方式展现品牌的传统背景,激发消费者对传统文化的兴趣,提高产品的市场竞争力。

在利用农业文化遗产打造产品品牌、进行市场化推广的同时,应进一步加强品牌标准化工作,不断提升综合服务质量。2018 年 12 月,国家级服务业标准化试点项目——元阳哈尼梯田旅游服务标准化试点项目顺利通过终期评估验收。通过不断规范完善经营管理服务工作,进一步提升了旅游服务品质,打造了元阳旅游品牌新形象,为元阳旅游发展起到了示范引领作用。元阳哈尼梯田获批"国家 AAAA 级旅游景区",被评为"云南省体育旅游精品景区",树立了元阳哈尼梯田旅游服务品牌。

---

① 伽红凯,赵子锐.云南普洱农业文化遗产特色产业扶贫分析[J].普洱学院学报,2020,36(2):47-50.